巫术的历史

［英］欧文·戴维斯　主编

邱寅晨　沈小燕　译

Owen Davies

The Oxford Illustrated History of Witchcraft and Magic

海南出版社

·海口·

The Oxford Illustrated History of Witchcraft and Magic was originally published in English in 2017.This translation is published by arrangement with Oxford University Press. Dook Media Group Limited is solely responsible for this translation from the original work and Oxford University Press shall have no liability for any errors, omissions or inaccuracies or ambiguities in such translation or for any losses caused by thereon.

图字：30-2023-014号

图书在版编目（CIP）数据

巫术的历史 /（英）欧文·戴维斯 (Owen Davies)
主编；邱寅晨, 沈小燕译. —— 海口：海南出版社,
2023.10
书名原文: THE OXFORD ILLUSTRATED HISTORY OF
WITCHCRAFT AND MAGIC
ISBN 978-7-5730-1285-2

Ⅰ.①巫… Ⅱ.①欧… ②邱… ③沈… Ⅲ.①巫术－
历史－世界 Ⅳ.①B992.5

中国国家版本馆CIP数据核字(2023)第161467号

巫术的历史
WUSHU DE LISHI

作　　者	［英］欧文·戴维斯
译　　者	邱寅晨　　沈小燕
责任编辑	徐雁晖　　宋佳明　　吴　琼
特约编辑	刘芷绮　　沈　骏
封面设计	余展鹏　　郝子卿
印刷装订	河北中科印刷科技发展有限公司
策　　划	读客文化
版　　权	读客文化
出版发行	海南出版社
地　　址	海口市金盘开发区建设三横路2号
邮　　编	570216
编辑电话	0898-66822026
网　　址	http://www.hncbs.cn
开　　本	710毫米×1000毫米 1/16
印　　张	18.5
字　　数	252千
版　　次	2023年10月第1版
印　　次	2023年10月第1次印刷
书　　号	ISBN 978-7-5730-1285-2
定　　价	99.90元

如有印刷、装订质量问题，请致电010-87681002（免费更换，邮寄到付）
版权所有，侵权必究

编者前言

　　巫术和魔法的历史对很多人来说并不算太陌生,这一主题在媒体中屡见不鲜,但同时也造成很多误解、错解和疑窦丛生的事件。比如人们一直认为巫师们在英格兰被处以火刑,同样还有不实传言认为巫师审判盛行时期被处死的人有数百万之多。在欧洲过去的两百年间,巫师审判这段臭名昭著的历史,一再被描述为中世纪的一个污点。其实绝大多数的审判和处决根本不是在中世纪,而是在历史学家所说的近代早期,大约为15世纪中叶到18世纪中叶。早期文献里有关巫术和魔法的记述中充斥着"歇斯底里""疯狂"等字眼,与此同时,这些词语也一直被用来形容(巫师)审判。但是,正如詹姆斯·夏普(James Sharpe)和丽塔·沃尔特默(Rita Voltmer)所言,欧洲巫师审判的兴起和形式并非因民众被蒙骗或轻信蛊惑之言。那个时代的智者是相信巫术和魔法的存在的。后来宗教改革改变了欧洲的宗教和政治,法律体系日臻成熟,科学发展突飞猛进,人们进一步了解了大自然。信仰巫术和魔法并非社会进入思想启蒙和科学发展阶段之前的初级阶段。

学术界和大众对近代早期巫师审判兴趣浓厚，这本身就令人费解。比如，当时数以万计的人被处以极刑，但研究和理解这一时期的巫术和魔法是否确实比探究这之前和之后的其他事件更为重要，更具有历史价值？本书的目的之一就是让读者了解巫术和魔法的历史可以上溯至人类学会书写的五千年前，并延续至今，而且巫术和魔法作为一种重要的文化现象，仍然反映着当代社会和个体心理状况中某些至关重要的方面。最后三章〔由我、罗伯特·J. 沃利斯（Robert J. Wallis）和威莱姆·德·布莱库尔（Willem de Blécourt）执笔〕揭示了魔法在当今世界仍然充满吸引力。

魔法的起源在古代就众说纷纭，在欧洲最后一次巫师审判和处决之前，就已经出现了关于巫师审判的历史研究。几百年来，这一主题激发了无数艺术家、剧作家、小说家和编剧的灵感。其中一些人最感兴趣的是追求智慧、健康、财富以及满足欲望和造成伤害，还有那些匪夷所思的故事，比如飞行、变身、召唤恶魔和天使。

其他人着迷的则是关于酷刑、迫害和处决的恐怖故事，这不禁让我们反思是否能以另一种合情合理的方式允许魔法的存在和实践。在研究人类心理，以及从性别、年龄、种族和社会地位的角度出发来研究历史上人类关系的复杂性方面，巫术和魔法让我们能够窥见一斑，这一点弥足珍贵。

同时，巫术和魔法史也可以让我们了解从古至今社会的形成、发展和变迁，也许有些人可能觉得不够惊心动魄，其实这和前文所述的内容一样引人入胜。史学家们通常研究的是战争、征服、国王、女王、皇帝之间的政治博弈等"宏大图景"，却忽视了不同文化之间那些深刻而微妙的交集，研究巫术和魔法恰好可以让我们了解这一点。彼得·麦克斯韦尔-斯图尔特（Peter Maxwell-Stuart）撰写的那一章概述了古代时期历代帝国和宗教之间的文化和宗教交流与发展是如何体现在魔法知识和实践上的。不同的意识形态和宗教因为魔法得以融合，又因为魔法陷入分裂。索菲·佩奇（Sophie Page）关于中世纪魔法的那一章则探讨西班牙基督教、伊斯兰教和犹太教的知识交流一度如火如荼，却又短暂得犹如昙花一现。

巫术和魔法的地域性是贯穿本书的另一个重要主题。正如丽塔·沃尔特默描写的巫师审判那样，如果用现代的国界概念思考，我们大概很难理解那些历史事件的起因和发展。古代和中世纪也是如此。比如，彼得·麦克斯韦尔-斯图尔特指出，把"希腊"当作一个实体来讨论是有问题的。如果对神圣罗马帝国没有基本的了解，就无法理解巫师审判的形式和本质。神圣罗马帝国影响了现代社会早期的整个中欧和西欧，但是对这一历时久远的欧洲王朝国家，今天的人们却知之甚少。一直到19世纪中叶，德国和意大利作为国家还不存在，但我们在讨论巫师审判的盛行时会谈到"德国"，相信大家也都理解。同时，在探讨不同时代的地缘政治背景时，我们也会发现，一些有地方特色和区域性的信仰和传统并不局限于某个国家、宗教或者行政区域，在我关于民间魔法的那一章里也强调了要特别关注这一点。

和以往的系列丛书一样，本书重点讲述的是地中海地区乃至整个欧洲人们对巫术和魔法的认识、实践及压制。当然，巫术和魔法是全球性的概念，本书体量有限，无法将整个七大洲复杂多样的魔法信仰和实践一一囊括。但是欧洲的魔法受到来自全球的影响，并非孤立存在。从16世纪开始，随着欧洲不断扩张殖民地，基督教对巫术和魔法的理解决定了欧洲人如何认识和对待土著宗教和信仰。后来这些土著魔法渐渐融入欧洲的传统。19世纪晚期以降，西方的灵性主义者和仪式魔法师开始从印度和东方的神秘传统和宗教中吸取灵感。

与此同时，早期的人类学家也收集了很多来自全球各地的魔法实践数据，试图在理论层面找到一条人类发展的主线。在最后一章以女巫和男巫为主题的影视作品中，我们会看到当今的电影作品如何向全球观众呈现他们的典型形象。

一些地区的人们相信巫师，或者把魔法视为日常生活不可或缺的一部分，我们不应据此认为全球不同地区处于人类发展的不同阶段。几千年来，不同文化背景的人在实践魔法的内容、原因和方式上都是一脉相承的，本书的不同章节都阐明了这一点。例如，读者会发现，远古时期和欧洲民间魔法里都有将尖头针钉入小人的做法。过去几百年里，索菲·佩奇谈到的中世纪魔法师参考和复制的那些书被"重新发现"，现在在互联网上可以找到，而且现代魔法师仍在使用。虽然魔法的一些关键概念已经有几千年的历史，但是，无论是在不同地域还是不同文化层面，我们都必须谨慎，不能将其描绘成永恒的或一成不变的，因为"魔法"涉及无数不同的信仰和实践。魔法既反映了环境、宗教、科学和社会关系的变化，同时也被这些变化影响。

詹姆斯·夏普研究了恶魔学家的著作，从这些著作中我们可以直接了解这些重要人士的思维模式，以及他们的想法和信念源自何处。但是，大多数巫术和魔法史文献的作者不详，证据也不确凿，并且往往混杂着复杂的情感、思想、梦想、幻想、暗示、口头指责和具体行动。如果这一切恰好有文字记录，也多半是当权者所进行的有选择的记录和阐释，往往是扭曲事实的。不过，我们的文献不只限于书面资料。无论是古代文明、海外的非文学文化，还是19世纪的欧洲民间魔法，都有许多考古遗址可供研究魔法实践的历史，幸甚至哉。有一些在世界各地流传至今的魔法和仪式，除了遗址能够提供研究依据之外再无迹可循。

关于巫术和魔法的图像记录，彼得·麦克斯韦尔-斯图尔特和索菲·佩奇所写章节展示了古代花瓶、写字板和护身符的图画及对其进行的描写，以及中世纪手稿中的泥金装饰（illuminated）插图，它们和书面铭文以及刻于其上的说明一样，对于我们理解魔法都很重要。查尔斯·兹卡（Charles Zika）研究了16世纪到18世纪的巫师艺术形象，探讨艺术创作技巧和表现方式的变化如何创造了一种新的视觉语言，展现了艺术家心目中的巫师和魔法师形象。摄影使得现代魔法师能够塑造并且控制自己带有魔力的公众形象，而正如威莱姆·德·布莱库尔所言，摄像技术为大众重塑了关于魔法师的历史观念、故事和刻板印象。

　　本书让我们能够以一种独特的视角聚焦上述史料，研究它们如何影响我们对于巫术和魔法的理解，了解这些文献都经历过怎样的岁月变迁。这绝非易事，而书中各章作者仍然迎难而上。

　　让魔法上演吧！

目　录

第一章｜古代魔法　　　　　　　　　　　　　001

第二章｜中世纪魔法　　　　　　　　　　　　029

第三章｜恶魔学家　　　　　　　　　　　　　061

第四章｜巫师审判　　　　　　　　　　　　　090

第五章｜欧洲艺术中的女巫和魔法师　　　　　128

第六章｜民间魔法纵览　　　　　　　　　　　159

第七章｜现代魔法的兴起　　　　　　　　　　187

第八章｜人类学时代的巫术与魔法　　　　　　220

第九章｜影视作品中的女巫　　　　　　　　　252

古代魔法

彼得·麦克斯韦尔-斯图尔特

通常我们谈及魔法的时候，总会遇到如何给它定义的问题。在某种特定的语境下，我们所说的"魔法"究竟意味着什么？它与宗教有什么区别？与科学又有什么不同？在一定程度上，这些问题都不需要答案。这些争论都因19世纪的一场讨论而起，当时人们急切地想厘清这些概念之间的区别，尤其是试图把它们分别归入西欧特有的"理性"和"非理性"范畴。如果我们把魔法看作社会成员之间的一种特殊权力话语，就可以将其视为一系列社会交换，其定义也会随着时间的推移和环境的变迁而改变。因此，"宗教""魔法""科学"的范畴并不是界限分明、不可逾越的，而是动态的。例如，古罗马博物学家和哲学家老普林尼（Pliny the Elder，公元23—79年）曾记录服用蜜腌蝾螈催情、念诵咒语祛除病痛等习俗，虽然他对这些广为流传的荒唐做法嗤之以鼻，但仍然认为这些属于医术，而非魔法。即便如此，只要讨论魔法就会发现有重重困难。因此，也许目前唯一可行的办法就是快刀斩乱麻，在此界定：我们所说的"魔法"是指被正统视为离经叛道的一系列仪式性或仪式化做法，通过请求或者迫使非人类的存在（non-human entities）提供帮助，从而获得神圣的力量来解决个人亟须解决的问题。在这一语境下，应当指出，我们必须接受"魔法"在它的参照的框架下是完全理性的，不应等同于"迷信"或者"无理性或非理性行为"。

美索不达米亚

在古代美索不达米亚（今伊拉克境内）的文字记载中，我们能为魔法找到一些最古老的例证。这些文本所用的楔形文字用削尖的芦苇笔刻写在软泥板上，与烘烤后的软泥板一起被长久保存。成千上万块这样的泥板留存至今（小的大约一英寸见方；大的超过一平方英尺），其上的文字内容涵盖神话、神谱（神灵的谱系）、法律、文学、经济、圣歌、咒语、箴言、祷文、预兆以及五花八门却都有实际用途的魔法文本。

从大约公元前4千纪到公元前1千纪，苏美尔、巴比伦、赫梯和亚述等不同民族都曾使用楔形文字，现存的文本大多是用当时整个地区通行的阿卡德语书写的。然而，楔形文字一旦失传，人们便无法解读以此书写的文本了。直到18世纪，一些旅行者和学者试图找到证据证明《旧约》（Old Testament）中提及的地点和事件的真实性，他们发现了数以千计的楔形文字泥板，并且带回了欧洲。19世纪，一些学者逐步破译了构成楔形文字的多种书写系统。到19世纪50年代中期，这一任务基本完成。

从公元前2千纪的一段文字中，我们可以了解上述魔法文本的性质。这段文字讲述狗咬伤人的情况应该如何处理："取少许黏土，擦拭伤口外部。以黏土塑狗一只，置于北墙上阳光直射处。对狗念诵（以下）咒语三遍，直至狗释出湿气且人之伤口干燥。"如果人被蛇咬，"取蛇石碾碎，敷于伤者头部……取一黄碗盛满海水，令伤者饮之，蛇毒遂排出"。这些实用的做法显然涉及"交感"（sympathy）的概念，假定宇宙中的任何事物都以某种方式与其他万物相连，如果有人想要针对某一事物达成某种特定的效果，无论这一效果是好是坏，都可以利用另一物品与该事物之间存在的某种相似之处，而魔法能够实现这一目标。因此，在狗咬伤人的情况下，人们用黏土为狗塑像，并且把黏土涂抹在伤口上，从而把雕像与咬伤关联起来，然后等待雕像在灼热的阳光下崩解，此时伤口已经在自然的力量下愈合，而自然则从物质上得到了交感魔法的支持。与之类似，在蛇咬伤人的情况下所使用的粉末由形状像蛇的菊石碾碎而成，而且让伤者饮下苦涩的海水很可能会导致呕吐。碗的黄色可能让人联想到脓液。由此可见，这一做法的各个环节相辅相成，构成了魔法的有机整体。

一些用来安抚哭闹婴儿的咒语也很有趣，可以揭示美索不达米亚人有关邪魔侵入日常生活的观念。有一条咒语直接询问孩子为什么要哭泣。"你吵醒了家中的神。"咒语如此说道，所以孩子的父母必须寻求驱魔师（āšipu）的帮助，驱魔师念诵这条咒语，最后祈愿婴儿酣然入睡，如同"饮酒的人们，酒馆的常客"那样。惊扰家神显然事关重大，如果神灵离家而去（想必是为了清静安宁），那么面对拉玛什图（Lamaštu）这样的恶魔，一家人就失去了保护。拉玛什图形似鸟类，能以恶眼（evil eye）一瞥害人。这一描述来自另一条类似的咒语，其中列举了这个恶魔可能会造成的一些伤害。"她走过婴儿的房门，给他们带来祸害。她走过产妇的房门，勒死她们的婴儿。她走进储藏室，摧毁封印。"

这些文本中的"神"一词也可以指亡灵，拉玛什图能够带来许多灾祸：孩童夭折，成人饥饿，守护家族的祖先遭到驱逐。整个家族都可能因为婴儿的哭闹而毁灭。所以尽管事情如此简单，也需要求助专业的魔法师，来祛除它可能造成的邪恶影响，而且不仅要恢复生者的安宁，还要重建生者与亡灵之间的和谐。

这些伤害、事故、与可怕或有害存在的对抗，以及疾病本身，很有可能要归咎于"巫师"（kaššapu，男性；kaššaptu，女性），即掌握有害魔法的人。"因为她对我行了恶，"一段文字写道，"她捏造的针对我的指控毫无根据，愿她死去，而我继续生存。"关于这些"巫师"可能造成的伤害，还有许多例子。魔法小雕像既可以用于达到带有恶意的目的，也能用于疗愈，它们的效力可以通过一种被称为"Maqlû"（字面意思是"燃烧"）的复杂仪式来消解。在这种仪式中，要用各种材料制成"巫师"的雕像呈献给神，尤其是火神，然后在列举巫师的种种恶行之后，将雕像送入窑中销毁，仪式的每一个步骤都配有相应的咒语。

巫术被认为是诸多身心疾病的根源。阳痿和消化不良、中风和面瘫、儿童抽搐、发烧和各种皮肤病都属于这类疾病，这些疾病本身就代表着有恶魔或上帝之手、诅咒之语或"女巫"的恶意在作祟。"巫师"经常用施了巫术的食物或水加害于人——"如果有人两肩之间疼痛并且牙齿出血，那么他患有肺部疾病，而且曾经喝下施了魔法的饮料"，来自公元前1千纪的一段文字写道——这种带有敌意的魔法很有可能需要借助星辰的力量才能施展全部的法力。某些疾病或残疾的名称反映了它们的星相来源，如"木星精液""太阳（Šamaš）之手"。因此，为了祛除病痛，疗愈魔法师也需要向这些恒星或行星求助，其仪式包括净化治疗者自身和举行仪式的场所，向神灵敬酒，向星辰祷告，以便"解除（巫师的）邪术和阴谋"。事实上，恒星和行星在美索不达米亚的魔法中占据着重要的地位。它们在天空中的轨迹、上升（risings）与合相（conjunctions）、颜色的改变、在预期时间的隐身，都被仔细地观察和记录。因为它们是来自神灵的征兆，而它们的运动是神灵书写的讯息，可能预示着个人的伤痛或地方的灾祸。它们带来的不利影响需要用辟邪魔法（apotropaic magic）来消解，这种魔法具有避开邪魔祸害的力量。辟邪魔法同样适用于日常生活中的简单征兆，例如人类或动物出生时发生异常情况，发生火灾，房屋墙壁突然出现某种霉斑，甚至水壶吱吱作响——这种情况下需要向相应的星辰献上淡水、草药和珠子。

魔法，与敬神和驱魔相结合，浸润着美索不达米亚社会的方方面面。同时，美索不达米亚人认为亡灵对吉凶祸福有着重要影响。鉴于星相影响巨大并且可能暗藏凶险，美索不达米亚人同样迫切地需要对恒星和行星进行观测。

祛除疾病、厄运、巫术或意外事故等形式的伤害是驱魔师魔法的主要组成部分，不过为了预防这些危害，也可尝试佩戴护身符，或是在家中墙上或家门口挂上刻有咒语的泥板。然而，这是否意味着，美索不达米亚社会往往生活在一种持续的恐惧或紧张状态之中，面对着一个看似充满恶意的宇宙？乍看起来似乎确实如此。无论男女，人们都希望拥有健康而富足的生活，但是心怀恶意或生性本恶的人和非人类存在可能会不断地造成一些危险，阻碍人们实现生活目标。这些存在的危害是宇宙经纬的一个组成部分，但是人们仍有应对之策——借助祷告和魔法来克服邪魔的影响，而这两种手段经常共同发挥保护的作用。驱魔师（āšipu）和占卜师（bārû）的能力可以制衡有害魔法师（maš-maš），虽然个人可以请求他们提供服务，但其实是每一个人都能够得到魔法的帮助和保护。因此，美索不达米亚的社会远非一种神经质的文明，至少在理论上能够大致保持一种人类和非人类邻居相互平衡的生存状态，人们依赖这种宗教和魔法的融合而生存，即后世所称的"自然哲学"，这构成了他们生存的理性、心理和情感的参照框架。

埃及

在美索不达米亚的西南方，另一个文明——埃及，大致在同一时期形成了自己的书写系统。构成这一系统的圣书体象形文字（hieroglyphs）在后世一度被错误地认为是代表物体和寄寓思想的符号。虽然象形文字对于石碑和高度形式化的记录来说是理想的，但它并不适合在莎草纸上快速便捷地书写，于是后来逐渐出现了两种简化的版本：主要由祭司使用的僧侣体（hieratic）和其他所有人使用的世俗体（demotic）。这三种字体的传世文献丰富多样，包括历史铭文、故事、诗歌、圣歌、信函、法令、教材，以及各种咒语组成的魔法文本；而最后的象形文字铭文可以追溯到394年，此后人们不再能够阅读和理解这一书写系统。象形文字后来在很大程度上遭到忽视和误解，5世纪前后的一部解释性著作——赫拉波罗（Horapollo）的《象形文字》（*Hieroglyphica*）反映出当时人们基本无法理解这一书写系统的规则："如果他们需要用象征手法表示一个热爱建筑的人，就勾画出一个人的手，因为手能完成各种工作。"9世纪和10世纪的阿拉伯学者，以及17世纪的耶稣会士阿塔纳斯·珂雪（Athanasius Kircher）都犯了类似的错误，直到1799年罗塞达石碑（Rosetta Stone）被发现之后，许多学者才开始在破译工作中取得进展，因此让-弗朗索瓦·商博良（Jean-François Champollion）才能在1822年获得成功。这块石碑上刻着公元前196年孟菲斯（Memphis）的一段铭文，以三种文字形式记载：象形文字和世俗体埃及文以及希腊文。因此，碑文中的希腊文翻译为阐释世俗体埃及文提供了宝贵的关键线索，而一旦正确地理解了象形文字的本质，书面语言的破译问题便迎刃而解。

象形文字的破译工作带来许多发现，其中包括大量为人们在世时和去世后提供保护的魔法指令。亡灵魔法中最负盛名的是"金字塔文"（Pyramid Texts），其最早的形式可以追溯到公元前3千纪，包括让法老身体复活并帮助他升入天堂的咒语。这一领域的后续发展在"棺木文"（Coffin Texts，公元前3千纪晚期）中有所体现，其中重要的内容是冥王奥西里斯（Osiris）对灵魂的审判以及人们死后的生活。这一防护性魔法传统的最终版本，或者更确切地说，一套版本，是从公元前2千纪晚期到公元前1千纪的《亡灵书》（*Book of the Dead*），包含了引导灵魂通过死后的诸多审判直到最终判决的咒语。这些咒语当然需要念诵，不过它们的书面形式同样具有效力。这里涉及埃及魔法的一个基本概念——赫卡（heka）。"棺木文"中的咒语261清楚地说明，赫卡被认为是一种魔法的生命力，在世界诞生时他为太阳神拉（Ra）最初的创世话语注入魔力，每天清晨日出时他又伴随着世界的重生继续注入魔力。

常见的短语"他们口中的魔法"和"他们说出的咒语"体现着言语与魔法之间的密切关系，还有一段铭文将人形化赫卡的侍女与言语和文字联系起来："咒语的拥有者，口中含有她书写的文字。"然而赫卡还有其他法力——驱邪、诅咒、施魔以及保护，包括每天夜里护送太阳通过冥间，而且据说他的强大法力令诸神感到畏惧。因此，魔法在创世的过程中无所不在，而魔法与言语的关联则意味着两者被视为有大致相同的效力："你说的就是魔法"，《埃伯斯纸草卷》（*Papyrus Ebers*，公元前2千纪中期的医学文献）如此记载。有鉴于此，个人和事物都有可能具备魔力，因而能够使用自身的永恒力量。因此，法老本人有时被称为"wr-hekaw-pw"（"魔法大师"），而"棺木文"记述了巫师和恶魔施行的邪恶魔法，在其他文献中我们了解到：太阳神拉逃离大地，避开那些"企图利用自身法力祸害人间的"魔法师。就埃及而言，有时很难区分（假设我们想区分）魔法与宗教之间的界限，例如咒语和圣歌常有重复之处——不过我们需要指出，相关的证据主要来自魔法文本，其反映的情况可能并不都是公平或中立的。

如果赫卡在创世的过程中无所不在，那么是否任何地位的人都能利用和使用他的力量？倘若确实如此，古埃及会不会有类似"专业"魔法师的人员，如同在美索不达米亚确实存在的那种？识字在古埃及似乎并不普及，因而可以想见，只有祭司和书吏阶层才有可能拥有魔法书籍，不过鉴于他们不会与民间文化中的魔法绝缘，当时势必存在一定程度上通行的神学、目标和方法。因此，如果古埃及有一位魔法师，他几乎肯定是一位祭司——"首席仪式祭司"（chief lector-priest）一词暗指与魔法实践有关联的人，在晚期埃及文中这个头衔就变成了表示"魔法师"这个常见词——这让人想起《出埃及记》6：8—12中，在法老的宫廷中与摩西（Moses）和亚伦（Aaron）斗法的hartumîm（埃及祭司头衔的希伯来文翻译）。

考古学者发现了不同材质制成的小雕像和护身符，这是埃及魔法实践最常见的表现形式。这些物品可以被施上咒语，用来转移仇恨或厄运，而小雕像如果被魔法赋予生命，还能为主人服务。1896年有人发现了一个公元前3千纪晚期或公元前2千纪早期的魔法师盒子，里面装着各种写在莎草纸上的魔法文本、小雕像、人的头发、护身符刀和一支蛇形手杖。这种蛇杖经常出现在绘画和雕像中，显然在一些魔法活动中被用作魔杖，比如用来在地面或空中画一个保护圈。被缚囚犯的形象可见于单独的器物或木质凉鞋鞋底的图案或图画中，通常可以从囚犯的身体特征辨别出他们的种族。

把囚犯的形象踩在脚下，令其不见天日，这种做法结合了心理与魔法的元素，使用赫卡将愿望转化为现实，能够进一步强化个人欲望，诅咒的文字可以刻在雕像上或者写在陶器上，例如在一种威吓敌人的特殊仪式上，红色的罐子会在写上字之后被打碎——红色与恶魔和邪恶之神赛特（Seth）相关。

另外有一些小雕像被钉子刺穿，或是做成手脚被捆绑、无头、瞎眼的样子，这种伤害或毁容的意图是让雕像所象征的人受伤致残，从而让制作或委托制作雕像的人得到保护。

这类物品常被埋到地下，"棺木书"中的咒语37告诉我们要制作敌人的蜡像，用鱼骨在它胸前刻字，然后再把它埋进墓地。关于如何在物品上刻写魔法文字，根据我们目前的了解，埃及人可能需要咨询专家以达到魔法活动的目的。不过任何人都可以学会简单的咒语，即使不识字也能念诵，就像过去有很多人能够用笔签名却不会写任何其他的字。无论在什么情况下，制作随处可见的护身符就不需要这样的专业知识了。护身符的名称、用途和必需的材质在纸莎草文献中都有记载，另外在尼罗河西岸丹德拉（Dendera）托勒密神庙（Ptolemaic temple）的墙壁上有些重要的例证。有些护身符被做成神像吊坠，或是"瓦吉特之眼"〔wedjet eye，又称"荷鲁斯之眼"（eye of Horus），不过它只是泛指神眼，不是特定的神的眼睛〕。其他的形状像圆柱体（节德柱，djed pillar）或是项链、手镯之类的首饰。一系列带有结的物品也是重要的护身符——在一侧肩膀的衣服处所打的结，称作"伊西斯结"（Isis knot）；或者一根绳子上打多个结，称为"阿努比斯结"（Anubis knots），例如在阿肯那顿（Akhenaten）法老（公元前14世纪50年代早期到30年代中期在位）的首都阿玛纳（Tell el-Amarna）的工人村里所发现的绳编手镯。关于这些结，一种可能的解释是它们是束缚或阻挡有害力量或感应的手段，但它们也可能是锁着法力的载体，而它们的法力来自打结时对着绳子念诵的咒语。事实上，著名的埃及象形文字"安卡"（ankh）可能原来就代表了这样一种圆形的结。

木乃伊和生者都受到各种护身符的保护，在包裹尸体的过程中，护身符会被塞进绷带之间，还有一些雕像胸前配有小袋，里面可能装着某种魔法物品。如我们所知，有些这样的袋子里放着一张纸莎草纸条，上面写着一条保护咒语。儿童也会佩戴这些护身符——近似于数世纪后罗马儿童佩戴的盒状护身符（bullae）和月牙形饰物（lunulae），它们的主要用途体现在埃及文中表示护身符的词语中："mkt"（保护者）和"wedja"（护佑平安的物品）。不过，或许最为常见的护身符是形似蜣螂的圣甲虫（scarabs），保存至今的数以千计。这种甲虫用后腿滚动粪球，这个过程代表着太阳穿越天空的旅程，正因如此，它与太阳神拉相关联。许多圣甲虫护身符上都印有"好运"的字样，并经常在复杂的魔法仪式中被用来祈求爱情。

制作这些特殊物品及在其制作过程中念诵咒语的主要目的是得到魔法的保护，但是古埃及人将心愿诉诸各类或繁或简的咒语和仪式，并非仅仅为了得到保护。

在托特（Thoth）指引和保佑下的治疗几乎同样重要。托特被尊为医术和书写之神——在这里我们又看到了言语、文字和魔法之间的联系——事实上，埃及文中表示药的词衍生自一个意思为"环绕"的动词，其词源也显示了魔法的影响，而在埃及文中经常出现的"环绕"一词显然带有魔法意义。另外值得注意的是，魔法师用来画魔圈的蛇杖出现在丹铎神庙（Dendur）的壁画中，充当托特的权杖（was-sceptre），上面爬着一条蛇和一只蝎子，酷似后世象征着医学实践和权威的希腊双蛇杖（caduceus）。有一条咒语是用来向病魔发令，要求它们远离病人，并且指示施魔法者用一根木棍在病人的房子或者周围画出一个保护圈。《伦敦医学纸莎草书》（*London Medical Papyrus*，约公元前1300—公元前1200年）等纸莎草文献也收录了一些咒语，需要对着医用材料念诵，而医生们也经常告诉病人在服用处方药物时要念诵魔咒。女性魔法治疗师的出现在德尔麦地那（Deir el-Medina）工匠村的记录中有迹可循。她们的特殊任务可能是诊断灵魂附身，因为有关魔法医术的纸莎草文献经常指出某些疾病是由鬼魂或者恶魔造成的。例如，一段文本写道："撤退吧，敌人，恶魔，你给未死的人带来痛苦。"此外，《布鲁克林纸莎草书》（*Papyrus Brooklyn*）告诉我们，女鬼对于生者来说可能尤其危险。

然而致病原因无论是鬼魂还是恶魔，这些纸莎草文献都让我们确信，不管伤病的直接原因是意外事故还是像蝎子这样的自然因素，根本原因其实都是神灵的愤怒或敌意。鬼魂或恶魔只是充当他或她的代理人。由此，我们可以确立一条从宗教到魔法再到物质实践的因果链，从而知晓在埃及人心里这三者间的联系是多么紧密。

另外一些相关的魔法仪式试图为祈愿者今生与来世的爱情或生育能力提供护佑——例如，"棺木文"中的咒语576承诺，佩戴某种特别的护身符会增强来世的性能力——一些显然用于保护子宫或阴部的小雕像和绘画被放置在坟墓里。然而这些不仅与死者有关，还能助益生者的魔法，而有书面记载的咒语告诉我们，性和分娩经常伴随着相应形式的魔法。我们同样幸运地发现了一个公元前2千纪的盒子，其中的魔法医术纸莎草文本专门针对妇女和儿童，附近还发掘出一些护身符和其他魔法器具，包括一支魔法师使用的魔杖。不过，如果此生在死后还可延续，那么就要防备众多敌对力量对生命的攻击，"棺木文"或《亡灵书》等纸莎草文本便提供了必要的咒语，以保证人们顺利通过审判并克服艰难险阻，迅速到达彼岸世界，避免因未通过审判和最终的判决而毁灭。值得注意的是，此类文本与死者一起下葬，这样死者在这个过程的每一阶段都可以大声诵读。我们再次看到了言语和魔法行为之间的密切关联，二者在赫卡的概念中相辅相成。"用口中的魔法，你创造出词语，而我已借助它们施展魔力。"一尊木雕荷鲁斯像上的铭文写道。因此，抹去一个人写下的名字是一种毁灭性的魔法行为，因为如果这个名字不能被说出来，其中的赫卡就会枯竭，此人将会第二次死亡，永不复生。

说埃及人笃信宗教可能是陈词滥调，但是很明显他们不仅确实虔诚，而且深深地热爱着尘世生活，因此试图在死后延续自己的生命。神灵有时可能充满敌意，会派遣恶魔或鬼魂来给他们制造疾病或事故，但是埃及人积累了丰富的知识，他们知道如何治愈和保护自己，他们采用的手段令神灵也无能为力。虽然记载于书面的魔法传统主要掌握在祭司和书吏手中，但魔法的各种咒语绝非他们独占，所有人都可以了解、学习和使用，无论人们是否识字。与美索不达米亚人一样，古埃及人生活的世界似乎充满了非人类带来的危险，然而这并没有让他们变得神经质或惶惶不可终日。魔法的生命力渗透到一切事物中，它的力量随时可以被运用、借用、使用和利用。书写能力或许可以造就一个或大或小的独立的魔法专家阶层，但事实上这并没有影响魔法的普遍使用，识字的人与文盲使用的魔法也没有什么不同。

这主要是因为魔法与宗教紧密结合，而埃及宗教具有兼容并包的胸怀，没有明确的神学或有限的诸神宣称哪些流派或分支是正统的，哪些是非正统的。因此，识字和不识字的人既可以遵循同样或相近的信仰行事，又可以根据实际情况有所选择与变通，同时不会让自己脱离赫卡效力的荫庇，因为赫卡贯通所有的神灵，人们都承认和服从赫卡的力量。

犹太魔法

在美索不达米亚和埃及的双重影响下，以色列-犹地亚-巴勒斯坦（Israel-Judaea-Palestine）拥有并实践过的魔法种类繁多，其中不仅包括我们在其邻国已经看到的那些，还有占卜以及通常被称为"恶眼"的目光感应。虽然其他文化中也有这些魔法，但是它们在犹太社会中具有一定的独特性。例如，《旧约》中最引人入胜的不解之谜之一是乌陵与土明（Urim and Thummim）的准确性质和用途，它们似乎是两种媒介，被用于为犹太人正式的守护者——祭司所提出的问题寻求神谕。根据传统，这是摩西传给利未支派（tribe of Levi）祭司们的一种做法，似乎在需要简单回答"是"或"否"的情况下使用。因此，《民数记》27：21写道："他〔约书亚（Joshua）〕要站在祭司以利亚撒（Eleazar）面前，以利亚撒要凭乌陵的判断，在耶和华面前为他求问。"关于这些物品是什么以及在不使用时存放在哪里，《旧约》中的不同段落提供了彼此相异的观点。一种意见是，它们是镶嵌在大祭司（High Priest）的法衣（"以弗得"，ephod）胸前的宝石；另一种意见是，它们是放在法衣上的小袋中的小物件；还有一种意见认为，它们是同一个物品的两面。因此，如果这些意见总体来说是正确的，那么抽签占卜——这种抽签的方式是犹太人所特有的——只能由少数人来实施，这是因为并不是所有人都能求助于利未人或大祭司本人。关于这一历史时期的抽签占卜，我们还能找到若干文献例证。的确，据说上帝不止一次通过抽签决定以色列的命运〔《以赛亚书》（Isaiah）34：17〕；我们还发现以色列人签署了一份契约，其中说"我们的祭司、利未人和百姓都掣签"〔《尼希米记》（Nehemiah）10：34〕；

亚伦抽签决定两只山羊中的哪一只应该作为祭品献给神，哪一只应该作为替罪羊献给沙漠恶魔（《利未记》16：8—10）；而约拿被抛到海里，是因为水手们抽了签，他们想知道船上的哪一个人触怒了神，才让神降下风暴〔《约拿书》（Jonah）1：7〕。由此可见，抽签占卜在犹太社会的各个领域都是一种常见的做法。

对于恶眼效力的信仰不仅在以色列-犹地亚-巴勒斯坦存在，而且在整个中东地区都很普遍。在美索不达米亚，恶眼更多地被认为是一种制造麻烦的因素，而不是造成致命或近乎致命伤害的手段，例如它会导致瓦罐破损或食物变质。在犹太教中，恶眼则与更为凶险的事物相关："你要谨慎，不可恶眼看你穷乏的弟兄……他必恶眼看他弟兄和他怀中的妻……她必恶眼看她的丈夫……不要吃恶眼人的饭。"〔《申命记》（Deuteronomy）15：9；28：54，56；《箴言》（Proverbs）23：6〕拉比评论家们声称，几乎所有死亡都是恶眼造成的，而且它还会导致瘟疫和麻风病等疾病。因此，犹太教中针对恶眼的防护十分常见。

他人的祝福可以祛除恶眼效应，但是最为普遍的防护方式是戴护身符。有些护身符做成手的样子，用来阻挡恶眼目光；有些做成小匣子，里面装着羊皮纸条，上面写着神的名字或是《旧约》中的一条经文；另外，小铃铛或蓝色的物品也被认为是具有保护作用的。这让我们想到《出埃及记》39：25，"他们又用精金做铃铛，把铃铛钉在（大祭司的）袍子周围底边上的石榴中间"。还有《民数记》15：37："耶和华晓谕摩西说：'你吩咐以色列人，叫他们世世代代在衣服边上做繸子，又在底边的繸子上钉一根蓝细带子。'"

在古代晚期和中世纪，人们相信犹太人拥有详尽的魔法知识，这一声名显然不是无凭无据或者在基督教时代突然出现。前文已经提到摩西和亚伦与法老的魔法师斗法，我们应该也还记得《列王纪上》（1 King）或《撒母耳记上》（1 Samuel 28：8—19）中记载的最著名的通灵事件，扫罗王（King Saul）咨询所谓"隐多珥（Endor）女巫"，她召唤出撒母耳的灵魂来回答他的问题。不过希伯来文中有很多词表示擅长不同形式的魔法的专家，所有这些词都在《旧约》中出现——"魔法师"（khartum）、"巫师"（mekashef）、"施咒者"（khober）、"占卜者"（qosem）、"预言者"（me'onen）、"通灵者"（shoel ob）、"术士"（yid'on）、"驱魔师"（ashaf）、"释梦者"（holem）——而这一现象本身或许意味着魔法和占卜在早期犹太社会广泛存在并且受到重视。这些施魔法者彼此诅咒和祝福，通过熏香祛除疾病，例如《多俾亚书》（Tobit）6：8写道："鱼的心肝若在魔鬼或恶神缠身的男女面前焚化成烟，一切恶魔都要从他身上逃走，永不再住在他内。"（这里我们可以联想到，美索不达米亚人和埃及人都相信疾病可能是由非人类的存在有意造成的。）

当然，以上施魔法者的所为都具有潜在的危险性。事实上，当时至少有一条针对灵媒和通灵者的禁令——如果他们被判有罪，将被石刑处死（《利未记》20：27），另外还有一条针对诸多此类施魔法者的禁令（《申命记》18：10—11），以及《出埃及记》22：18中著名的谴责："行邪术的女人，不可容她存活。"然而，虽然所有这些现象在《旧约》时代确实存在，我们也发现了古代晚期和拉比时期许多有关的新信息，但是从公元前6世纪到公元1世纪之间，有关魔法的记载确实出现了一个奇怪的断层，只有《新约》中有少量提及。关于魔法信仰和实践的延续，考古和文献都只能提供非常有限的证据。这意味着犹太人对魔法的态度在那个时期正在经历根本性的变化——并非遗忘，因为后来有大量证据显示魔法与之前一样深受欢迎并被广泛采用，但是那个时期魔法可以说是沉寂一时，至少有一部分原因是当时犹太社会所经历的巨大动荡和内部分裂。

因此，识字的人们似乎有许多比魔法更加紧要的事情要写下来，而且魔法大多是口头传承（故而已经失传），少有文字记录。

然而，有文献证据显示魔法确实得以存续。有一块约在公元前6世纪用希伯来文和亚拉姆文双语书写的牌子，上面记录着一条针对魔法师邪恶行为的复杂咒语。它首先引用《圣经》，然后祈求天使长米迦勒（Michael）和拉斐尔（Raphael），最后请求神摧毁魔法师的巫术。这些巫术包括施恶眼，在骨头上刻写咒语，为操纵战车竞赛而绘制马的魔法图，为魔法目的使用唾液和草药，制作蜡像，以及将护身符缝在衣服上。魔法也出现在《以诺一书》（first book of Enoch）、《禧年书》（book of Jubilees）、《死海古卷》（Dead Sea scrolls）中，不过值得注意的是，这些文献的作者将魔法与恶魔以及草药的可疑使用联系起来。"不要炮制草药制剂，远离魔法书籍"，公元前（或公元）1世纪的一位犹太作者假托福西尼德（pseudo-Phocylides）写道。因此，我们发现驱魔术是这一时期记录最为详尽的秘术。也许这并不令人惊讶，无论是耶稣这样的圣人还是其他人，都会使用咒语和某些惯常的仪式来驱除恶魔。另外还有一些证据表明，人们仍然会佩戴护身符。例如，《玛加伯二书》（second book of Maccabees，12：39）提及抗拒罗马统治的犹太反叛者在内衣下戴着"雅木尼雅（Iamneia）偶像的符箓，这原是《摩西五经》（Torah）禁止犹太人佩戴的"，换言之，他们在上战场时把异教神灵的小雕像当作护身符佩戴。

犹太人周边的不同文明中，人们都会毫不犹豫地求助于魔法来解决实际问题，并且通过魔法控制、调节，必要时缓和人与神灵、恶魔、鬼魂等非人类存在之间的关系。

犹太人的需求、困难和冲动与他们的邻居相似，所以他们绝不会拒绝浸润在同一范畴的神秘系统中。他们从相似的传统中学到一些生活中必不可少的魔法技巧，从而在充满超人类力量、神灵和人物的世界中过得更舒适，更安心。

犹太人与他们的邻居之间最主要和最显著的区别是他们坚守一神教的理念。然而，随着以色列-犹地亚-巴勒斯坦被异国军队征服或践踏，一神信仰经常陷入前途未卜的境地。无论如何，正如先知们不断提醒的那样，犹太人曾背道而驰，采纳与自己的信仰相矛盾的魔法和非魔法习俗，而他们所信仰的唯一真神对犹太民族有着特别的关注。摩西甚至（诚然是在神的指示下）也在杆子上挂了一条铜蛇，用来治疗一切被蛇咬伤的人，这件魔法工具一直为大众所使用，直到公元前8世纪晚期希西家王（King Kezehiah）将它销毁。

如果我们关注通过考古发现的大量古代晚期（比如3世纪至7世纪）的戒指、雕刻宝石、金属带子、碗、黏土碎片等不同形式的护身符，就能更加明确地感受到犹太民众是希望将魔法融入日常生活的。这些物品与同时代异教或基督教社会所使用的器物几乎没有差别，都有带有神灵的名字、字符（假字母或假文本，写给有关的恶魔或天使并且可以被他们所理解）、祛病防灾的祈愿或要求、针对某个人的咒语以及让X爱上Y的请求。另外，某些魔法书似乎也是在这一时期编纂的。例如，《神秘之书》（*Sepher ha-Razim*）可以大致追溯到4世纪初，不过现有的版本是由一位犹太学者在1963年至1966年用各种片段拼接而成的。该书的主要目的是描述七重天和占据每一重天的天使，而对前六重天的描述里包含如何迫使天使服从个人命令的实用指令。

第一重天称"天堂"（Shamayim），到处都是天使的营地，这些天使服从所有施魔法者，但是必须等监督自己的天使发出指令后才能离开天堂从事魔法行动。书中列出了第一位监督天使管辖下的七十二名天使的名字，然后介绍了召唤他们的恰当仪式。

如果你想进行治疗，请在夜间第一个或第二个小时起床，随身带上没药和乳香。把这些东西放在燃烧的煤上，同时你要念诵掌管第一个营地的天使的名字。他叫作WRPNY'L。念诵七遍他手下七十二名天使的名字，然后说以下的话："我，名叫N，是N的儿子，恳求你让我成功治愈Y的儿子X。"无论你以书面还是口头的方式请求，那个人都会痊愈。

其他的仪式涉及带有敌意的魔法——"如果你想派（天使）去对付你的敌人或债主，或者倾覆一艘船，或者夷平一堵坚固的墙……放逐（你的敌人），或者让他卧床不起，或者让他失明或跛足"——包括占卜、通灵、诱导爱情、治病疗伤、将危险的动物驱逐出城市、保护参战的士兵、灭火、赢得一场赛马、预测自己的死亡日期。

《神秘之书》的编者显然受过良好教育，精通古代晚期的魔法文献。从留存至今的众多手稿片段中可以清楚地看到，当时的魔法手册数量众多，足以满足人们的需要，有的魔法手册复杂成熟，有的则略显稚拙。对这些人来说，魔法在一定程度上与其他技术一样，可以用来获得个人的宗教体验。此外，魔法还可以帮助另一些人，他们只是希望满足自己不那么高尚的欲望。因此，"不赞成，禁止，但是实施"似乎可以概括《圣经》和后世文献所描绘的犹太魔法——不赞成和禁止，是因为魔法当时被正统视为异国宗教和神秘行为的一部分，或者它们至少是受到了魔法的玷污；实施，是因为魔法从本质上是一种跨越国家或部落界限的"通用语"，满足了被犹太宗教的严格伦理所拒绝或其不愿去满足的实际和心理需要。

希腊人

鉴于今天的"magic"（魔法）一词来源于希腊文，我们必须理解"希腊人"这个词背后的那些概念是什么意思。事实上，我们首先要明确所谓"希腊人"是谁。例如，通常所说的"希腊"文化实际一般是指"雅典"文化，但我们必须牢记，"希腊人"其实涵盖了生活在希腊本土和爱琴海诸岛以及今天土耳其西海岸的不同人群。土耳其西海岸尤其受到希腊本土以外地区文化和宗教的影响。正如希腊文中的"mageia"（魔法）一词的含义，原指波斯宫廷的火祭司，而且据我们所知，它本来与魔法实践并没有任何关联。而这个词和与它相关的抽象名词演变成为带有负面含义的词语，说明了它们曾被重新或者错误地阐释。这反映了当时希腊人对外国人的反感，这种情绪一方面是因为人们还记得希腊几乎一度落入波斯帝国之手，另一方面是担心外族入侵还会卷土重来。这一发展过程的根源在于宗教，因为magoi是指非希腊宗教系统中的祭司，所以我们姑且可以将mageia理解为一系列不被正统接受的宗教实践。

然而，一如在犹太魔法部分中所述，表示魔法实践和施魔法者的词汇仍然多种多样。除了magos和mageia，希腊人还为我们创造了goēs和goēteia。这两个词是指施咒——动词goan的意思是"哀悼"——尤其在最初时是指召唤亡灵。因此，如果magos的意思是"仪式魔法师"，那么goēs就可理解为"通灵者"。此外，pharmakeus（阴性为"pharmakides"）和pharmakeia是指使用草药和其他物质来制造治疗性药物、催情药水及毒药，不过这两个词的使用范围后来确实大大扩展，涵盖了根本不涉及草药的束缚咒语（binding spells）。这些词语和其他有关魔法操作的希腊文词语经历了演变，并在一定程度上发生了融合。公元前5世纪，一些雅典作者将这些词混同起来，提炼出一个广义的概念，意指异国的、不合伦理的、不正当的并且因此不可取的活动。这一融合在柏拉图的言辞中有明确体现，他谴责此类实践既是反社会的诡计，也是具有破坏性的犯罪。

不过如果我们对这些魔法词语进行分门别类研究，就可以大致了解施魔法者可能会做哪些事：召唤非人类存在；叩问亡灵；制作护身符、小雕像、药膏、草药和饮品来满足某个人当下或未来的需要。邪术（goēteia）和药术（pharmakeia）可见于现存最古老的希腊文献。在《荷马史诗》中：奥德修斯（Odysseus）从冥界召唤鬼魂；魔法师喀耳刻（Circe）同时使用药术（pharmakeia）和魔法（mageia）将奥德修斯一行人变成猪；而奥德修斯得到了一种有魔力的草根（pharmakon），从而免受喀耳刻的伤害。根据一种古老的传统，色萨利（Thessaly）的妇女能够用她们的法力让月亮下坠。公元前7世纪或公元前6世纪的佚名作者所创作的史诗《弗罗尼斯》（*Phoronis*）描述了弗里吉亚（Phrygia）的魔法师的生活，他们生活在山区，能用金属制造奇妙的物品。

此外还有忒尔喀涅斯（Telchines），根据后世作者的说法，他们能够变化身形，施恶眼，用药术制造毒药，用魔法让一些地方寸草不生或者发生天灾。美狄亚（Medea），一位来自科尔基斯（Colchis，位于今格鲁吉亚附近的黑海沿岸）的女人，与喀耳刻一样，是希腊文献中最为著名的女巫（pharmakides）之一，据说她能用药水让一个男人失去或恢复生育能力。她的保护神是赫卡忒（Hekate），这位女神跨越奥林匹斯天神（Olympian）与克托尼俄斯地神（Chthonic）之间的分野。据赫西俄德（Hesiod）所称，她是人类与奥林匹斯和冥界诸神的中介。在后来的一种召唤魔法中，她变成了"冥间、夜间和地狱的黑暗、寂静、恐怖之神，在亡灵间觅食"，或是"三相女神，带着你那喷火的鬼魂，管辖艰险的道路和严酷的魔法"。

"赫卡忒"似乎是外来词，源自安纳托利亚（Anatolia）地区，的确大部分早期文献都将施魔法描述为外国人的行为——奥德修斯是一个例外，他是一位"很久，很久以前"的人物，甚至对于那些认为《奥德赛》是历史而非传奇的人来说，他属于半神话人物。尽管如此，就算假设各种魔法都是外来的，但认为希腊社会原先对这些做法一无所知的观点也是愚蠢的。虽然正统和有文化的精英群体似乎认为，魔法是不可取的，并且是比较险恶的，或者是接近犯罪的江湖骗术，其目的是诈取无知蠢人的钱财，但是我们也有大量的证据可以证明，当时民众只要有需要便会使用魔法，似乎不会有太多疑虑。例如，在多多纳（Dodona）的宙斯神谕殿（oracle of Zeus）发现了大量陶土和铅制的铭文板，上面写着各色人等——男人、女人、夫妻、奴隶——向神提出的问题：某人是否针对谁施了魔法（pharmakon），X是否诅咒了Y，求问者是否应该求助某位通灵者，如此等等。出自其他地方的铭文板会诅咒"一切对我施束缚咒语的人", 或者乞求冥间的赫耳墨斯（Hermes）去约束某些特定的人。针对亵渎坟墓的人施加诅咒——这种魔法主要流行于土耳其沿海地区的希腊人之中——还可以请求"专业"的魔法师唤醒亡灵或者埋葬恶灵。束缚魔法的施加方法包括制作小雕像和在小物件上刻写铭文，这些都要被埋入地下，从而可以更快速地与相应的神灵沟通。此类做法我们在美索不达米亚和埃及的部分曾经提及，而在希腊的不同群体中也有发现，最早可以追溯到公元前6世纪。例如，人们在雅典发现了一个小雕像，放置在一具骸骨的骨盆和两块刻有铭文的铅板附近。雕像右腿上写着施法对象的名字——Mnesimakhos；其中一块铅板上写着咒语。显而易见，这条咒语的意图是让Mnesimakhos和他的朋友们无法在法庭上替自己辩护。

类似的铭文板和雕像绝非罕见。同样常见的还有用来诱导或惩罚爱情的文字，例如所谓的"苹果咒语"，用于向水果施法，之后无论谁吃下或拿到都会爱上提供或投掷水果的人。这个由来已久的传统可能源自阿塔兰忒（Atalanta）的神话，这位坚守童贞的女猎人厌恶婚姻，而她的仰慕者希波墨涅斯（Hippomenes）却借助女神阿芙洛狄忒（Aphrodite）提供的三个金苹果抱得美人归。阿里斯托芬（Aristophanes）记述了雅典具有情色意味的抛苹果习俗，按照公元前1世纪的魔法指令，抛苹果的人需要念诵三遍咒语，然后将苹果扔给他倾慕的对象或者扔到后者的身上。希腊护身符（periapta，"佩戴物"）的作用跟中东和埃及的类似，即提供保护和治疗。护身符有时与咒语一起使用，柏拉图在对话集《卡尔米德篇》（Charmides）中也谈到这一点，护身符上有时会被刻上暗示其用途的文字。被称为"以弗所灵符"（Ephesia grammata）的折叠铅片可以装在皮革小袋中，佩戴在脖子上；与此类似的铭文戒指也很常见，要想在拳击等比赛中获胜，就可以佩戴这种有铭文的小物件；把带有魔法文字的金属薄片（lamina或lamellae）卷起来之后放进小圆筒，随遗体一起埋进坟墓里，或者戴在脖子上——就像希腊-罗马时期的埃及棺木画像里画的那样，它们就可以作为护身符，根据情势所需为今生或来世提供保护；经文护符匣

（phylacteries）既可以临时佩戴（例如用来祛除头痛），也可以长期佩戴（可以帮助佩戴者克服癫痫）。

虽然魔法颇为流行，但是来自美索不达米亚的巡回魔法师和专攻束缚咒语的治疗师在希腊的影响遭到了人们的反对。雅典的知识分子既傲慢又自以为是，认为非希腊人都是"野蛮人"，他们的内心混杂着恐惧和轻蔑，对希腊人自己的各种仪式活动不屑一顾，用负面的外来词"mageia"（魔法）表达他们的鄙视。有很多有害行为被归咎于魔法，相比之下，针对魔法本身的法律似乎很少，甚至没有。偶尔会出现针对药术提起的诉讼，从我们拥有的全部相关法律文献来看，只有提欧斯（Teos）岛真实存在的法律（公元前5世纪）、对来自土耳其沿海的非拉铁非（Philadelphia）的一种私人信仰的私下规定（公元前1世纪），以及柏拉图《法律篇》中有有关立法的建议。有趣的是，柏拉图的建议源自他对投毒案件的讨论，他区分了简单的毒害，他的说法是：一种是根据自然的运作规律以机体伤害机体，另一种是兼具心理、逻辑性和生理性的毒害。

（除简单投毒之外的）另一种是借助所谓"邪术"（manganeiai）和"咒语"（epōdai）来投毒，不仅企图作恶者以为他们确实能够为害，而且受害者同样确信，伤害自己的人具有实施有害魔法（goētuein）的法力。有关这些情况，一方面真相难以知晓，另一方面即使有人知晓，也很难说服他人。

此外，有些人若是碰巧在门前、三岔路口或者先人的坟头看到蜡制的雕像，他们便会彼此暗地猜疑。如果我们自己对这类现象都没有明确的看法，那么试图去接近这些人的内心并且劝告他们不要太在乎，这根本是行不通的。因此，我们应该根据投毒的方式把相关的法律分为两个部分……（用有毒物质去毒害他人身体的人应当被处决，或者根据案件情节支付罚金。）但是如果认定某个人通过灵符、咒语等任何毒害性的魔法（pharmakeiōn）来犯罪，并且，如果他是预言者或占卜者，那么他就应该被处死。而如果他对占卜一无所知，那么应该给予他与被定投毒罪的人同样的处置——针对他的案件，法庭应考虑处以适当的刑罚或罚金。

然而归根结底，如果当权者想要控制甚至禁止魔法及相关的秘术，他们就必须利用公众对魔法的反感，因为这比任何法律都更能有效地抑制各种魔法行为。但事实上，似乎没有太多证据表明公众的态度对人们的行为确实产生了很大的影响。与犹太人一样，"希腊人"（主要是雅典的作者们）嘲弄、抱怨、鄙视，有时甚至怒斥魔法行为，却没产生什么持续或有效的作用，只不过是让知识分子对那些有利于自己的偏见更加确信而已。其他所有人虽然知道魔法受到如此谴责，却都或多或少地延续着过去的做法，因为魔法满足了人们的很多需要，而哲学或奥林匹斯信仰却无法做到。

罗马人

相较于希腊人，罗马人受到的影响更加显而易见并且暗藏玄机。不过我们同样需要注意，"罗马人"更多的是一个简称，它涵盖了交杂分布在广大地域上的众多民族。从罗马城及其周边地区发端，"罗马"扩展成为一个帝国理念与事实的结合体，从苏格兰边境到苏丹，从葡萄牙到波斯帝国边缘的广袤疆域中的每一名自由成年男性最终都成为"罗马公民"。因此，虽然罗马帝国试图在其全境推行一种文化大一统的政策，但是各地的不同民族具有天然的多样性。这意味着，就总体而言，不同民族对罗马帝国的归属主要体现在各种非罗马行为模式的顺应、互动、模仿和借鉴之中，而不是让本民族的行为和思维方式屈从于帝国的文化战略。

有关早期罗马魔法的文献主要来自后世的作者。例如，1世纪老普林尼的著作中，记载了公元前5世纪的《十二铜表法》（*Twelve Tables*）中的两部法律。这两部法律都禁止出于恶意使用咒语（carmina），老普林尼举了一个农民使用"veneficia"（施毒魔法，相当于希腊文中的"pharmakeia"）的例子，他企图牺牲邻人的利益让自己的农场兴旺发达。

事实上，老普林尼在百科全书《博物志》（*Naturalis Historia*）中频繁提及各种应该被称作"魔法"的罗马民间习俗。他虽然把这些行为记录下来，却采取了一种居高临下的语气。例如，他在讨论magi（"术士"）的时候不屑一顾，认为他们是些傻瓜和庸医，大多是外国人。他痛斥道，魔法是所有技艺（artes，即"实用技能"）中最欺世盗名的一种，来统治着世界：

> 魔法的影响如此之大，应该没人感到惊讶，因为在所有的技艺中，只有魔法容纳了另外三种对人类心智具有至高无上支配力的力量，并且让这三者从属于自己。毋庸置疑，魔法最初起源于医术，但它打着促进健康的旗号，在不知不觉间穿上了更加高尚和神圣的外衣；除了给予人们最为诱人和广受欢迎的承诺之外，它又加入了宗教的力量来增强自己的吸引力……此外，大获成功之后，它又进一步引入了占星术，因为没有人不渴望了解自己的命运，或者不相信对命运最准确的解释来自对星辰的观测。因此，通过对人类情感的三重约束，魔法获得了如此崇高的地位，直到今天仍然对很大一部分人类有着决定性的影响。（30.1.1—2）

老普林尼的书中尽管充满嫌弃，但也与早期政治家加图（Cato）的著作一样清楚地表明，与希腊人类似，罗马人也会经常使用魔法，并且他们也是出于与其他人相同的理由和目的。

诸如伊奥（Iao）和阿布拉克萨斯（Abrasax）之类的神灵或怪兽的名称可以作为魔咒被刻写在护身符上。此类名号也会被刻在石头上，供人随身携带。

目前已经发现大量由个人或专业魔法师——当时有这样的人可提供雇佣和咨询服务——刻写的诅咒板（defixiones），它们可以反映出许多宝贵的信息，涉及民间信仰、教育规范、标准拉丁语的地方变体等诸多方面。当时人们也会佩戴或携带护身符。拉丁文中最常用的与之对应的词语是"remedium"，这说明护身符的用途是防止疾病或避免恶眼的危害，不过它们也可以系在猎狗身上，以保狩猎顺利。据1世纪的一位作者记载，制作护身符的材料包括獾毛束、贻贝贝壳、小块磁石或珊瑚、魔法草药。

金属片护身符（lamellae）也很常见，上面镌刻的魔咒首先是向异国的神灵或非人类存在求助——"伊奥，阿布拉克萨斯，"一个日耳曼士兵佩戴的护身符上用希腊文和拉丁文两种文字写道，"请将健康和胜利赐予提比略·克劳狄乌斯·西米里斯（Tiberius Claudius Similis）。"——此外，小蜡像、催情药和通灵祭品也出现在拉丁文的虚构和纪实文学中。同样，这些都不仅仅是农民或城市贫民才使用。据称有人蓄意谋杀提比略（Tiberius）皇帝的侄子日耳曼尼库斯（Germanicus），人们在对他的住房进行勘察时，拆除地板并砸开墙壁之后发现了若干有趣的物品："人的尸骸，手写的咒语和诅咒，刻着'日耳曼尼库斯'这个名字的铅板，烧焦和带血的骨灰，以及其他用来施行有害魔法的用具，人们相信利用这些东西，活人的灵魂就会受神灵力量的摆布。"（塔西佗，《编年史》2.69）

然而，我们在罗马帝国早期的文献中越来越多地发现，女性参与到许多魔法活动中，其主要目的是害人、通奸或谋杀。

这一趋势最先在5世纪的雅典引起关注，在希腊悲剧的文本中就有所体现。不过希腊人更多地会去强调魔法师是外国人，而罗马人则认为这些致命的技能主要是由女性操作的，她们既可以来自社会上层，也可以来自底层。这是一个新现象。根据来自美索不达米亚、埃及和以色列-犹地亚-巴勒斯坦的资料，魔法当时主要掌握在男性手中，甚至在希腊文献中大量提及的祭司、占卜者、专业魔法师、巡回治疗师和小贩显然都是男性。然而在罗马（除了喀耳刻和美狄亚这样的希腊女性人物），我们可以看到女魔法师的雏形，此后她们将被称作"女巫"。她们的形象在诗歌中最为鲜明，尤其是贺拉斯（Horace）和卢坎（Lucan）的讽刺作品。贺拉斯在早期的作品《讽刺诗集》（Satires）1.8及《长短句集》（Epodes）5和17中描绘了许多丑陋的老女人，她们与蛇、幽灵般的狗和死人的鬼魂为伴，在墓地里向赫卡忒献祭，挥舞着几个小雕像，杀死一个男孩，用他的肝脏和骨髓制造催情药水。这是一种讽刺。卢坎笔下的形象则完全是巴黎大木偶剧场（Grand Guignol）式的风格。在记述尤里乌斯·恺撒（Julius Caesar）和庞培（Pompey）内战的史诗《法沙利亚》（Pharsalia）中，他夸张地描绘了女巫艾利克托（Erichto）的形象，描写她在墓地里搜寻魔法需要的材料，用指甲和牙齿从死尸上撕扯器官。如果说贺拉斯笔下的女性都很有趣，那么卢坎笔下的"女巫"则像是穴怪的画像（grotesque），对她的描绘就是要让读者不寒而栗。那么我们能否以一种严肃的态度看待这两类形象，并且从戏剧化的描写中分辨出某种现实？讽刺诗人尤维纳利斯（Juvenal）经常抨击女性的淫荡、自负和凶残，并且谴责她们施咒下毒（veneficia）；历史学家塔西佗（Tacitus）告诉我们，贵族女性——比如尼禄（Nero）的母亲和她的一位密友——准备用魔法推进她们的政治谋略或报复计划；西塞罗（Cicero）指出，某些女人特别有可能会使用恶毒的魔法达到个人带有恶意的目的；农业专家科鲁迈拉（Columella）强烈建议农场的管理者们不要允许伙计们去向"女巫"（sagae）咨询事宜。这些作家对部分人物形象的刻毒描绘表明，当时人们面对这种真实的现象确实感到紧张——作品中男性和女性施魔法者的形象随处可见，意味着这类人应该相当常见。有些关于或来自非意大利帝国地区的证据明确地显示，传统意义上的魔法实践在各个地区都很普遍。

　　非意大利的一系列证据主要来自基督徒，他们原先就四处分散，后来迅速地扩展到整个地中海盆地。他们的神圣著作中记录了各种神迹（miracula），主要是驱除恶魔、治愈病人或者复活死者。后来他们纪念这些神迹，以证明他们所倚仗的力量是正当的，而其他民族信仰的力量是魔法，因此是不正当，并且很有可能是由恶魔引发的。尽管这些早期基督教神迹的记述可能被认为是片面的，我们仍然可以从中看出大众对魔法较为真实的态度，不论这些说法是否属于宗教宣传。例如，《使徒行传》19：11—20提到，圣保罗（St Paul）在以弗所（Ephesus）时为人治病驱魔，人们把接触过他身体的布片当作护身符或是具有超人类力量的物品使用，认为它们可以给其他人带来与圣保罗的行为一样的功效。

　　书中还记述有些巡回驱魔师试图效仿却完全不成功，结果"平素行邪术的也有许多人把书拿来，堆积在众人面前焚烧"。这些书籍似乎非常昂贵，可能是因为它们内容繁多，所以有许多卷。其中可能包括被认为是门德斯的波洛斯（Bolos of Mendes）和尼吉狄乌斯·菲古卢斯（Nigidius Figulus）所著的魔法典籍——这两位作者在老普林尼的书中都有提及，另外还可能有拉里萨的阿纳克西拉乌斯（Anaxilaus of Larisa）编纂的召唤术。尼吉狄乌斯和阿纳克西拉乌斯都生活在公元前1世纪，而他们的书在公元13年后失传，按照历史学家苏埃托尼乌斯（Suetonius）的说法，是因为奥古斯都（Augustus）皇帝曾下令将2000卷魔法著作付之一炬。

　　对于耶稣的使徒们行神迹的能力，其他地方的崇拜者的解释似乎与以弗所人十分相近。例如，圣彼得（St Peter）和圣约翰（St John）前往撒玛利亚（Samaria）的时候，发现"有一个人，名叫西门（Simon），向来在那城里行邪术，妄自尊大，使撒玛利亚的百姓惊奇"（《使徒行传》8：9）。于是这个西门被圣彼得的力量所吸引，意图付钱让他施魔法，认为他的力量是一种魔法商品，也许包含可以交易的神秘咒语。后来，2世纪的基督教殉教者游斯丁（Justin Martyr）和爱任纽（Irenaeus）笔下的圣彼得愤怒地驳斥了西门的谬论，并且谴责他是一个魔法师，仰仗通过他作法的恶魔制造奇迹，这一阐释后来衍生出一个罪名——买卖圣职（simony），这个词语正是来源于西门之名。事实上，撇清对自己所行之事为"邪术"的指控，同时将这一指控导向犹太人或异端等宗教对立面，这已经成为基督教作者们常用的一种为自己辩护的方式。这种策略也并非对付离经叛道或顽固不化之人的权宜之计，甚至到了385年，西班牙阿维拉主教普里西利安（Priscillian，Bishop of Ávila）因为书面和口头发表违背教会正统的宗教言论而被判有罪并处决，对他的指控并非出于教义，而是判定他施了魔法，这在当时是一种可以处以死刑的罪行。

这种压制令人恐惧，但似乎并没有降低基督教兴起时期民众对魔法的热情。2世纪的《安德烈行传》（Acts of Andrew）告诫一位女子要防备她丈夫的通灵邪术。3世纪初的俄利根（Origen）摘录了塞尔苏斯（Celsus）的反基督教檄文中的许多片段，这些文本清楚地表明，异教徒认为基督教的崇拜和信仰中充斥着魔法和邪魔之道。与俄利根大致同一时代的特土良（Tertullian）解释道，希腊和罗马众神其实都是恶魔，因此他们的所有祭司应该都是魔法师。4世纪巴勒斯坦一座修道院的地板镶嵌画中有一句圣经铭文，其用意显然是保护修士和访客："你出你入，耶和华要保护你，从今时直到永远。"〔《诗篇》（Psalm）121：8〕圣巴西略（St Basil，约329—379年）在他的一封书信中指出："女人们经常试图用咒语和魔法结（magic knots）来吸引男人去爱她们，并且用草药（pharmaka）让他们变得迟钝。尽管她们这种行为造成的结果可能并非她们本意，但是由于她们的所作所为属于魔法并且是被禁止的，那么一旦这些女人致人死亡，她们就应当被视为蓄意谋杀者。"金口约翰（St John Chrysostom，约347—407年）在他的教义问答中感叹道："那些使用魔咒和护身符、用马其顿亚历山大大帝（Alexander of Macedon）的金币围着自己头和脚的人，该如何说他们呢？……你不仅仅永远拥有护身符，还有会把喝醉的愚蠢老妇人带进你家中的咒语。你害怕这样的东西……难道不感到羞耻，不会脸红吗？"因此，553年的君士坦丁堡公会议（Council of Constantinople）下令禁止信徒使用魔法和护身符也就不足为奇了。

毫无疑问，基督徒和异教徒双方的论调是针锋相对的：我行神迹，你施魔法；我受神启迪，你心存迷信；我的"魔法"是正当的，你的不是，所以应该取缔。然而，在罗马帝国，遵循传统、借助魔法来解决自己问题的人们依旧无处不在，并且冥顽不化，知识分子与平民百姓（polloi）之间的矛盾，或者帝国众多宗教的领袖与追随者之间的对立对民众行为的影响微乎其微，甚至没有任何影响。

人们对魔法者的看法之中渐渐渗透进一些观点：首先是来自罗马人的观念，即有害魔法主要掌握在不怀好意的和好斗的女人手中；其次是基督徒们坚信，魔法——尤其是有害魔法的罪魁祸首是恶魔，因此所有施这种魔法的人都是在恶灵的指示和协助下行事。这或许就是后世一些理论的来源，并为中世纪晚期和近代早期的男女巫师审判提供了依据。

尽管如此，教会对魔法的态度并没能阻止人们把基督纳入他们的"魔法万神殿"中。例如，仅是来自埃及基督教的希腊文记载，就能说明当时此类行为有多么普遍。我们知道，4世纪和7世纪的咒语和护身符铭文会召唤耶稣来保护主人或使佩戴者免受发热等恶魔引起的疾病侵袭，或者治愈已经生病的人。"耶稣基督能够治愈寒战和发热，"一个护身符如此承诺，"以及约瑟（Joseph）的各种病症，只要他每天不时戴上护身符。"不过这个特别的护身符并没有把希望全部寄托在耶稣身上，它另外又向一位异教神灵求助："让白狼，白狼，白狼，来治疗约瑟的颤抖发热。"有的咒语可以召唤耶稣的使徒，咒语中他们的名字经常与希伯来文中表示"神"的词语以及无数错误百出的埃及文、伪希腊文和科普特文说法混在一起。然而此时罗马帝国早已分裂为东西两半，在"大一统中兼顾多样性"的罗马文化已经日薄西山，一套新的传统和多种多样的实践正在出现，以满足古代晚期人们的需要。

| 第二章 |

中世纪魔法

索菲·佩奇

在中世纪早期，人们既要使用魔法，又对魔法心怀畏惧，这其中的缘由与人们对待其他神圣仪式的态度的缘由如出一辙：人们相信魔法能加强或切断人际的联系，超越物质的障碍，通过护佑群体或引发疾病和死亡来传播善与恶，只是以"魔法"命名的是被排除在正统基督教实践之外的一系列"不当"神圣仪式。魔法活动所使用的物品和语言、其方式或目的显然不属于基督教的物质文化或礼拜仪式，这让教会人士感到不安。人们认为，未经许可的神圣仪式暴露出其实施者并不了解恰当的神圣形式，他们遵从的是异教徒的做法或者与撒旦勾结。

西欧腹地地区在5—6世纪已经基督教化，此后基督教的影响继续向欧洲的异教地区拓展。在这些刚刚从异教皈依基督教的地区，基督徒的信仰和实践无时无刻不处于被审视的境地。随着早先的信仰和宗教行为逐步让位于基督教，这些信仰的早期神话和仪式的某些片段以魔法的形式存续下来，虽然它们已经脱离了原有的信仰体系，但是人们依然认为它们拥有某种力量。10世纪的一份手稿中提到一条对抗毒药和感染的"九味草药咒"（Nine-Herbs Charm），内容中包含对奥丁（Woden，Odin）的召唤。这条咒语的使用者可能对这位来自异教的神一无所知，但是不妨碍他接受"奥丁"是一个可以召唤的强大存在的名号。施魔法者对基督教的传播也有所应对，他们把魔法中异教的神灵换成了基督教的人物：中世纪早期的一则治疗瘸腿马的日耳曼咒语提到，巴德尔（Balder）的马受伤后，奥丁神治愈了它，但是后来的版本中变成了基督治好了他自己的马；同样，流行于5世纪有关草药功效的著作《伪阿普列尤斯草药集》（Pseudo-Apuleius Herbarium），其大部分传世的版本开篇都是对主的祈祷，代替了原来对"神圣大地女神"的召唤。

由于基督教在中世纪早期战胜了异教，人们坚信神的力量高于邪恶力量。在这一时期的圣徒行传中，魔法师往往是圣徒的对立面：魔法师的形象揭示了人类能够在宇宙中获得的力量，却也反衬出圣徒的德行；在基督教化的宇宙中，某些原本与施魔法者相关联的关键力量是被赋予圣徒的，例如对构成世间万物的元素加以控制——这在农耕社会中是一种宝贵的能力；圣徒拥有了积极的超自然力量，魔法则被贬斥为反社会甚至是邪恶的活动。

这一时期，两类魔法在基督教的对立阵营中变得尤为突出——"邪术"（sortilegium）和"邪法"（maleficium，字面义为"邪恶的做法"），因此魔法被视为一种有害的力量，其目的在于造成疾病、死亡、贫困和物质的损坏。然而，为了立法打击魔法实践，世俗和宗教政权需要对各种魔法进行界定和描述。中世纪早期在这方面最全面的尝试可见于塞维利亚主教伊西多尔（Isidore of Seville，约560—636年）所著的《词源》（Etymologiae）第八卷，该书对宗教和教派进行了讨论，由此提出魔法是一种离经叛道的宗教形式。伊西多尔概括了施魔法者和占卜者的具体类型，其中包括施邪法者（malefici），他们能够控制各种元素和人类的心灵，能用咒语的魔力杀人，能召唤恶魔为自己提供帮助；还有施咒语者（incantatores），他们用言语的力量施展魔法。在整个中世纪时期，世俗的统治者针对魔法制定了严酷的法律，以此彰显他们对宗教的虔诚，并强调他们基督徒保护者的角色。随着欧洲基督教疆土的日益扩大和巩固，这些法律的影响也逐渐扩大。例如，查理大帝（Charlemagne）789年颁布的敕令《广训》（*Admonitio generalis*）从法律上全面禁止魔法，要求帝国全境的魔法师和施咒者忏悔，否则一律处以死刑。

同样，中世纪早期的布道词也对魔法严加谴责，并敦促男人和女人们参与更为恰当的基督教活动，例如祷告。教会谴责的魔法活动包括使用非正统的言语（多有别于祷文，如召灵或邪魔咒语），佩戴或携带偶像（如金属幸运符或用天然物品制成的护身符），一些特殊行为（如在特定时间采撷草药，或将孩子放入烤炉治疗发热），召唤神祇或向恶魔献祭的宗教活动，通过身体或器官（如利用头发或唾液作恶，以及恶眼之瞥）作恶，用天然成分炮制药剂伤害他人或对他人施加不当的影响。某种特定的做法被质疑可能不止一种原因：不恰当的实施者、目的或力量来源，或是不恰当地使用正统的宗教力量。尤为可疑的情况是对神圣仪式的篡改，对教会确定的内容加以增减，即使是（有时特别是）教士自己主动偏离正统。

魔法的批评者不能接受施魔法者运用宇宙间的自然力量，例如借助草药、岩石或星辰进行活动，他们认为这类法术能够与恶魔取得联结或者是异教残留的做法。不过，如果人们借助魔法来解决家中的紧急问题（例如孩子生病），或者提高土壤肥力和增加家畜繁育数量、改善生活条件，地方的教会对这些需求表现出一定的同情。各个社会阶层的男人和女人都应该知道祈求上帝或圣徒的帮助与召唤恶魔之间的差别，但是如果他们施行的仪式也许能救治病儿或者保护庄稼，他们便不会顾忌神力究竟从何而来。

6世纪开始流传的教会规则手册——悔罪规则书（penitentials）描述了教士针对人们的一系列过失可以采取的惩戒措施。其中适用于教士（他们理应更加了解规则）的惩罚措施相比于普通人更为严苛，并且认定某些意图尤其应当受到惩处。《勃艮第悔罪规则书》（*The Burgundian Penitential*，约700—725年）规定：如施魔法摧垮他人，则施魔法者在7年间仅能以面包和水维持生命；如施魔法者是出于爱的动机并且没有造成伤害，则可缩短惩罚年限。此类悔罪规则书中有关为爱而施魔法的规定特别针对神职人员、助祭和教士。这可能意味着他们有时出于牧灵的考虑，为了帮助他们所在地区的民众而实施的仪式或许会有违正统神圣仪式。例如，有一种漫长而复杂的盎格鲁-撒克逊仪式，能够为遭到巫师或投毒者破坏的农田恢复肥力，教士举行仪式时需要在教堂中面对从地里取回的四块草皮吟唱弥撒曲，并且召唤大地母亲提供神圣的帮助，并在仪式中采集和使用大地产出的各种果实。从这一时期保存在修道院手稿中的其他祷文和秘方中可以看出，非正统的天使名号广为流传，可以满足某些特定领域的需求，例如潘齐埃尔（Panchiel）可以保护庄稼，多米埃尔（Dormiel）能够治疗胃痛。

有许多魔法活动，任何人都可以实施，中世纪早期的文献中记述了如何用言语或咒语将绳结、面包、布料甚至青草变为魔法工具。沃尔姆斯主教布尔夏特（Burchard of Worms）在他所著的《悔过书》（Corrector，约1008—1012年）中援引早期有关魔法的文献，声称猪倌和农夫经常进行魔法活动，猎人有时也会如此。在悔罪规则书中，魔法活动多被认为是未受过教育的人所犯的愚蠢错误，他们可以通过相对较轻的悔罪措施来获得救赎。但这种普遍的宽大处理也有例外，即施魔法者企图造成伤害，因为对于恰当仪式的无知并不能成为主观上施加暴力的借口。与参加魔法活动的普通人相同，专门从事魔法活动的人也被区别对待，例如能用咒语引发风暴的男性施魔法者和专门煽动爱恨情仇的女性施魔法者，他们对教会的威胁更为严重。魔法与言语的紧密联系体现了圣经信仰的特点，基督教的领袖们坚信神圣言语的力量，但对神圣言语的不当使用则心怀恐惧。

中世纪晚期流传的魔法文本在数量和复杂性上都急剧提升。对于当时人们如何认识宇宙中天体和灵性的力量以及如何操纵这种力量，这些魔法文本都产生了深远的影响。然而，中世纪早期魔法的三个显著特点在这一时期依然得以保持，仪式依然能够与时俱进。在中世纪晚期，这体现在对犹太和阿拉伯魔法文本的翻译和改编之中。

魔法实践与教士的联系依然紧密：人们越来越相信，魔法的邪恶并不在于异教实践的死灰复燃，而是博学多闻的神职人员将自己的法力用于歪门邪道。

最后，关于邪恶魔法师与恶魔相互勾结的刻板印象依然占据主导地位，不过临近中世纪的末期，恶魔与人类，尤其是与女性的关系在性质上有所改变，人们开始强调恶魔契约。

从阿拉伯语到拉丁语：翻译活动和奥义魔法

11世纪，欧洲进入了一个扩张、集权和创造的时期。西班牙便是政治扩张的一处战场——信奉基督教的王国开始从穆斯林统治者手中夺取疆土。1085年攻陷托莱多（Toledo）之后，教皇派遣外国神职人员进入西班牙，要求当地曾长期处于穆斯林统治之下的教堂进行统一的基督教仪式。在这些新占领的地区，基督教神职人员发现阿拉伯世界保存了异常丰富的希腊哲学和科学文献，以及阿拉伯文本，这些阿语文本的作者多年来为了调和异教理念和一神教已经殚精竭虑。一场声势浩大的翻译运动应运而生，来自欧洲各地的学者纷纷涌向西班牙、西西里及中东重镇，将阿拉伯文献译为拉丁文，因此他们经常要与当地精通阿拉伯文、拉丁文和希伯来文的犹太学者合作。随着大量传统的希腊、阿拉伯和犹太魔法文本流入欧洲，魔法在中世纪晚期由一种非法活动变为一个知识领域。

参与翻译活动的知识分子并未形成一个明确的群体。他们的背景和人脉各不相同，但是都以同样的开放态度探索各种新知，包括医学、哲学、宇宙学、几何学、天文学、数学以及神秘学。在西班牙的穆斯林地区（安达卢斯，al-Andalus），精确科学与占星术、魔法密不可分，而许多拉丁文译者也延续了这种模式。例如，巴斯的阿德拉德（Adelard of Bath，约1080—约1152年）翻译了欧几里得的数学和几何著作《几何原本》（*Elements*）、花剌子模（al-Khwārizm）的天文表以及多部占星术和魔法著作。12世纪大约有20部阿拉伯魔法作品被翻译成拉丁文，其中几位译者姓名已确知，但是很多作品的作者名字多为假托（例如赫耳墨斯、亚当、所罗门等圣经或传奇人物）或者佚名。这一方面是因为当时人们并不认为仪式、召唤和符号仅仅是人类的发明，另一方面是由于伊斯兰教和基督教神学的谴责，使魔法文献的作者可能面临风险。不过，阿拉伯魔法与地位高贵、更易被接受的天文学和占星术相关联，有利于其在拉丁西方（Latin West）被接纳。

在中世纪晚期的欧洲，拉丁文是一种跨国学术语言，促进了魔法文本迅速而广泛的传播。到中世纪末，许多魔法文本还被译成法文、英文、德文、意大利文等地方语言，从而覆盖了包括普通百姓在内的广泛受众。

将神秘学文本汇编并译为地方语言的一个中心是卡斯蒂利亚和莱昂国王阿方索十世（Alfonso X of Castile and León，约1252—1284年）的缮写室，多位犹太教、基督教和穆斯林学者受雇将阿拉伯文和希伯来文书籍译为拉丁文和卡斯蒂利亚文。在阿方索的赞助下，他们共编撰或翻译了五部魔法著作：《宝石之书》（*Lapidario*）、《贤者之书》（*Picatrix*）、《形与像之书》（*Libro de las formas et las ymagenes*）、《占星魔法之书》（*Libro de astromagia*）和《天使拉结尔之书》（*Liber Razielis*）。这些书籍说明，阿方索尤其关注宇宙间自然力量的网络和操纵这些力量的方法，以及希伯来的天使学。《天使拉结尔之书》的序言梳理了阿方索收藏的可疑文本，将阿方索寻求不同传统的宝贵知识的行为与所罗门追求遥远国度的智慧相提并论。

此外，通过希腊文原著和阿拉伯文献改编著作的传播，希腊对中世纪拉丁西方的占星术和魔法也有显著的影响。相比于西班牙对神秘学文本的翻译运动，人们对希腊神秘学文本的研究要少得多，但仍至少有两本希腊魔法著作在中世纪早期传入拉丁西方：达米克罗恩（Damigeron）

或埃瓦克斯（Evax）所著的一本有关宝石的书（关于各种宝石蕴含的魔力）和据推测为特萨卢斯（Thessalus von Tralles）所著的一本书，后者介绍了黄道十二宫和行星所对应的各种草药具有何种功用。12世纪出现了另外一批有关动物、植物和宝石魔法属性的译著，译者可能是帕斯卡利斯·罗马努斯（Pascalis Romanus）——君士坦丁堡的一位修士、医师、解梦书籍编纂者，并且很受拉丁文读者的欢迎。拜占庭帝国与拉丁西方一样，境内魔法活动司空见惯，但是往往具有本地特色。尽管拜占庭的东正教会和世俗政权当局与西方的统治者一样，努力界定和描述魔法实践并立法予以制裁，但是拜占庭魔法与基督教信仰的边界相对于拉丁西方更模糊。在中世纪的拜占庭，由于希腊-罗马异教时期与基督教时代之间存在着更大的文化连续性，因此非基督教信仰行为的威胁性更小，巫师审判相对于西方也少得多。

神秘学（炼金术、占星术、魔法和占卜）是中世纪拜占庭学术文化的一部分，这与中世纪晚期欧洲的情况一致。无论在拜占庭还是西方，神秘学都吸引着受过教育的官僚阶层，但是奥义魔法则要隐秘得多：几乎所有传世的魔法和占卜文本都是佚名的，并且没有标注年代。然而，拜占庭在地理位置上非常适于神秘学文献在希腊文、拉丁文和阿拉伯文之间的传播。旅行、书面和口头交流、外语能力促进了这种沟通，但是奥义魔法也因此声名狼藉，通常被认为是外国人的行径。12世纪拜占庭的一位贵族亚历克修斯·阿克苏赫（Alexios Axouch）被指控曾咨询一位拉丁巫师，后者召唤恶魔以求问未来，并且向阿克苏赫提供药水，企图谋害拜占庭皇帝的一位男性继承人。正如后文所述，宫廷之中有关派系争斗、生育子嗣、借助魔法推进政治目标的担忧在拉丁西方同样常见。

希腊和阿拉伯科学通过上述不同的路径传入，影响了基督徒的自然和宇宙观，并为拉丁西方的学者提供了一套描述宇宙的新术语。这一知识领域的演变是拉丁西方文化复兴运动的一个组成部分，即通常所说的"12世纪文艺复兴"。这一时期，人们对奥义魔法越来越感兴趣，不过如果要为某种类似奥义魔法的特定行为进行辩护，知识分子们则会慎重考虑。在12世纪文艺复兴的影响下，人们对于人类的理性更加有信心，相信人类能够洞悉宇宙的奥秘，对于人类与自然的关系的思考方式也随之改变。人们对于自然规律的认识与日俱增，尤其是在亚里士多德相关研究的影响之下。同时，人们开始对探索自然世界的方方面面感兴趣，从彗星和彩虹到动物行为和人体解剖。奥义魔法文本之所以能引起学者们真正的兴趣，是因为这些文本援引了其他体裁的作品中读者耳熟能详的理论，并且提供了探索和揭示自然奥秘的工具。

我们可以说，虽然中世纪早期的人们从事魔法活动，但是魔法作为一种系统的知识体系，"魔法技艺"这一实用概念几乎或根本没有意义。随着奥义魔法文本的翻译和传播，魔法开始受到更多的重视，甚至批评者也开始关注魔法中号称能够提供宇宙知识的种种说法，虽然其目的主要是谴责魔法。阿尔萨斯霍恩堡女修道院（Hohenburg Abbey）院长赫拉德·兰茨贝格（Herrad of Landsberg，1130—1195年）在她的插图版百科全书《乐园集》（*Hortus Deliciarum*）中，将魔法置于自由七艺（Seven Liberal Arts）的图片中。在这幅图中，哲学女王四周环绕着自由七艺的拟人形象，她的下方苏格拉底和柏拉图相对而坐，正在交谈。她手中的纸卷上写着哲学的神圣起源："一切哲学皆来自上帝，唯有智者可达成心愿。"页面的底部是诗人和魔法师，由于他们受到不洁灵魂的指引，只能炮制寓言故事、轻浮诗歌或魔法秘方，所以被排除在真正的哲学范畴之外。邪灵则栖息在诗人和魔法师脑后，低声嘲弄圣灵的启示。

不出所料，哲学、魔法和灵性启示之间的关系在奥义魔法文本中有着不同的阐述。在中世纪晚期欧洲流传的奥义魔法著作中，最为繁复的是《贤者之书》（*Ghāyat al-Ḥakīm*）的拉丁文译本（*Picatrix*）。原书是11世纪编撰于西班牙的一本阿拉伯文魔法纲要，作者曾被讹传为麦斯莱迈·迈季里提（Maslama al Majrīṭī）。《贤者之书》的作者认为，魔法师也是完美的哲学家（philosophus perfectus），精通自然哲学、形而上学、算术、几何、音乐和天文。如此堪称典范的魔法师通过研究宇宙和书籍来获取智慧，但又从星灵（celestial spirits）和自己出生的主导行星（dominant planets，根据生辰时刻绘制的占星图）处吸取力量。在《贤者之书》中，魔法的艺术与精灵的艺术同等重要，甚至彼此无法区分。这本书描写了魔法的创始人卡拉夫泽比兹（Caraphzebiz），称他是第一个拥有"魔宠"（familiar，陪伴在他身边的精灵）的人。

魔宠为他创造奇迹，帮助他理解自然的奥秘和科学，他可以通过献祭仪式召唤魔宠。

奥义魔法号称可以操纵宇宙并揭示其奥秘，参与翻译运动的12世纪的思想者们因此感到振奋。例如，在12世纪托雷多的翻译活动中发挥重要作用的塞戈维亚（Segovia）会吏长多明各·冈底萨尔沃（Dominicus Gundissalinus），在他所著的《哲学领域的划分》（De divisione philosophiae）一书中，对魔法在知识门类中的地位做出了异常正面的阐释。多明各建议在"自然科学"的总称下列入两类魔法："基于物理学的通灵术"和"偶像的科学"。13世纪，学者们尝试了解亚里士多德物理学或逻辑学难以解释的自然物体和身体属性并分类，"魔法可以归入自然科学"这一观点日渐令人信服。

自然魔法

"自然魔法"这一范畴成为自然科学的一个分支，它所研究的事物是那些不同寻常却又自然发生的奇迹。神学家、巴黎主教奥弗涅的威廉（William of Auvergne，约1180/1190—1249年）对此提出了最为明确的阐述，他认为自然魔法涵盖青蛙、虱子、蠕虫等动物的自然形成，某些灵魂对其宿主以外的身体所产生的作用以及自然感觉（sensus naturae）或直觉性预判（estimativa），譬如绵羊能够猜到狼是敌人。威廉试图将自然界本身的神秘属性（occult properties）所引发的奇迹与变戏法的表演、恶魔制造的幻觉区别开来。神秘属性是说某些属性所产生的效应无法用自然物体、身体或物质的总体特征或元素构成来解释，这一概念传承自希腊-罗马有关自然界神秘力量的理念。不过威廉强调，这些特性是由上帝指定的。如今，我们能够理解某些属性，如磁性，而一些其他的属性，如巴西利斯克（basilisk）以目光杀人的能力，我们知道不过是异想天开。

在译成拉丁文的阿拉伯和希腊-罗马魔法文本中，记载了一些有关宝石、植物、动物器官和天体的自然力量。著名的5世纪哲学家和神学家奥古斯丁（Augustine）认为，此类魔法实践暗地里依赖于恶魔的力量。然而，阿拉伯文献借助更为精妙的理论来为这些魔法的有效性和正当性辩护，例如通过天体感应的宇宙学理论、有关安慰剂效应的讨论，以及磁石吸铁这样的论据，来证明某些令人惊叹的属性虽肉眼可见，却难以解释。即便借助自然神秘力量的魔法操作在其过程方面仍然存在争议或者难以理解，但是鉴于其效应具备如上理论或现实依据，那么其正当性也不言自明了。在施魔法者看来，对自然界力量的运用体现了人对自然的合理支配，因此自然魔法也体现了后亚里士多德主义中人与自然的新关系。

许多中世纪作者却不赞成用自然物体来影响他人的个性或情感，例如给人勇气或令人坠入爱河。他们认为，以这些为目标的秘方或者毫无效果，或者只有在恶魔帮助下才能成功。不过，这类秘方在魔法文献中屡见不鲜。13世纪的一部有关草药和其他医学问题的文集中，末尾部分的一页手稿上（惠康图书馆，编号MS 573，第149页反面）有一幅15世纪的插图，画着银扇草（lunaria），又称诚实花（honesty），旁边标注了它的魔法用途，譬如如何用它寻找恶魔守卫的财宝，如何在发生性关系时避免怀孕，以及如何预测一个男人或女人的死期。

事实上，具备神秘属性的自然物体的身影在中世纪文化中无处不在。它们被用作个人的首饰以保佩戴者每日平安，用于孩子出生或长途旅行等特定目的，甚至可以被置于死者身旁以保身后安宁。中世纪晚期，神圣与自然力量之间的分野日渐模糊。个人辟邪物品数量增加，并且变得更加复杂，往往融合了神圣的力量来源（基督教圣物、秘方及偶像）与宝石等材料的自然功效。大教堂和王公们的宝库中存放着各种效力不凡和价值不菲的物品，混杂着圣人的遗物与异国的珍宝，如鸵鸟蛋和鳄鱼骨，此外还有一些具有特殊、神奇属性的物件，如宝石和独角兽角的残片。

再如，圣奥尔本斯修道院（St Albans Abbey）拥有一颗罗马帝国晚期的大浮雕宝石，名为Kaadmau（现已佚失），曾收录在马修·帕里斯（Mathew Paris）修士1250—1254年编撰的珍宝编目中。这块宝石曾被用于催生过期妊娠的胎儿：宝石挂在链子上，令其缓缓滑过妇人的乳沟，同时念诵一段致圣奥尔本斯的祷词，据说这能够让婴儿降生。这块宝石的力量来自异国的偶像（马修·帕里斯对此并不了解，他把身着军装短裙的皇帝说成了"衣衫褴褛的男人"）、珍贵的材质（玉髓、红缟玛瑙和缟玛瑙）及对圣人的召唤。人们相信它的力量也来自它神圣的储藏地点——修道院。虽然宝石可以由修道院出借给受到优待的世俗女子，但如果对方巧取豪夺，宝石便会失去神力。

偶像魔法

稀有的天然材料、雕刻的形象和超自然力量的结合构成了偶像魔法的核心特征。偶像魔法是从阿拉伯文译成拉丁文的魔法文本中最常见的一种类型，其仪式需要借助三维的器物（偶像或幸运符），从而祈求神灵或天体为器物注入力量。魔法器物的制作方法包括用金属或蜡塑像，在羊皮纸或布上写字，或是在戒指、镜子、刀之类的物件上进行雕刻。此类偶像可以用于召唤神灵、焚香祷告等仪式。

仪式完成之后，可以将魔法偶像放置在某个适合施法的地方，例如放在商贩的货摊上以保生意兴隆，或者带在身上用来预防伤害。在某些情况下，施魔法者可以请求神帮助他达成目标，因此信基督教的施魔法者还可以辅以虔诚的祈祷。

此祷告的一个实例可见于《七星七相书》（*Liber de septem figuris septem planetarum*）中水星魔法幻方的使用说明。这部阿拉伯魔法文献12世纪时被译成拉丁语，现存阿拉伯文、拉丁文和希腊文三个版本。魔法幻方是由一系列数字组成的矩阵，任何方向直线上的数字之和均相等。在一些魔法文本中，这种趣味数学被赋予了神奇的力量。而水星则被认为与科学、知识和哲学相关联。根据《七星七相书》中的这段记述，施魔法者可以将水星魔法幻方画在戒指、盘子、刀、白玻璃或银色镴碗上，再用水将幻方洗掉，然后将擦洗用的水饮下，便能增强记忆力并让学习变得更轻松。如果施魔法者想让自己的敌人痉挛、瘫痪、失明或疯癫，可以把幻方刻在钢镜上，而所有凝视这面镜子的人都在劫难逃。如果施魔法者希望获取知识，书中的指示是节食一天或连续三天，在此期间只能食用面包加蜂蜜和葡萄干，并于节食结束前把幻方画在一块藏红色或黄色的丝绸上，再用沉香木熏蒸，同时念诵："神啊，借这个图形的功效，为我明示这些知识。"入睡前再把那块丝绸枕在头下，向神求告的一切便可在梦中显示。

从13世纪中叶起，阿拉伯魔法文本受到越来越严格的审查，奥弗涅的威廉等神学家对这类魔法心存疑虑：为了达成目的，魔法运用的到底是自然还是恶魔的力量？使用魔法器物的仪式是否构成对行星的偶像崇拜？然而并非所有人都对魔法文本加以谴责。人们对新近译自阿拉伯文的自然科学知识感到好奇，同时知识分子对神秘力量尤其是天体力量的影响感到担忧，这吸引了托马斯·阿奎那（Thomas Aquinas）和阿尔伯图斯·马格努斯（Albertus Magnus，"大阿尔伯图斯"）等颇具声望的思想者为偶像魔法的合法性进行辩护或讨论。某些魔法文本的译者试图规避审查，通过调整文字表述来达到正统的要求。塞维利亚的约翰（John of Seville）将一部阿拉伯偶像魔法文献——萨比塔（Thabit）的《论偶像》（*De imaginibus*），译为拉丁文，在译文中略去了精灵祷文，使得书中提到的魔法仪式仅限于利用自然天体的影响的部分，所以他的译文后来被视为合法的。另外一种途径是把伊斯兰教的精灵改为更具基督教特征的人物。阿拉伯魔法著作《魔圈之书》（*Liber Almandal*）的一个改编版本把"镇尼"（djinns）基督教化，另有14世纪深受阿拉伯魔法影响的一部基督教著作《精灵本质之书》（*Liber de essentia spirituum*）的抄写者在"精灵"（spiritus）一词旁边的空白处写上了"天使"（angelus）字样，以使读者把书中的精灵理解为善良的天使。

随着奥义魔法文本的流传，当权者更加需要确定哪些文献属于合法知识而哪些属于非法知识。13世纪中叶，颇具影响的《天文之镜》（*Speculum astronomiae*）一书试图确定若干指导方针。该书作者的意图是捍卫占星术并谴责某些魔法，他认为魔法玷污占星术的声誉并且"辱没天主教信仰的荣誉"。

他将两部偶像魔法著作归入合法的范畴，这两本书完全依赖天文计算。同时，他认定了两种非法的偶像魔法——"可恶的"赫耳墨斯魔法文本公然召唤精灵；"可憎的"所罗门魔法文本指示施魔法者在器物上写字符，并且借助某些名号驱魔。他认为赫耳墨斯魔法（又称"星相魔法"，包括一些人们不认为是赫耳墨斯所著的文本内容）更加可悲，因为献给行星精灵的祷文、召唤和焚香仪式似乎体现了一种行星偶像崇拜信仰。

赫耳墨斯·特里斯墨吉斯忒斯（Hermes Trismegistus，"三倍伟大的赫尔墨斯"）是融合了希腊和埃及秘术传统的重要神祇。在希腊和阿拉伯世界，他被认为是诸多占星术、魔法、炼金术和哲学著作的作者。而阿拉伯神秘学文本的来源可以追溯到波斯乃至印度，可能还包括美索不达米亚北部哈兰（Ḥarrān）的赛伯伊人（Sabaean）拜星教徒群体。9世纪时，一批赛伯伊人知识分子在巴格达定居，泰比特·伊本·奎拉（Thābit ibn Qurra）便是其中之一，他的多部偶像魔法著作后来被译为拉丁文。虽然中世纪的魔法文本不会明确鼓励魔法师崇拜行星，但是不难理解为何人们会产生这种倾向。《贤者之书》提供了致行星的祷文，并且记述了哪些动物适合献祭给行星。阿方索十世宫廷中的学者们撰写的魔法著作《占星魔法之书》（*Libro de astromagia*，约1280—1281年）也收录了相关仪式的说明，写明在召唤某个行星的精灵之前需要献祭动物。仪式的不同形式取决于需要召唤的行星精灵以及当时的天象。在祈求水星精灵的仪式中，当水星位于巨蟹宫时，施魔法者需要献祭动物以及紫铜制作的矛和马。在为这种仪式所配的图画中（梵蒂冈宗座图书馆，手稿编号Reg.lat.1283a，第32页，b列），一位施魔法者站在马和矛的旁边，还有一头献祭用的山羊和两个点燃的香炉。施魔法者毕恭毕敬，向仪式召唤的有翼精灵（水星的信使）倾诉。水星之神则画在一个小圆盘中，以孔雀为坐骑，位于黄道巨蟹宫的符号之上。

有关所罗门的神秘描述，在古代晚期犹太教和基督教的某些流派中开始流行。所罗门魔法文本号称是由所罗门撰写，据说其内容来自神直接给予所罗门的启示。这一传统下的魔法仪式包括诵念天使祷词和借助魔法圈、文字、献祭来操纵精灵的方法。从表面来看，所罗门和赫耳墨斯魔法的宇宙观似乎有所不同。赫耳墨斯魔法把宇宙描绘为一个有机的整体，天界和物质世界之间的各种联系构成了一个和谐的网络，相关著作记述了施魔法者应当如何在仪式中将具有对应特性的事物（如精灵、名号、偶像、祈祷、时间、地点、材料）汇聚起来，从而让力量从高阶向低阶的实体传递，并借助法术组成部分之间的和谐来增强这种力量。施所罗门魔法的人了解精灵的名号，因而可以支配他们。施魔法者通过这些名号来召唤精灵显形并且令其听命于自己。然而，无论是赫耳墨斯魔法还是所罗门魔法，相关文献中都强调法术成功与否取决于神的意愿。

魔法文本的吸引力无疑是因为其宇宙观易于理解。在中世纪的神学家看来，有关天界和精灵以及人类如何运用其力量的具体知识是不适合人们的，而且很危险，超出了人类可以确切了解的知识范畴。而阿拉伯和犹太魔法文本却拓展并详尽地阐述了基督教建构的宇宙，在其中容纳了众多具有名号和特定宇宙角色及时空定位的精灵。虽然人们相信宇宙间存在着众多天使——奥古斯丁曾提出世上每一个可见的物体上都有一个天使，但是主流宗教文本刻意隐去了大部分天使的名号。然而在魔法文本中，精灵存在于空气、风、海洋、大地、火、各层天堂中的天体中以及天堂各处。同样，恰当的仪式日期、时刻和季节及精灵的名称、特性和力量都得到了记述，这样施魔法者便可运用自己的知识说服或操控这些精灵，从而令其为己所用。例如，火星的一个天使阿西谟尔（Ascymor）在多部魔法著作中出现。这些书内容多源自犹太传统，在卡斯蒂利亚国王阿方索十世的赞助下编撰。如果某人希望引发两个人之间的爱恋和激情，或者获得所有人的青睐和喜爱，或者向月亮星辰、亡灵以及恶魔诉说，那么他就可以召唤这名天使。

阿拉伯和犹太魔法文本在欧洲各地的传播启发了基督教的作者，他们书写自己的文本，以期更好地反映他们的宗教信仰、欲望和见地。非法仪式的基督教化往往有些微妙。譬如，《誓言之书》（*Liber iuratus*）是一本同时受到犹太和伊斯兰天使学影响的仪式魔法文献，其作者对这种借鉴提出了批评。他讲述了一种可以用来针对"穆罕默德教派"的魔法封印，并且声称犹太人由于背弃了耶稣而无法使用魔法技艺获得上帝的智识或从精灵那里得到真实的反应。大部分基督徒所著的魔法文本体现了基督教宇宙观中善良天使与邪恶魔鬼之间的天壤之别，并且主要关注某种类型的精灵。

天使魔法

天使魔法或神通术（theurgy）旨在说服天使为施魔法者提供知识、力量及心灵裨益。为了获得心灵更新（spiritual renewal）的资格，施魔法者需要经过严苛的禁欲苦修来净化自己的身体和灵魂，引导心灵体验的仪式可能需要持续数月。某些文本描述了在仪式顺利完成后，施魔法者将会如何获得神降的智慧：其他文本中提到了施魔法者的肉身留在凡间，而灵魂飞升；还有一些文本称天使降临人间，与他说话，成为他的老师或同伴。天使魔法的某些方面与主流基督教信仰有着密切的关联。天使能为凡夫俗子带来心灵裨益这一说法在中世纪晚期的守护天使信仰中传播，这些守护天使能够守望人的灵魂，在人死后报告他一生的所作所为，以便将他带入天堂。

天使魔法文本满足了人们的一种渴望——中世纪晚期的社会中盛行着对心灵体验的渴望。这些文本中提到的达成目的的技巧与正统文本中相同，如祈祷、斋戒、面对偶像冥想等。

最为重要的一本天使魔法文献是《闻名遐迩之术》（*Ars Notoria*），这一中世纪手稿现存50多个版本。这本复杂的著作声称可以通过天使启示、神降智慧等奇迹让施魔法者拥有所有文科（liberal arts）、哲学和神学方面的知识。该书为12世纪下半叶意大利北部的一位基督徒所著，在教会和修道院的读者中流传，因其收录了礼拜仪式中的祷文，并在很大程度上避免触及主流基督教的宗教敏感话题。施魔法者需要背诵祷文，同时"检视"形似神秘图表的"注解"（notae，由词语、图形和魔法文字构成的图案）。不过，注解中的异国名号、魔法文字和奇特图形很让人怀疑这其实是与恶魔联络的工具。在一些手稿抄本中，"注解"旁边画着天使，以使读者和批评者相信这部著作符合正统。类似的魔法图表的功能或许不是单一的。它们可以作为建构仪式场所和魔法器物的蓝图，也可以被带在身边、放在枕下以求在梦中获得启示。它们可以充当超自然交流的通道和力量储藏的载体，有时可以画在手稿章节末尾的空白处以保存法力。

天使魔法文献的前言试图让读者相信，书中包含的知识直接来源于神，最早是由亚当、所罗门、圣经中的先祖、先知等人物获得并传承的。天使魔法文本给予施魔法者一种希望——一如所罗门和亚当，他也可以得到神的恩典。这一救赎主题在《天堂之书》（*Liber Sameyn*）中尤为显著，包括此书在内的七部主要来源于犹太人的魔法文献由阿方索十世的缮写室汇编为《天使拉结尔之书》。《天堂之书》开篇讲到亚当刚刚被逐出天堂，正在帕雷格河（Paraig）岸边哭泣，书中又记述了神如何怜悯祂所创造的人，派天使拉结尔给亚当送去一本书，即《天使拉结尔之书》，书中记载着有关天地运行的知识。这本魔法著作的拥有者需要经历自己的救赎仪式之后才有可能实施书中记录的仪式。经过七天的净化仪式后，他需要献祭两只白鸽并念诵对应适当月份的天使名号。三天之后，他需要住在用蜡烛照明的房舍里，睡在白鸽内脏焚化后的灰烬中。此后，天使会在夜间前来拜访，教他如何使用这部魔法书。

在神秘学和魔法的传统中，如果想要获得天使或神的智识，人必须具有纯洁的灵魂。《洁净与节制之书》（*Liber munditie et abstinentie*，同样收入《天使拉结尔之书》）要求施魔法者避免肮脏、邪恶、饮酒、食用任何带血的食物、感受或表达欲望、触碰死亡的人或生物、讲邪恶或不洁的词语。

如果达到内在和外在纯洁的要求，他便可上升到灵性的层次，脱离凡俗事物，得到天使关爱和善灵伴随。天使魔法文本指引施魔法者获得天使的爱和友情，可以要求或者期待善良的精灵不仅以人形现身，还可与人做伴。《天使拉结尔之书》中记载了一种著名的法术，起源于希腊人向太阳神赫利俄斯（Helios）的祷告（后经希伯来文献传承），描述了如何在夜间见到太阳并且向其提出任何问题。施魔法者可以要求太阳"与我说话，就像人与朋友交谈"。

如同圣徒和神秘主义者，施魔法者因精灵的陪伴而在心灵上被改变。《精灵本质之书》的作者声称自己曾在沙漠中与精灵共同生活30年，并且通过他们得到了神的保佑。《魔圈之书》提到，人只需与最高阶的天使交谈一次就可变得完美，从而"不再需要害怕永恒的诅咒或者未得到救世主恩典的死亡"。许多施天使魔法的人很有可能接受了魔法文本所声称的它具有神圣的来源，并且带着虔诚的意图施行仪式。然而正统的智识需要神的恩典，魔法文本却能让施魔法者有能力自行生成智识。因此，施魔法者的虔诚似乎是"施为性的"（perfomative，例如按照一个文本行事），却缺乏内在性。

在中世纪晚期，人们对于心灵体验的狂热越来越令教会担忧。14世纪初，莫里尼的约翰（John of Morigny）修士撰写了《天堂教义精华之书》（*Liber florum celestis doctrine*），这本实用教材教读者提升智识以感受神的存在并获取各种艺术和科学知识。《天堂教义精华之书》是《闻名遐迩之术》的修订版，约翰努力想让这本书进一步被教会当局认可。事实上，约翰尝试将神的智识民主化，他针对的读者既包括男人也包括女人——他的姐妹布丽吉特（Bridget）便是最早的读者之一。当然与其他天使魔法著作一样，该书也要求读者有闲暇和意愿进行苦修并背诵冗长的祷文。约翰声称自己曾经有过获得启示的体验，这引起了人们的怀疑，1323年他的著作在巴黎大学被销毁。不过，约翰获得启示的实用方法对许多读者颇有吸引力，特别是一些修士，他们因自己的神职而希望能够在心灵上接近天使的行列。《天堂教义精华之书》现存的20余部手稿显示，该书在1350年后非常流行，尤其是在修道院中。

一直有人批评，天使魔法文本指导施魔法者召唤恶魔，而恶魔假冒善良的精灵，诱骗施魔法者放弃自己的灵魂。不过当时还流传着更具颠覆性的魔法文本，其中的仪式帮施魔法者将心愿直接诉诸恶魔，这就是通灵术文本。通灵术（necromancy）原义是指"通过亡灵占卜"，源自希腊语的"亡灵"（nekros）和"占卜"（manteia）。不过在12世纪和13世纪早期，拉丁文中的"necromantia"一词经常被用来翻译阿拉伯文中泛指魔法（siḥr）的词，因此可以归入与翻译运动相关联的学者们所做的知识分类。这其中的一位学者——莫利的丹尼尔（Daniel of Morley，约1140—1210年），把阿拉伯人的知识带到了英格兰。

后来在13世纪有关恰当和不当魔法的讨论中，奥弗涅的威廉和《天文之镜》的作者等人把通灵术当作一个批评性的标签，指代所有诉诸精灵的非法仪式，以区别于自然魔法或"天文学的"偶像魔法。因此，通灵术一般与"非法性"相关联，此后开始确指那些召唤恶魔来达成操作者意图的法术。

天使可以提升施魔法者灵魂的境界，而恶魔则处心积虑地将人的灵魂拖入地狱，其邪恶性从《灵魂之死》（*Mors anime*）的书名中可见一斑，这本臭名昭著的魔法著作已经失传（也许此书根本不曾存在）。熙笃会（Cistercian）修士纪尧姆·德·迪居勒维尔（Guillaume de Deguilleville）编撰的《人生的朝圣》（*Pèlerinage de la vie humaine*，1331年，1355年修订）插图版中描绘了通灵术的拟人化形象，画中人物手持或者刺穿了一本以《灵魂之死》为名的书。《人生的朝圣》是一部基督徒生命的寓言：一个人梦见自己前往圣城朝圣，而通灵术是诸多企图破坏其旅程的恶人之一。通灵术被描绘为一个可怕的老妇，长着巨大的翅膀，坐在一棵树上（暗指伊甸园中的智慧树以及追寻禁忌知识而导致的灾难），手中的剑用来杀戮她的追随者。

有鉴于恶魔不遗余力地祸害人类，通灵仪式的目的是保护施魔法者和迫使恶魔为自己提供帮助。存世的通灵法术文本显示，施魔法者需要召唤耶稣等神明来迫使恶魔变得顺从和诚实，还需用魔圈画出安全区域，献祭公鸡、黑猫、戴胜鸟来安抚恶魔并诱使他们来到施魔法者面前，然而施魔法者仍需慎重对待恶魔。《宣誓之书》的作者声称，大地的精灵如此邪恶和堕落，所以有必要建议施魔法者用木炭把自己对精灵的请求写在瓦片上，并且放置在魔圈之中，不可冒险与精灵直接对话。尽管存在危险，召唤恶魔仍有其吸引人之处，堕落的天使据说拥有巨大的力量。而魔法文本提供了一种可能性，能让人与魔之间的关系变得更加紧密，超过主流正统可以接受的限度，甚至堕落的天使也会用自己的力量为通灵法师服务。

邪恶魔法

与天使魔法一样，邪恶魔法的许多理念和行为与主流基督教信仰相同。首先，邪恶魔法的仪式是合法及常规驱魔仪式的拓展，即教士以耶稣和圣徒的名义操控精灵。驱魔与通灵之间的差别在于通灵者的目的是召唤恶魔并将其留在身边，而不是驱除恶魔。

其次，通灵仪式所描述的恶魔力量与中世纪神学家们所接受的力量一致。这一点十分重要，一方面增强了通灵术对施魔法者的吸引力，另一方面又让魔法的批评者对于人与恶魔结盟的前景感到恐惧。神学家们需要判定通灵法术只是危及施魔法者的灵魂，还是人与恶魔的结盟会对基督教共同体的安全造成威胁。中世纪晚期最为重要的神学家托马斯·阿奎那在《神学大全》（Summa theologiae，1265—1274年）一书中对恶魔进行了最为详尽的讨论。该书的主旨是提供一个完整的思想系统，涵盖基督教过往所有的教义并融合亚里士多德的哲学。书中概括了奥古斯丁、拉巴努斯·莫鲁斯（Rabanus Maurus）、格拉提安（Gratian）等作者有关恶魔的著作，从而解释通灵术如何运作以及为何被禁止。阿奎那提出，恶魔具有施奇迹的能力是因为他们对自然及其因果机制了解得非常深入：人们能够理解可论证的科学真理，但是恶魔的心智则更为敏锐，他们可以更加有效地利用自然界的因果机制，尽管他们只能囿于神创的自然及其规则之内作法。

神学家们承认，恶魔最强大的力量包括揭示知识、快速将物体搬运至不同地方、制造幻觉，而这正是人们运用通灵法术最常见的目的所在。通灵术手册介绍了如何迫使恶魔揭示隐蔽的财宝所在地或预测未来的事件，给施魔法者献上美女或者能在一瞬间带他去任何地方的魔马，制造船舶、城堡、盛宴、军队等非比寻常的幻觉。不过，某些通灵法术对恶魔力量的利用似乎已经达到神学所允许的极限。有些仪式会让女人欲火焚身或对施魔法者产生堪称痴迷的爱恋之情，但人们并不清楚恶魔究竟是如何引发这些情绪的。然而如此众多的人都把获取爱情作为施展魔法的目的，这一问题也就没人深究了。

《圣母玛利亚颂歌集》（*Cantigas de Santa Maria*）中收录了420首颂扬童贞女的宗教歌曲，由卡斯蒂利亚国王阿方索十世委托他人创作，其中部分由国王本人创作。该书的一份手稿记述了奥弗涅的一名教士用通灵术让一个姑娘爱上他的故事。这名教士威胁恶魔，如果他们不帮忙的话就会被封在瓶子里。在书中，恶魔确实成功地让姑娘对教士产生了无法自已的欲望，但是童贞女玛利亚显圣干预，保全了姑娘的贞洁并把教士打下了地狱。该书说明，阿方索国王虽然对奥义魔法颇有兴趣，但是仍然注意与召唤恶魔的仪式保持距离。在13世纪，魔圈成为通灵术常见的视觉符号，但是即便如此，魔圈的力量也并不足以抵御成群结队的恶魔。

神学家指出，一个人若是坚信自己在跟恶魔打交道的过程中始终占据上风，那是很愚蠢的。事实上，即便恶魔可以提供真实的回答或者制造真正的奇迹，他们的目的不过是要让男人和女人们更加信任他们，从而将人们引向堕落。不过，某些魔法文本颠覆了神学对恶魔邪恶本性的强调，要求恶魔成为施魔法者的同伴、老师和仆人。据称由声名狼藉的占星家和魔法师迈克尔·司各特（Michael Scot，1175—约1232年，但丁把这个人物写进了地狱）创造的一种通灵法术能够让人们得到一名通晓所有艺术和科学的恶魔老师，他可以在30夜的睡梦中为施魔法者授课。这种法术要求恶魔老师善待自己的学生并且只能温和地责罚他，而且恶魔一直受到严格的控制——施魔法者可以对他招之即来，挥之即去，而恶魔却只有在施魔法者不再需要他的服务时才能恢复自由。

通灵者可能与施天使魔法者一样渴望获得心灵体验，但是他们选择召唤恶魔而非天使，说明他们公然厌弃社会和宗教的规范。许多施通灵术者本为神职人员，他们具备实施仪式所必需的拉丁文和礼拜仪式知识，但是他们厌恶教会的当权派，于是借助魔法来实现自己曾遭遇挫折的野心。不过，他们这种行为的颠覆性程度究竟有多深？有人提出，通灵法术有时承载着年轻人的反抗，一个人的魔法活动可以被视为一种"男子汉的炫耀"，而魔法活动的危险性和非法性正为这种诉求的表达提供了条件。不过同样可以认为，行通灵仪式者的典型目的其实是墨守社会成规的，表达了一种成为当权派中一员的渴望。通灵法术中充斥着美女、魔马、财富和壮观（或虚幻）的城堡，透露出男性神职人员的不安以及他们对地位、政治影响、世俗认可的渴望。

康拉德·基斯尔（Konrad Kyeser）所著的《战争堡垒》（*Bellifortis*）是一本图解军事和魔法技术的手册，作者借撰写此书宣传自己的才能，希望在宫廷中谋得一官半职。基斯尔设计的一些装置既恐怖又有趣，他可能试图把创造神奇幻象的戏剧手段与神秘力量（这里显然指邪术）的运用相结合，从而威慑敌人。在一幅魔法城堡的插图中画着三个地精（哥廷根大学，图书馆编码Phil.63，第94页），其中一个吹起号角召唤精灵，另一个骑着扫帚柄，还有一个手持绞索制成的火炬。

从神学的角度来看，通灵术文本动摇了正统信仰的立场，即善良和邪恶的精灵之间泾渭分明，有关精灵世界的详细知识对于人来说是隐蔽的，而且大部分人不配与天使互动也无法控制恶魔。然而通灵术对神学家而言亦有一种价值：通灵术为恶魔的存在提供了有力的证据。这些邪恶的生灵对于基督教的伦理系统来说是不可或缺的，因为它们的作用是在男人和女人的一生中考验他们的德行，并让邪恶的人在死后受尽苦头。修道院院长海斯忒巴赫的凯撒里乌斯（Caesarius of Heisterbach）在为初阶修士撰写教材《奇迹对话录》（*Dialogus miraculorum*，1220—1235年）时，担心恶魔在凡间的存在并未得到充分重视，为了让恶魔在当时世人的想象中更加栩栩如生，他讲述了一些倒霉的世俗和神职人员涉足通灵术的故事。在其中一个故事里，一位名叫亨利的骑士怀疑恶魔是否存在，于是出于好奇要求一位通灵师召来一个恶魔。恶魔现身，其身影巨大、幽暗、可怖。他告诉亨利，他从海的对岸远道而来，知晓世人犯下的所有罪孽，包括这个骑士自己的罪行。亨利艰难逃过此劫之后，不再怀疑德行的重要和恶魔的存在。教会试图借助此类说教式的故事来把握心灵体验方面的叙事权，同时中世纪的民众对与精灵的互动感到好奇，面对他们，教会也不否认这种心灵体验存在的可能性。

那些对超自然互动着迷的世俗精英或许会转而关注骑士文学，这种从12世纪开始流行的文学体裁描绘传奇骑士的历险，歌颂一种理想化的文明行为准则，这通常体现在主人公与神奇或超自然的物体和生灵的接触中。13世纪早期的骑士文学武功歌（chanson de geste）《莫基斯·戴格勒蒙》（*Maugis d'Aigrement*）讲述了魔法师莫基斯年轻时的故事。莫基斯的仙女母亲告诉他，为了证明他作为骑士的素质，他需要捕获神马巴亚尔（Bayard）。巴亚尔是龙和蛇的后代，被囚禁在一个火山岛上。莫基斯把自己伪装成恶魔并杀死了蛇，成功地捕获了巴亚尔。在文学语境中，人们经常通过魔法和施魔法者的形象在戏谑间颠覆正统的世界观。在这部作品中，魔法师假扮恶魔打败了敌人，而后者的蛇身会让中世纪的读者联想到撒旦，魔法师的颠覆性形象构成了叙事中的一种反讽元素。魔法与诗歌的相互交融旨在激发诙谐的讨论和对话，而许多文学作品把魔法当作一种道德教化的载体，比如在莫基斯的故事中，主人公的价值通过赢得或获赠一个魔法器物来体现。

在骑士文学中，神马的角色是主人公绝佳的坐骑和同伴，像巴亚尔这种邪魔出身的神马也无妨碍。通灵法术中的魔马则完全属于不同的生灵，它们由恶魔幻化而成，必须以神圣的驱邪咒（adjurations）来制服。15世纪的一份传世手稿（惠康图书馆，编号MS 517）记载了一种召唤魔马的法术，施魔法者需要在黄昏时分前往一处无人居住的安静房屋，用蝙蝠血在墙上写下恶魔的名字，然后以神和耶稣的名义要求四个恶魔提供一匹魔马："我命令这匹马飞快地来到我面前，准备好供我骑乘，毫不拖延、毫无欺骗地将我送到那个安全的地方，途中它要带着力量和欢乐，没有欺骗、惊恐和畏惧。"在房屋的外面，施魔法者将会看到一匹备好供他骑乘的黑色骏马。马会把他送到他想去的任何地方，然后再送他回来。不过在出发之前，他需要以耶稣、神和童贞女玛利亚的名义对马念咒，以保证一路安全而愉快。

在中世纪早期，恶魔的能力大多局限于诡计、诱惑和欺骗。然而关于人类与精灵通过附体、召唤、契约等方式相互纠缠的故事逐渐变得可信并越发引人关注，人们对于恶魔及其人类盟友的恐惧随之日盛。人魔纠缠的如上三种方式具有不同的影响。首先，人类主体的开放性隐含在恶魔附体的概念中，这一特性在中世纪晚期日渐凸显。人们认为，男人和女人有可能会经历神的吸纳和附身，但也可能被撒旦附体，有时只是因为他们表达愿望时考虑不周。其次，人们开始注意到，奥义魔法文本强调人类强迫、说服和操纵精灵的能力。最后，关于人类与恶魔之间牢固的异端契约，神学家和教会法学者提出了一套理论，在教皇若望二十二世（John XXII，1316—1334年）在位期间尤为兴盛。

异端、邪术和巫术

要理解中世纪晚期教会对魔法的反应就需要考虑时代的背景。11世纪，各种异端群体纷纷出现并且四处扩散，其中清洁派（Cathars）和瓦勒度派（Waldensians）是中世纪异端的两座高峰。

在中世纪晚期的欧洲，各种不同的宗教观点可以并存。与宗教权威不一致的观点或教义，只有在被教皇宣布为不可容忍并明确或含蓄地谴责时，才会成为异端。然而从12世纪下半叶起，清洁派和瓦勒度派异端教义广泛传播，其信众之多足以招来严酷镇压。1209年教会发起了一次针对清洁派的十字军远征，13世纪30年代成立了打击异端的宗教裁判所（Inquisition，指教会司法系统内部一系列分散的机构）。宗教裁判所是一个具有调查、指控、审判和处罚职能的机构，其人员只对教皇负责，他们往往兼具心灵上的狂热和对规范性法律程序的公然无视这两种特点，宗教裁判所因此拥有一种巨大的破坏性力量。

魔法实践并未明显偏离基督教的教义，也没有像异端思想通常所做的那样进行公开的传播，但是异端所引发的恐惧和宗教裁判所对异端的打击引起了人们对魔法活动的关注，从而带来两种重要的影响。首先，针对异端的说辞借鉴了也影响了对魔法的描述。与魔法一样，异端被认为是撒旦的"作品"，体现了一种傲慢（异端分子不接受教会的观点）、无知（异端分子无法认识自己的错误）和欺诈（异端分子假装虔诚却犯下了可怕的罪行）。异端分子经常被指控施行邪术，而施魔法者被指责不是真正的基督徒。

其次，随着针对异端的宗教裁判所的设立，魔法活动也受到了严格的审查。起初，魔法并非被认为与异端同样危险：1258—1260年，教皇亚历山大四世（Alexander IV）下令要求宗教裁判官只有在明确涉及异端时才关注邪术（sortilegium）和占卜。然而14世纪时，人们对魔法的恐惧变得更为普遍。尤其是法国、英格兰和教廷的法庭，针对邪术的审判数量增加，而且往往带有恶毒的政治性质。教皇若望二十二世在位早期时需要处理许多邪术案件，其中多起案件的被告被控密谋暗杀教皇。后来只要涉及邪术他便变得异常多疑，或许也在情理之中。尽管教廷的许多邪术审判涉及卡奥尔（Cahors）主教于格·热罗（Hugues Géraud）、米兰（Milan）的加莱亚佐·维斯孔蒂（Galeazzo Visconti）等高层人士，但是若望二十二世对魔法的强硬态度主要冲击的仍是民间魔法活动。1326年，教皇颁布了一项法令——《在祂的瞭望塔上》（*Super illius specula*），将魔法实践（为了魔法的目的制作偶像、戒指、镜子、药瓶等物品）等同于异端，声称施魔法者是"徒有虚名的基督徒"，他们向恶魔献祭、崇拜恶魔、与恶魔缔结契约，以满足自己最堕落的欲望。魔法与膜拜偶像、行为放荡、崇敬恶魔的巫师这等骇人的形象相关联，已然成为宗教裁判所重点关注的对象。

值得注意的是，若望二十二世的法令所谴责的魔法活动在中世纪晚期社会的各个阶层普遍存在，无论是奥义魔法还是其他魔法，形式都很相似，这些法术的仪式往往也融合了正统和非正统的元素。

识字和不识字的施魔法者都会制作戒指和幸运符，在刀和衣物上写字，炮制仪式药物，举行利用天体、草药、宝石、动物器官等自然力量的仪式。魔法召唤、咒语、诅咒被识字的使用者记入手稿，写在羊皮纸或器物上，口耳相传，让不识字者也能拥有这些法力。因此，许多魔法活动应当被视作一种"共同魔法传统"的组成部分。不同的社会群体均可以使用这些传统魔法，并且确实在彼此之间传播。裹在产妇身上提供保护的"祈祷卷"上的祷文、偶像和魔法封印很有可能是委托神职人员题写的，但是魔法知识的传播不仅仅是自上而下的。多部阿拉伯偶像魔法著作的译者——巴斯的阿德拉德说，自己制作幸运符的手艺是从一名精于此道的睿智老妇人那里学会的。

保存至今的中世纪晚期文字护身符（随身佩戴的手写护身符）可以揭示当时所有社会阶层的人们对神圣和魔法文字的力量有多信赖。15世纪晚期，英格兰用于预防瘟疫的一个护身符（惠康图书馆，编号MS 404，第33页背面）在内圈中写着一些祷文，请求耶稣拯救护身符的主人。外侧的铭文表明了护身符的宗教权威性，声称它是在耶稣基督的命令下由一名天使亲手交给科比（Corby）的修道院院长的，而在图形的中央部分有一些十字符号以及基督姓名的缩写。更具魔法色彩的例子可见于"亚伯拉罕之眼"法术，这一法术可以揭露窃贼的身份，已知最早的版本来自4世纪早期希腊的一个纸莎草卷。14世纪早期的一部奥义魔法文集（慕尼黑，编号CLM MS 13057，第106页正面）中描绘了一只圆圈中的眼睛，画面中标注着天使的名字，还画着一把钥匙、一个榔头和一把刀。根据书中的指示，操作者需要在一张羊皮纸上画上这只眼睛，然后把它带到他怀疑窃贼可能出没的公共场所。他需要祈求神的帮助，召唤精灵的名号，然后把刀尖刺向（或者用榔头把钥匙砸向）那只眼睛。此时窃贼会哭喊自己受伤了，他的身份便会暴露无遗。

普通魔法传统的活动由于被贴上了"邪术"的标签而声名狼藉。

"sortilegium"这个词原本是指会造成伤害或者带来富足的力量，在中世纪的文献中却主要表达负面的含义，这反映了教会反魔法的行动对语言的影响以及（中世纪晚期）受到宗教裁判所迫害的人所表达的从事魔法实践的动机。在纪尧姆·德·迪居勒维尔所著《人生的朝圣》一书中，邪术的化身感叹道："我受到所有人的爱戴。"这表明施邪术者数量众多并且遍布社会各个阶层。纪尧姆认为，邪术对受害者的身体和财产造成了实质性和毁灭性的损害，导致其遭受灾祸、疾病乃至死亡。民间的施邪术者通常是些不识字的女人，她们作为学徒掌握了邪术，主要借助于自然物质，尤其是草药和动物器官来施行。

相反，中世纪的文献显示，更多的施奥义魔法者是识字的男性神职人员。他们用手稿中描述的复杂仪式来召唤精灵，需要了解天体的运作方式。

在14世纪之前，神职人员很难相信，女性虽然在体力、智力和心灵上弱于男性并且缺乏神职训练和读写能力，却可以控制强大而充满威胁的恶魔。然而随着神学家们日益强调撒旦契约的存在，这一悖论得以消解。根据与恶魔缔结的正式契约，女巫完全听命于恶魔。女巫拿自己的灵魂做交易，因而只需通过简单的手势或咒语，便能召唤恶魔施以援手。中世纪晚期对女性施魔法者的审判反映了人们如何看待恶魔在魔法仪式中的作用。例如，在1324年爱尔兰的一场审判中，爱丽丝·吉蒂勒（Alice Kyteler）女士被指控与名叫罗宾·阿尔蒂森（Robin Artisson）的恶魔发生性关系；1391年，法国农妇让娜·德·布里格（Jeanne de Brigue）因为能够寻回失物、识别窃贼、治愈病人而在村庄里出名，她承认自己召唤了名叫奥西布特（Haussibut）的恶魔，因此被判处火刑。

巫术神学把恶魔、邪术和通灵术的概念联系在了一起。15世纪晚期一幅有关爱情魔法（Liebezaube）的画（现藏于莱比锡博物馆）体现了对女性施魔法者的新观点。画中一位年轻貌美的裸体女子正在把药水洒在木雕胸膛中的心脏上面。房间中的一些器物令人想到奥义魔法：书籍、镜子、空白的咒语纸卷（或许画家不敢填上真正的咒语），还有为焚香而准备的火。另外一些器物，例如四处放置的织物、扇子、精心描绘的花、盛油和药膏的容器，则是更具女性特色的魔法工具。小狗和鹦鹉是精英女性的宠物，比通灵术中的黑猫和戴胜鸟更适合女性施魔法者，这也暗示着这位女子来自社会上层，并非乡村女巫。画中没有出现恶魔助手，表明这位中世纪晚期的女巫在施法时并不需要恶魔助手在场，她已把自己的灵魂交给撒旦并已获得力量。她支配男性的勇气和能力体现在一个男人的形象之中，画中他带着属于顾客或仆人的恭顺神情从后方走进房间。显然，她看上去并不害怕他的审视。

另一位女性施魔法者的生动形象出现在费尔南多·德·罗哈斯（Fernando de Rojas）1499年的剧本《塞莱斯蒂娜》（Celestina）中。作品发布时，作者是萨拉曼卡（Salamanca）大学法学院的一名学生。塞莱斯蒂娜是个女巫兼老鸨，擅长爱情魔法、美颜术和童贞修复。她用来"引发激情"和"魅惑心仪对象"的秘方需要用到草药、动物器官（例如鹿的心脏、蝰蛇的舌头、野鸡的头）、面包、织物和毛发。她用黏土和铅制作偶像，在顾客的手上画字符，向顾客提供填满断针的蜡制心脏。作者嘲笑这些魔法活动"都是胡扯和谎话"，但是塞莱斯蒂娜的催情魔法确实灵验，她以一种通灵术的仪式召唤冥王普鲁托（Pluto），用蝙蝠血写下咒语和魔法符号，于是名叫梅丽贝娅（Melibea）的姑娘不能自已地爱上了女巫的顾客卡里斯托（Calisto）并屈从于他的欲望，后来姑娘发现卡里斯托已经死去，遂自塔上跳下。塞莱斯蒂娜的仪式严格地遵循一种通灵术的形制，不过她没有用神、基督和其他正统人物的名号召唤恶魔。根据契约的规定，恶魔会自愿地提供帮助，因此巫师们不需要用召唤的方式来指挥恶魔。

在中世纪的宫廷，涉嫌使用催情魔法（通过仪式确保能与心仪对象交欢、相爱、结婚，或者摧毁阻碍激情或野心的伙伴关系）的审判的被告大部分都是女性。女性在性爱方面的力量被认为比男性更加具有威胁性，尤其是考虑到婚姻稳定在政治和宗教方面的影响。当时处于符合社会规则的情感关系中的女人偶尔可能会被默许使用爱情魔法来防止丈夫出轨，但是借助魔法来引诱婚外情人、令男人性无能或者让男人陷入对情妇的爱欲依恋，这势必颠覆稳定的基督教父权社会。神职人员对催情魔法的使用发出了警告，他们怀疑某些女人在仪式中使用自己的经血和毛发，而当时许多作品中女性施魔法者的裸体形象也意味着女体的诱惑与恶魔的邪恶力量之间存在关联。

　　一些最早的魔法审判发生在欧洲王公贵族所居住的宫廷，往往是统治者的亲属，尤其是女性被指控恶意使用魔法，企图以不正当的方式获得更高的地位。中世纪的宫廷充满了有关王位继承的焦虑以及正统与非正统力量来源之间的激烈竞争，因此借助神秘的施魔法者（或者指控竞争对手如此）来获取政治优势的做法并不罕见。早在12世纪，一些政治哲学著作，如索尔兹伯里的约翰（John of Salisbury）的《论政府原理》（*Policraticus*，1159年）就警告说，魔法师、占卜者和预言者对朝臣特别有诱惑力。如果一个人其他方面无可指摘，朝臣就可以指责他施魔法，而且魔法也可以用来解释政治上的厄运、不恰当的归顺和继承人的缺失。与此同时，人们确实对邪术心怀恐惧，将此视为国家的脆弱之处，正如教会眼中的异端。身处宫廷的魔法师对国王本人构成威胁，甚至可能导致神发怒并降祸于王国，因此叛国罪往往与政治邪术罪相关联。

　　提供神秘服务的施魔法者也确实存在于宫廷侍从和食客当中。人们通常认为，卷入政治邪术的精英女性需要借助男性同伙的魔法知识，有时还会求助于更低社会阶层的女性。格洛斯特（Gloucester）公爵夫人埃莉诺·科巴姆（Eleanor Cobham，约1400—1452年）被指控委托他人预言亨利六世国王的死亡，企图借此让她的丈夫获取政治利益。

　　她和她所谓的"同谋"，神职人员托马斯·索斯韦尔（Thomas Southwell）和罗杰·博林布鲁克（Roger Bolingbroke）以及"目光女巫"玛格丽·朱德梅茵（Margery Jourdemayne），涉嫌密谋用通灵术杀害国王，后来罗杰·博林布鲁克和玛格丽·朱德梅茵被处决。政治邪术案件的被告中往往有一些神职人员和教派成员，这意味着当时人们认为此类人群最有可能施行奥义魔法。

14世纪末，法国和英格兰针对魔法的政治审判频率略有下降，但在德国和意大利，邪术指控开始蔓延到城镇和农村地区中较低阶层的社会群体。1400年前后，邪术的威胁又被进一步放大，教皇和某些宗教裁判官以及世俗法官接受了一种观点，即当时存在着一个真正的男女巫师邪教，他们认为这些人参与了一个针对基督教信仰的巨大阴谋。巫师在14世纪的自然灾害中并未受到牵连，但是在14世纪的第二个25年中，他们已经成为当时各种灾祸的替罪羊。这一时期，有关巫师的各种刻板印象也已定型，例如人们认为他们会在夜间飞行。中世纪晚期的巫术迫害主要集中于法国、德国、奥地利，尤其是瑞士。部分原因是当地还有瓦勒度派异端的残余信徒，其次是因为在这些地区世俗政权正在试图扩大对法律领域包括邪术（此前一直受教会管辖）的控制，因此魔法活动所受到的来自教会和世俗政权的监控越来越严密。不过，与近代早期相比，这一时期被判犯有邪术罪行的男性和女性被处死的相对较少。

为魔法辩护

在中世纪晚期，魔法在大学和法律中受到越来越强烈且明确的谴责。"恶魔契约"这一概念逐步发展，同时宗教裁判所介入针对魔法实践的调查，这导致了迫害范围的扩大，也推动了新兴巫术神学的建构。然而，通过翻译希腊、罗马、阿拉伯和犹太传统魔法文本，人们发现这些奥义魔法的知识与希腊和阿拉伯的哲学和科学相互呼应，因此西欧对于魔法文本和理念的态度逐渐变得更为积极。至中世纪末，为魔法辩护的文本数量有所增加，天使魔法著作的传播范围越来越广。此外，一些魔法文本被署上了作者的真实姓名，其理念具有哲学的理据支撑，甚至在概述各种仪式魔法时纳入了通灵术。鉴于神学界的谴责，作者署名具有风险，但是当时的作者开始自信地在魔法著作上署上真名，这一变化令人惊叹。14世纪早期，莫里尼的约翰声称自己的作品来自个人的领悟，而中世纪后期的作者则有所不同，他们采取更为"学术"的方式探讨魔法，提出总体的理论和哲学的理据，撰写各种文献和题材的综述。这一策略在文艺复兴时期可谓成功。

14世纪上半叶，一位魔法师作者被处以火刑，但这无法阻挡后继者不断涌现。切科·达斯科利（Cecco d'Ascoli）在评论萨克罗博斯科（Sacrobosco）的占星术著作《天球论》（*Sphere*）时引入了通灵术，因此在1327年被佛罗伦萨的宗教裁判所判处火刑。然而他的后继者们在出版自己的著作之后则没有受到制裁：加泰罗尼亚学者贝伦加里奥·加内尔（Berengario Ganell）撰写了魔法巨著《至高神圣魔法》（*Summa sacre magice*，1346年）；哲学家和医师蒙托尔莫的安东尼奥（Antonio da Montolmo）在14世纪晚期撰写了《秘与显》（*De occultis et manifestis*），借鉴了赫耳墨斯和所罗门传统的魔法文本；医师兼学者帕尔马的乔吉奥·安塞尔米（Giorgio Anselme da Parma）在15世纪上半叶撰写了《魔法学》（*Opus de magia disciplina*），讨论了魔法和占卜技巧的理论，并且详细描述了仪式魔法中的各种仪式。15世纪的意大利出现了一种新的知识氛围，让施魔法者可以坚称人类拥有操纵宇宙力量的能力。如马尔西利奥·费奇诺（Marsilio Ficino）等施行奥义魔法者，把过去不合法的偶像纳入"自然魔法"的合法范畴，从而为奥义魔法提供哲学的支撑。

在中世纪晚期的重重困难下，奥义魔法是如何存续并蓬勃发展的？三个因素尤为重要。首先，奥义魔法文本的作者试图满足中世纪男女的求知欲和心灵渴求，这一策略颇为成功。魔法的支持者认为魔法可以用于虔诚的目的，与正统仪式相结合，从而促进人类对宇宙的认识。其次，一个相对消极的因素是巫术神学把宗教裁判所的注意力引向了民间的女性施魔法者，而忽视了施奥义魔法的男性。最后，审查制度在中世纪晚期手稿盛行的状态下难以落实。

魔法文本要求施魔法者保密，这给予他们一种拥有力量的感受，并且让可疑的文本避免受到审查。魔法文本在保存和流传的过程中都注意去规避审查。在中世纪的图书馆里，魔法文本可能藏在只有主人才能进入的密室里，教士、外科医生和作家里夏尔·德·富尔尼瓦（Richard de Fournival，1201—约1260年）便采用这一策略在亚眠（Amiens）收藏他的神秘学书籍。有时魔法著作会堂而皇之地隐藏在图书馆合法主题的书籍当中，坎特伯雷的圣奥古斯丁修道院（St Augustine's Abbey，Canterbury）收藏的三十余部魔法文献正是如此，其内容中混杂着更易被主流接受的题材，如天文学、医学、虔诚文学（devotional literature）和自然哲学。这个修道院采用了一种常见的策略——每年为捐赠者的灵魂祈祷，鼓励人们向图书馆捐赠，因此书籍也与宗教的虔诚相关联，这样或许可以避免对有关书籍内容的批评。修士们可以争辩说，他们从事虔诚的职业，因此可以安全地处理可疑的文本，甚至从中汲取有益的知识。强大的世俗统治者甚至可能无须隐藏他们对神秘学的兴趣。曼托瓦（Mantua）侯爵弗朗切斯科·贡扎加（Francesco Gonzaga）的一部魔法著作在1407年的藏书编目中被明确列入了通灵术。

避免手稿引人怀疑的策略是在页边写上带有警示意味的标注甚至是对魔法的谴责，如此既能体现主人的虔诚，又不影响仪式的运用。15世纪的一本通灵术手册（惠康图书馆，编号MS 517）的主人，在标注中指出某些法术"不足为信"，却没有摧毁手稿。有些法术采用代码来记录，另外一些删除了关键的名号，故而对于主人及其密友之外的任何人都毫无用处。此外，还有更加复杂的处理方式，例如在手稿中去掉某些仪式的组成部分，或者把魔法人物替换为十字符号。不过这些做法往往并非出于规避审查的目的，而是为了能在手稿中把其他仪式保存下来。显然，收藏神秘学文本是一把双刃剑，拥有者的虔诚或可减少魔法文本的可疑性，但是风险在于魔法文本的非法性也可能反过来影响拥有者的声誉或安全。召唤精灵，尤其是召唤恶魔，这本身就是一种危险的消遣，因此魔法实践必然会吸引某些男女的兴趣。他们的好奇心，对知识、权力和被拯救的渴求，也许甚至还有追求冒险的快感，这些都让他们无法抵御魔法的诱惑。

| 第三章 |

恶魔学家

詹姆斯·夏普

从基本定义来看，"恶魔学"是指研究恶魔及其行为的科学。对于巫术历史学家而言，这一术语的意蕴已经更为广泛。大部分的巫术历史学家会将恶魔学理解为一种思想体系，15世纪至18世纪受过教育的欧洲人在这一框架下理解和讨论巫术，经常会涉及更广泛意义上的魔法、民间迷信、宗教谬论、预言和算命、恶魔附身等相关问题。虽然与大多数现代思维方式相去甚远，但恶魔学著作也是卷帙浩繁、内容繁复、观点缜密，建立在大量令人赞叹的学术研究基础之上的。此类文献的作者既非愚钝之辈，也非寂寂无名者，其中包括法国律师和哲学家让·博丹（Jean Bodin，1529/1530—1596年），他是16世纪晚期最为重要的哲学家和政治理论家之一；还有与博丹同时代的英国新教神学家威廉·珀金斯（William Perkins，1558—1602年），他撰写的多部神学著作被译为爱尔兰语、匈牙利语等诸多语言。随着恶魔学著作的内容日渐复杂，恶魔学得以与现代社会中人们更加熟悉、更易被大众接受的一些思想领域彼此交织并相互启发。近期在这一领域取得了瞩目的研究成果的历史学家斯图尔特·克拉克

（Stuart Clark）指出："事实上，恶魔学是一个杂糅的主题，包含有关自然运行、历史进程、宗教纯洁的维护、政治权威和秩序的性质等问题的讨论。"这些正是中世纪晚期和近代早期大部分的欧洲思想者所关注的核心问题。

恶魔学有何研究的必要？这一问题的答案在于基督教世界自古以来广泛流传的一种信念，即人类生存的世界中也存在着许多超自然的生灵。经过数个世纪的发展和神学作者所关注问题的扩展和深化，超自然生灵日渐被归入邪魔的范畴。如果我们阅读中世纪的编年史或者自12世纪开始流行的骑士文学武功歌，便可发现在这些作品所呈现的世界里，邪恶精灵等超自然生灵对日常生活的干预是司空见惯的。《新约》也确证了邪灵的存在及其对人类的危害，而基督是一位强大的驱魔者，屡次帮助苦难中的人类驱除恶魔。当然，除了这些次要的恶魔之外，还有邪恶的化身——撒旦。

在基督教的思想中，恶与善之间存在着一种根本性的二元对立。恶，包括肉体的欲望和诱惑，七宗罪或十诫中的任何一条，以及野心、绝望等人类特质；善，在中世纪及后世的基督教思想家看来，主要是指坚守对神之爱，由此给人间带来和谐的社会关系并在天堂获得永恒的救赎。当然，撒旦也是一个强大的诱惑者。他曾在旷野中诱惑基督，而基督能够抗拒这种诱惑，从而确保人类的灵魂得到拯救。此外，15世纪初出现了一个新的情况，危及基督徒的灵魂和救赎：撒旦巫师出现了。在历史上的大多数社会和现今的许多社会中，人们都曾经或仍然相信巫师或类似的事物。中世纪末年和近代早期的欧洲有其特殊之处：至少在官方层面，巫师被视为撒旦邪教组织的成员，他们与撒旦订立契约，从而放弃了基督教的信仰并承诺效忠于撒旦。显而易见，了解撒旦及其手下的恶魔，分析、辨别甚至预测恶魔的行为并研究如何对付他们，应当引起足够的重视。

虽然这种粗糙和现成的二元论被允许存在，但是严格意义上的二元论，则是正统基督教教条所不能接受的，因为这意味着承认撒旦拥有与上帝同等的力量，承认恶与善的力量同样强大。

坚持二元论的群体，如基督教早期的摩尼教（Manichaeism）或中世纪中期的清洁派信徒，可能会被视为异端。接二连三的恶魔学著作煞费苦心地指出，巫术的存在需要具备三个要素：诱人作恶的撒旦、陷入诱惑的人类，以及允许这一情况发生的上帝。否认二元论则意味着撒旦只能在上帝的允许下行事。当然，这让人不禁产生疑问：上帝为何允许撒旦如此作为？这一问题回到了基督教信仰的根本命题，即如何解释为什么世间存在恶。

恶魔学家对这一问题的回答是：巫师自己显然就是注定万劫不复的罪人，他们对其他人所作的恶有惩罚那些不敬神的人或者考验敬神者的信仰的作用。《旧约》中的《约伯记》通常被视为第二种情况的例证。

需要强调的一点是，恶魔学与这一时期的许多其他知识相关联，而恶魔学家多为男性，因此他们对这一问题的思考往往只是从一个方面体现了某种更为宏伟的事业，上文已经提及的让·博丹和威廉·珀金斯确是如此。此外还有一批类似于珀金斯的英格兰教士在16世纪末至17世纪初撰写了恶魔学著作，例如理查德·伯纳德（Richard Bernard，1568—1641年）在1627年发表了有关巫术的著作《大陪审团成员指南》（*A Guide to Grand Iury Men*）。伯纳德毕业于著名的清教（Puritanism）学府——剑桥大学的基督学院（Christ's College，Cambridge），曾在萨默塞特郡的巴特康姆（Batcombe，Somerset）传教。他既是一位称职的牧师（在英格兰内战期间，巴特康姆始终坚定支持议会派），也是一位宗教论辩者，这本关于巫术的书只是他发表的四十余部著作中的一本。

同样应当强调的是，恶魔学著作经常是作者对某种特定情境的反应。最负盛名的恶魔学著作《女巫之槌》（*Malleus maleficarum*）便是如此，后文将进行详述。该书主要的作者亨利·印斯提托里斯（Henry Institoris，约1430—1505年）试图采用不合规的司法程序在女巫审判中给被告定罪，后因对蒂罗尔（Tyrol）的当权者感到不满而写下此书。下文将提到的另一本书《邪恶天使及恶魔之无常图》（*Tableau de l'inconstance des mauvais anges et démons*）也是由法国法官皮埃尔·德·朗克尔（Pierre de Lancre）于1612年在类似的情形下所著。德·朗克尔（1553—1631年）奉波尔多高等法院（Parlement of Bordeaux）之命调查法国巴斯克地区的巫术案件，他判定众多被告犯有巫术罪行。然而法院坚持正规司法程序的重要性，只确认了少量案件的定罪。由于波尔多的各位法官始终漠视德·朗克尔的观点，他在1622年发表了另外一本著作《巫术的怀疑论和无信仰》（*L'Incrédulité et mécréance du sortilège*），讨论司法中的信仰缺失。但无论是这本书，还是1627年的另一本书，都未能说服波尔多的法官们进行猎巫。总体而言，在这一时期的法国，因巫术而被定罪的情况很少。

正如德·朗克尔未能改变波尔多高等法院法官的态度一般，恶魔学著作也并不一定能对审判进程或猎巫的力度产生实际的影响。法院审理的大部分案件源自农民之间的纠纷和敌意，而农民读到博丹、德·朗克尔等恶魔学家著作的可能性微乎其微。笔者在其他研究中曾指出，有一幅画描绘了一位埃塞克斯（Essex，当地曾有多次巫师审判）的农民正在翻阅《女巫之槌》一书，蓄意控诉他人施行巫术，这同样难以令人信服。

一些恶魔学著作的理论性非常强，学术水平最高的一部恶魔学著作是英格兰伊丽莎白时期或斯图亚特王朝早期的亨利·霍兰德（Henry Holland）在1590年出版的《反巫术论》（*A Treatise against Witchcraft*），书中几乎没有提及当时的巫师审判，其对一系列神学问题的讨论也不会轻易被用来发动巫师审判。相反，律师迈克尔·道尔顿（Michael Dalton，1564—1644年）在重写太平绅士手册中有关巫术的章节时，借鉴了理查德·伯纳德的《大陪审团成员指南》以及一部有关1612年兰开夏（Lancashire）审判的长篇著作。而复辟时期在萨默塞特调查巫术案件的太平绅士理查德·亨特（Richard Hunt）显然了解恶魔学文献中有关巫师安息日集会的著述。在讨论恶魔学思想传播的普遍性时，当然需要注意这些理念不仅仅存在于现代历史学家所称的"恶魔学"著作中，与之相关的出版物范围要大得多，包括神学著作、医学手册、法律文献等。

在讨论恶魔学著作的影响时，还有一个问题需要考虑：在16世纪末，此类书籍可能具有一定的政治性。1611年的詹姆士国王版《圣经》指出"叛逆与巫术的罪相同"（《撒母耳记上》15：23），这从逻辑上意味着巫术可以是叛逆的一种形式，反叛国家或君主如同反叛基督教会。在某些方面，君权与教会的权力之间存在着相当程度的重叠。16世纪和17世纪出现了现代历史学家所说的认信国家（confessional state），而伊丽莎白时代的英格兰人可能将此称为"神之共同体"（godly commonwealth）。在大多数欧洲国家，好公民也必须是好基督徒，并且是该国青睐的基督教派系所规定的好基督徒。按照历史学家克里斯蒂安·拉纳（Christian Larner）的提法，欧洲近代早期的女巫"是一种扭曲的生物，其巫术生涯始于农场，与邻人为敌，最后在法庭上成为民众、上帝和虔诚社会的敌人"。这一表述对于苏格兰有着特殊的意味，鼓吹君权神授的詹姆士六世（James VI）国王撰写了一本恶魔学小册子，即1597年的《恶魔学》，该书篇幅不长并且完全符合（新教模式下的）正统。那一年苏格兰发生了大规模的猎巫行动，据说当时一群巫师被发现企图利用巫术谋害国王，于是詹姆士决意出版此书。然而，詹姆士更广为人知的事迹是他介入了苏格兰历史上第一次重大的巫师审判，即1591年的北伯立克（North Berwick）审判。因此，虽然《恶魔学》一书在审判数年之后才出版，但是很有可能在审判结束不久就已经写成。这一说法虽属推测，但是1591年确实有一部作品发表。这本宣传小册子题为《苏格兰纪闻》（Newes from Scotland），记述了北伯立克审判的情况，该书可能是针对英格兰读者而撰写的。詹姆士之所以参与北伯立克审判是因为发现有巫师谋划杀害国王，特别是企图在他迎娶新娘丹麦的安妮（Anne of Denmark）返回苏格兰的途中施魔法，好让他乘坐的船沉没。根据《苏格兰纪闻》所述，巫师们询问撒旦为什么对国王怀有如此的恶意，撒旦回答说，这是因为"国王是他在世间最大的敌人"。

显然，对于撒旦的仆从而言，谋害君权神授的国王是值得付出努力的。到了16世纪末，恶魔学的影响显然已经超越神学家研究的范畴。

恶魔学系统的发展

15世纪，撒旦被视为邪恶的化身。奇怪的是，撒旦在《旧约》中并不经常登场，虽然他的名字确有出现。具体而言，撒旦的作用在于诱惑和惩罚，如在《约伯记》中便是如此，这一点对近代早期的恶魔学家来说很有意义。撒旦的概念似乎在犹太启示文学中更为重要，而《新约》等早期基督教文本受此影响颇多。在《新约》中，撒旦的形象更为凸显，除了诱惑基督之外，至少在某些流派的基督教思想中，他也是被逐出天堂的反叛天使的头领。中世纪中期，撒旦和他所控制的恶魔属下在艺术（尤其是在教堂的壁画和其他装饰中）、文学和布道词中占据重要的角色。人们对于撒旦的力量形成了非常明确的概念，撒旦及其仆从、堕入地狱的恐怖都在学术文本和民间文化中留下深刻的印记。这种情况在16世纪的宗教改革和天主教反改革中基本没有改变，对于大多数欧洲人来说，撒旦在17世纪及以后仍然是一个非常真实的存在。

然而，撒旦这一地位的确立是需要一些时间的，巫师与撒旦之间的关联变得明确也是如此。事实上，中世纪早期有很多迹象表明神学家对恶魔巫术并没有太大兴趣。这方面的重要文献是《主教会规》（*Canon episcopi*），收录于普吕姆的雷吉诺（Regino of Prüm，约840—915年）906年编撰的《主教会议二书》（*Two Books of Synodal Causes*）。这是一本教会法的手册，可能是雷吉诺应德国西部特里尔（Trier）的大主教要求编写，供当地教会法庭的官员使用。书中部分内容有关巫师和其他施秘术者，涉及诸如咒语、爱情魔法等常见事物和法术。该书认定这些秘术来自魔鬼，施秘术者应被逐出大主教区（如后文所述，当时他们还不会被处以火刑）。不过，书中也提及一些自认为在夜间与女神狄阿娜（Diana）一起飞行的女人。她们并未被视为女巫，而是受人蒙骗者，但是她们的故事又会欺骗其他人，危及人们的灵魂。在一神教统治的世界里，此类信仰没有存在的空间。《主教会规》给后世的恶魔学理论家造成了许多问题。最重要的是，有关巫师安息日集会的说法开始流传，而这本书的内容则与之矛盾。女巫是要在夜间飞行去参加安息日集会的，但是如果一本权威的著作否认女人可以跟女神狄阿娜一起飞翔，那么或许该书就可以挑战女巫夜间飞往集会地点这一观点。

更进一步讲，这造成了一个问题：招认施行巫术的人一般是受骗上当了。撒旦毕竟善于欺骗，那么如何确定一个招供的女巫所供确有其事，还是被撒旦蒙骗而认为如此？

《主教会规》及其表达的态度并未能阻止信仰天主教的欧洲逐渐开始接受邪恶巫师的存在，因而恶魔学的地位日渐巩固并且其论据愈加繁复。当然，恶魔学作为一种系统的思想体系，其根源由来已久。虽然中世纪晚期的恶魔学家本身对于巫术并无太多可说，但是，为了给自己的观点找到无懈可击的来源，他们向天主教早期教父中最杰出的代表希波的圣奥古斯丁（St Augustine of Hippo，354—430年）寻求支持。作为那个时代学识渊博的学者，奥古斯丁知道，形形色色的善良精灵和邪恶精灵在古代文献中屡见不鲜。在420年前后发表的重要著作《上帝之城》（*The City of God*）中，奥古斯丁系统地援引《圣经》以证明古罗马众神以及相关的宗教实践（以及地中海地区其他异教民族的宗教实践）都来源于恶魔。在形成这些观点的过程中，奥古斯丁提出了一种反基督教的恶魔等级体系：撒旦位于最高等级，他所率领的恶魔与基督教的上帝、教会和教民处于永恒的战争状态。这些恶魔是永生不死的智慧生灵，所以在作恶和引诱人类作恶方面颇有经验。这正体现了奥古斯丁的一个核心观点，即恶魔与人类经常会有各类接触，包括性交和孕育行为〔尤其是与半神潘（Pan）〕。基于人魔接触的一般概念，奥古斯丁又提出了另一个观点：向恶魔求助的人会与之订立明确或隐性的契约。此外，奥古斯丁也最先明确提出，恶魔只能在神的允准下行事。因此，尽管奥古斯丁的著作中很少直接提及巫术，但他确实为后世的恶魔学家提供了不可或缺的思想框架。

得益于中世纪中期最负盛名的基督教思想家圣托马斯·阿奎那（约1225—1274年）的著作，这一思想框架得到了进一步的发展和巩固。阿奎那是经院哲学发展历程中的关键人物，他最重要的成就之一是调和了天主教与亚里士多德的思想。不过，阿奎那的兴趣在于建立一种系统性的神学，这也是经院哲学的一个核心要素，因此他针对恶魔的作用提出了自己的观点，并且初步讨论了恶魔与魔法以及巫师的关系。关于如何理解人类与恶魔的性关系，尤其是此类性交有无可能导致受孕（鉴于经院哲学非常重视亚里士多德式的科学，这一问题尤其棘手），阿奎那的观点对后人产生了重要的影响。按照亚里士多德式的科学观点，灵界居民（恶魔）与凡夫俗子（人类）是不可能结合的。

然而，在思考男魅魔（incubi）和女魅魔（succubi）问题的过程中，阿奎那发现了绕开上述问题的一个途径。恶魔可以化作女性的形象，通过性交获取男性的精液，也能化作男性的形象并让女性受孕。另外，阿奎那也花了一些时间思考一种令人忧虑的情况——至少在某些欧洲文化中是如此，即巫师们借助邪法获得能力（maleficium，指邪恶的巫术，字面义为"作恶"）阻碍受孕。

阿奎那遵循《主教会规》的观点，指出人不可能飞翔，并且恶魔也不能让人飞。他还重申，只有在上帝的允许下人才能借助神秘或魔法的手段造成伤害。尽管如此，他的观点，尤其是对人魔互动的强调，仍为后世的恶魔学作者提供了一定支持。直至17世纪，阿奎那仍然是一位极其重要的思想家。甚至到1879年，教皇利奥十三世（Leo XIII）还宣布他为天主教徒的神学家楷模。也许更为险恶的是，阿奎那成为宗教裁判所最为推崇的神学家，而这一机构正是在他在世期间发展成熟的。事实上，我们正是在由裁判官编撰和供裁判官使用的手册中看到恶魔学理念的发展脉络的。此类手册中最重要的一本是由贝尔纳·居伊（Bernard Gui，1261—1331年）

在14世纪20年代中期撰写的《异端恶行裁判实践》（*Practica inquisitionis heretice pravitatis*）。居伊是一名多明我会（Dominican）修士，曾在蒙彼利埃（Montpellier）和巴黎大学修习神学，1307年至1324年任图卢兹（Toulouse）宗教裁判官，此后任洛代夫（Lodève）主教直至去世。正如居伊的书名所示，宗教裁判所的建立是为了打击异端，居伊的著作为裁判官提供了全面的指南，所写内容涵盖各种真实或人们想象中的异端。虽然魔法和巫术并非居伊关注的核心问题，但他专门撰写了相关的章节，提醒宗教裁判官需要警惕教会或上层社会中的施奥义魔法者及民间施魔法者的活动——后者在三个世纪后的英格兰被称为"术士"（cunning-folk）。尽管他没有明确地讨论邪恶巫术，但他相信所有魔法都来自撒旦，这一观点被写入了宗教裁判官的手册，因而被奉为圭臬并产生巨大影响。此后，另一本宗教裁判官手册，尼古拉斯·艾默里克（Nicholas Eymeric，约1320—1399年）所著的《宗教裁判官指南》（*Directorum Inquisitorum*），再次推波助澜。艾默里克是加泰罗尼亚人，也是多明我会修士，曾担任阿拉贡（Aragon）地区的宗教总裁判官，他在当地的职业生涯一波三折，最后由于过于狂热的审判风格而被王国的统治者放逐。艾默里克一生经历了许多备受瞩目的巫师审判，他对这些案件的了解以及作为宗教裁判官在神学方面所受的训练和积累的经验，都为他后来有关邪恶魔法的理念的形成提供了基础。他强调占卜和魔法都是邪恶的行为，这意味着从事此类行为的人都是叛教者，违反了十诫中的第一条。这些观点被写入了他广为流传的著作，为下一世纪中"邪恶巫师"概念的出现奠定了基础。

艾默里克在写作过程中重点论及的并非后来在欧洲近代早期成为女巫典型的农妇，而是一些关注度很高的审判，其涉案人员大多身处高位。

在这些审判的推动下，人们对"恶魔参与秘术"的看法有所演进。其中最著名的一个案件可能是圣殿骑士团（Knights Templar）的审判。该教团创建于1119年，是一个主要由修士组成的军事组织，最早是为了保护圣地的朝圣者而创立（数年之前，十字军在第一次东征期间已攻陷耶路撒冷）。1307年，出于尚不完全清楚的原因，或许是法国国王腓力四世（Philip IV）企图占有圣殿骑士团当时颇为可观的财富，并且要在王国境内铲除这个在他眼中已经腐化堕落的组织，他下令逮捕居留在法国的两千余名骑士团成员，指控他们实施亵神仪式、背弃信仰、崇拜偶像、男男相奸，尤其是尊崇一个近似于撒旦的偶像——巴弗灭（Baphomet）。审判过程中，犯人受到酷刑折磨，因而给出了骇人听闻的供词。这一时期发生的一系列审判都涉及所谓"叛逆与邪术"，而谋逆的对象主要是教皇或君主。一位似乎特别关注此类问题的统治者是同样出自多明我会的教皇若望二十二世。正如腓力四世打击圣殿骑士团一般，教皇若望也指控其政治对手从事邪术和偶像崇拜。他也关注民间邪术以及邪恶和可能具备邪恶行为的魔法，下令要求宗教裁判官根除这些行为，他颁布的诏书《在祂的瞭望塔上》针对此类问题所表达的观点亦对后世的作者产生了深远影响。

因此，15世纪早期已有大量文献强调恶魔的真实存在，承认他们经常与人类发生性交等接触，认为许多魔法源自撒旦并且属于异端。同时，1400年前后，宗教裁判官以及其他在上述思想框架下工作的教会人士意识到，有一种新的现象显然应被纳入这一框架：邪恶巫师出现并逐渐引发关注。据我们所知，阿尔卑斯山区早期的审判主要是受民众压力的推动，但是天主教教会迅速地把这些审判纳入了自己的思想框架。15世纪早期问世的一些著作把这一新现象融入了原有的恶魔概念，其中最为重要的一本是约翰内斯·尼德（Johannes Nider，约1380—1438年）在15世纪30年代末撰写的《蚁丘》（Formicarius），这位作者同样也是多明我会修士。作为神学家，尼德关注教会改革和欧洲基督教信众的改造及宗教标准的提升。《蚁丘》只是他撰写的诸多书籍中的一本，其主旨是揭露当时人们的罪过并提出改过自新的途径。尼德在书中关注的罪行和过错包括巫术。尼德的书是为自己的时代所写，他援引了当时的一些巫师审判案例，尤其是世俗法官伯尔尼的彼得（Peter of Bern）和勃艮第欧坦（Autun, Burgundy）的多明我会宗教裁判官发起的审判。基于这些审判揭示的案情，尼德栩栩如生地描绘出乡村巫师的形象，得知他们所造成的各种伤害更成为人们指控巫师的主要罪状：通过邪法造成妇女不孕；引发疾病；摧毁庄稼；杀害儿童。

巫师放弃自己的信仰并且决定尊崇撒旦之后，便能通过恶魔的帮助获得作恶的能力。这些巫师成群结队地在夜间的集会中祭拜撒旦，这种活动成为后来"安息日集会"这一说法的原型。在这类集会上，巫师们亵渎十字架，食用婴儿的尸体，并沉迷于滥交的狂欢。在讨论圣女贞德（Joan of Arc）的过程中，尼德还提出了另一个重要观点：女人比男人更容易受到恶魔的诱惑，因此更容易受到巫术的影响，女人完全有能力使用恶魔的力量。

在整个15世纪，零星的审判仍在继续。这些审判所揭示的案情部分确立了邪恶巫术的定义，神学文本经常对此进行探讨，从而逐步形成了邪恶巫师的概念。这一发展过程的顶点是1486年末或1487年初巨著《女巫之槌》（该书最新的拉丁文完整现代版本有524页）的出版。该书主要或完全是由多明我会宗教裁判官海因里希·克拉马（Heinrich Kramer）撰写，被普遍认为是有史以来最为重要的恶魔学著作。该书的意义体现在以下三个方面。首先，该书阐明了猎巫的神学基础以及巫师使用的大量各式邪法，这些问题在书中第一部分和第二部分讨论。第一部分集中阐述这种新型撒旦巫术的三个要素——恶魔或撒旦、男巫或女巫、上帝的允许，以及它们如何相互影响。全书分为许多简短的章节，以问题的解答为脉络。第一部分和第二部分提供的答案描绘出一个令人不安的世界：恶魔竭力引诱人类背弃信仰并犯下罪过。人类都非常愿意屈服于这些诱惑并且诱导他人加入，而严厉的上帝原本就为人类赋予了自由意志，因此人类能够与恶魔达成交易，这种行为会受到上帝的惩罚。书中在对第一个问题进行解答时指出，相信巫术存在是符合天主教正统的，而不信仰天主教正统则是异端，该书的逻辑便在此基础上展开。其次，该书的第三部分收录了有关巫师审判程序的指导意见。鉴于需要说服世俗政权惩处巫师，这一指南尤为关键。《女巫之槌》遵从教皇英诺森八世（Innocent VIII）1484年的诏书《至情希冀》（*Summis desiderantes affectibus*）（《女巫之槌》一书的各种版本通常会收录该诏书的文本）。教皇诏书的主要目的在于说服似乎心存疑虑的德意志世俗法官，他们应当与教会的宗教裁判官一道肃清巫术，于是这些法官有了明确的行动指南。最后，在现代的观察者看来，《女巫之槌》极为鄙视女性，该书指出大部分巫师都是女性（"maleficarum"一词便是阴性形式），原因在于女性思想道德、智力和体力低下。

　　《女巫之槌》后来多次再版重印：1486年至1523年，德国和法国出版了12个拉丁文版本，经过一段时间的沉寂之后，又有许多新的版本（皆为拉丁文）面世，如16世纪80年代威尼斯有2个版本，从那时至1600年法兰克福（Frankfurt）有4个版本，1584年至1669年里昂（Lyons）有9个版本。鉴于这种频繁的重印，有人认为《女巫之槌》具有重要影响。虽然有一些证据表明该书出版后不久推动了一系列审判的进行，但其长期的重要性仍然值得商榷。尽管西欧和中欧的大部分教堂和大学图书馆都藏有此书，但是无法确定该书在多大程度上推动了猎巫行动。譬如，我们发现西班牙的宗教裁判所在1526年指示其法官不要完全相信该书的内容。对该书唯一的英文详尽讨论来自雷金纳德·斯科特（Reginald Scot），1584年他在一部毫不留情的质疑性著作中引用了《女巫之槌》的段落，借此证明天主教的谬误。此外，了解《女巫之槌》撰写的背景情况之后，便可以发现该书并非猎巫的胜利宣言，而是一部为抗议官员缺乏信任而炮制的作品。1485年，印斯提托里斯参与了因斯布鲁克（Innsbruck）的巫师审判，他企图通过威胁恐吓、肉体折磨、严刑拷打来逼供。于是被告巫师的亲属提起控诉，因斯布鲁克引发民怨，当地的主教不得不插手干预，中止审判并释放被告。正是由于经受了这番挫折，以及对巫师异端邪教的恐惧日益增长，印斯提托里斯撰写了《女巫之槌》。与这本书有关的另一个人，杰出的多明我会神学家雅各布·施普伦格（Jacob Sprenger）对此书的贡献仍然不明确。有人提出，印斯提托里斯是该书的唯一作者，他之所以加上施普伦格的名字，只是为了给这本势必引发争议的著作增加一些分量。最近还有人提出，该书大部分是由印斯提托里斯撰写，施普伦格（鉴于他的专长）则撰写了涉及神学细节的部分。

在《女巫之槌》出版后的数十年间，重要的恶魔学著作寥寥无几。不过有一些作者，其中不少来自多明我会，著书重申和详述《女巫之槌》所确立的恶魔学概念框架，而这一框架本身也大量借鉴了前人的著作：巴托洛米奥·斯皮纳（Bartolomeo de Spina）于1523年在威尼斯出版的《女巫调查》（*Quaestio de strigibus*），教皇法官保罗·格里兰第（Paulus Grillandus）于1525年撰写的《论异端与女巫》（*Tractatus de hereticis et sortilegiis*），多明我会修士普列罗的西尔维斯特罗·马佐里尼（Silvestro Mazzolini da Prierio）于1521年在罗马出版的《论女巫与恶魔之奇迹》（*Strigimagarum demonumque mirandis*）。在16世纪早期的这些著作中，最重要的可能是格里兰第的书。该书确立了巫师安息日集会的重要性并推动了意大利的猎巫行动，出版后至少四次再版，其中的内容被后来的各种巫术文集多次收录或摘录，并被后世的作者广泛引用。然而应当注意的是，恶魔学家的著作从来不曾出现某一本"一统天下"的局面，而这一时期也出现了一些提出质疑的作品。这其中最重要的著作可能是乌尔里希·莫利托（Ulrich Molitor）的《论女巫与女神谕者》（*De lamiis et phitonicis mulieribus*），该书最初是在《女巫之槌》出版之后不久于1489年问世，此后多次以拉丁文和德文再版（《女巫之槌》只有拉丁文）。

莫利托（约1442—1507年）所采取的传统天主教立场或可追溯到《主教会规》：作为背叛信仰者和偶像崇拜者，那些确实与撒旦订立契约或者为了撒旦背弃基督的人应当受到惩罚，但是巫师的所作所为大多是来自幻觉，或是因为吸取了错误的知识。因此，莫利托在书中否认女巫可以影响天气，引发疾病或是阳痿，变幻身形，飞行前往安息日集会，或是与恶魔交媾而受孕。莫利托是一名教会法律师，他可能是应当地的世俗统治者蒂罗尔伯爵西吉斯蒙德（Sigismund）的要求而撰写此书的，为了解释因斯布鲁克审判的缘起。

总体而言，宗教改革时期和反宗教改革早期只有很少的猎巫行动和重要恶魔学著作出版。这一情况大约从1580年开始有所改变，当时欧洲宗教局面似乎为猎巫行动和重要恶魔学新作的出版铺平了道路。就作者的声名而言，最具影响的一部著作是让·博丹1580年出版的《论巫师之魔附妄想》（*De la démonomanie des sorciers*）。博丹是当时最杰出的知识分子之一，他的诸多重要著作中有一本探讨君主制的《共和国六论》（*The Six Books of the Commonwealth*），还有一本对16世纪晚期的重大问题——通货膨胀进行了分析。同时他也是一名法官。他在图卢兹接受了法学训练，然后在法律系统中逐步晋升，至1580年已身居高位。博丹援引《圣经》、天主教教父、早期作家的言论，以及他和其他法官起诉巫师的经验，重申巫术属于异端，危害上帝以及教会和世俗政权。他有关恶魔学问题的表述大多较为传统，但他强调巫师对国家和公众构成威胁，这一观点与他在《共和国六论》中有关强势集权君主制的主张非常吻合。因此，在博丹的影响下，恶魔学具有了明确的政治性质，主张君主的政治主体（body politic）与基督教众一样都会受恶魔及其代理人的威胁。此外，基于法官的经验和所受训练，博丹接受了一种观点，这可以追溯到印斯提托里斯处理因斯布鲁克审判的方式，即巫术是一种特殊的罪过（博丹称之为crimen exceptum），而法官应当能够采取特殊的手段对巫师进行调查和定罪。因此，博丹主张负责审判巫师的法官可以采取一系列不合常规的手段，并建议放弃那些限制使用酷刑的普通规则。

另一位法国法官皮埃尔·德·朗克尔的主要著作涉及最令恶魔学家困扰的一种现象，即巫师的安息日集会。安息日可能会令人回想起中世纪犹太人以及（具有讽刺意味的是）罗马早期基督徒的秘密集会活动。这一概念出现于15世纪初，至16世纪末已被视为巫师异端邪教的主要活动之一——博丹对此便多有记述。在安息日集会的经典模式中，巫师们亲身或者其灵魂飞往集会地点，他们有时需要在自己身上涂抹污秽的药膏以便借助魔法飞行。德·朗克尔曾受波尔多高等法院派遣，前往法国西南边陲巴斯克地区的拉布尔（Pays de Labourd）调查巫术案件。1612年，他根据在当地开展猎巫行动的经验出版了一本巨著——《邪恶天使及恶魔之无常图》。

作为恶魔学家，德·朗克尔似乎也接受了一种观念，即世间存在一种巫师中的异端，只有消灭他们才能保证世俗国家和宗教生活的延续。德·朗克尔的恶魔学在大多数方面都是正统的，他写道："撒旦不能将人类变为动物，但他可以制造这种力量的幻象。"不过，这本书的特别之处在于德·朗克尔对安息日集会的骇人描述，其根据是作者对巫师嫌犯的审讯。在博丹和德·朗克尔两部作品之间，一系列重要恶魔学著作得以出版，尤其是另一位法国法官尼古拉·雷米（Nicolas Rémy）1595年的作品和特里尔副主教彼得·宾斯费尔德（Peter Binsfeld）1589年的作品。

然而这一时期的一部重要著作——马丁·德尔里约（Martin Del Rio）所著的《魔法六论》（*Disquisitiones magicae libri sex*），也许才是恶魔学巨著的集大成者，该书在1599年至1600年分为三个部分出版。德尔里约是出生在安特卫普（Antwerp）的西班牙裔耶稣会神学家，他的学术成果令人叹为观止。他曾在杜埃（Douai）、列日（Liège）、鲁汶（Louvain）、格拉茨（Graz）和美因茨（Mainz）的大学任教。他精通9种语言，出版了大量书籍，包括他在19岁时编辑的一部塞尼卡（Seneca）作品集，其中引用了1100种文献。为了方便研究工作，他制作了一张装有轮子的书桌，以便在巨大的图书馆中四处移动和搬运文件。德尔里约的《魔法六论》是一部鸿篇巨制，与博丹的《论巫师之魔附妄想》一样被17世纪的作者广泛引用，显然在17世纪比《女巫之槌》更频繁地被援引，因而取代了后者的地位。

恶魔学的若干论题

为了进一步探究恶魔学，我们需要更加细致地研读德尔里约的《魔法六论》。正如书名所示，该书分为六卷，其中四卷为读者描述了曾经存在的各种魔法活动，另外两卷建议读者如何对待魔法。第一卷讨论各种形式的魔法，并且考虑它们是否合法（答案通常是否定的）。这一部分涵盖占星术、炼金术、使用护身符、在治疗中运用咒语的有效性和正当性以及自然魔法等重要问题。虽然德尔里约一般对所有形式的魔法都持否定态度，但他通常愿意权衡各种对立的观点。因此，他论述了炼金术属于自由艺术还是机械艺术，是否属于魔法，是否有效，以及是否合法。第二卷关注涉及邪灵的魔法，这一部分作者同样带着读者纵览一系列主题。可以想见，这一部分讨论了诸多常规议题，如恶魔契约、人类与精灵的交合、安息日集会，但德尔里约也讨论了一些不相干的问题，如伊丽莎白一世（Elizabeth I）女王号称可以通过"御触"（royal touch）治愈淋巴结核，那么英格兰君主们所声称拥有的这种神力是否真正有效？第三卷包含两个主题：有害魔法和迷信。上半部分涉及早期恶魔学家和法院在处理邪恶巫术时经常需要考虑的许多问题：女巫引发疾病——她们诱发流产、阻止泌乳、防碍受孕的能力，以及偶像魔法的使用。德尔里约还讨论了什么类型的人有可能在撒旦的诱惑下成为邪恶巫师。关于迷信的讨论同样涉及了恶魔学家所担忧的诸多民间信仰，并且试图根据罪恶程度划分等级。

第四卷涉及占卜和预言，这两种活动引起了恶魔学家的极大关注。同样，这一部分涵盖了大量的主题：星相预言、根据流星等罕见现象预测未来、对梦的解释。有趣的是，德尔里约像大多数受过良好教育的巫术评论者一样，在这一卷中否定了针对女巫的浸水刑，即将可疑的女巫投入河或湖中，如果她能漂浮，则可判定有罪。事实上，第五卷探讨巫师审判，详细说明了如何正确开展巫师审判和如何解释嫌犯的行为。作者提醒法官注意在施加酷刑时应遵循什么程序，以及哪些类型的秘术属于异端，哪些不是。有些人认为招供的女巫只是一些受了蒙骗的老妇，德尔里约对这一观点严加批驳，并且指出，即使被判有罪的女巫没有施展邪法作恶，她们也应当被处决——她们与撒旦订立了契约，所以必须处死。第六卷为巫术案件中的忏悔神父提供了建议，明确关注巫师能否真正悔过，以及忏悔神父与审判和处决巫师的法律系统有何关联。

以上简述清晰地表明，恶魔学不仅仅关注邪恶巫师。德尔里约的《魔法六论》与其他重要的恶魔学著作（例如《女巫之槌》）一样，试图像百科全书那样分析各种错误的行为——从邪恶巫术到用咒语治愈病马。令现代读者惊奇的是，德尔里约的作品以及其他重要的恶魔学著作在选择引证的来源时都采取了明显的折中主义。例如，德尔里约在第二卷中不出所料地引用了《圣经》，他还援引了天主教早期教父和众多涉及魔法和神秘学的作者的言论，其中既有阿格里帕·冯·内特斯海姆（Henry Cornelius Agrippa of Nettesheim）等著名学者，也有意大利诗人和占星家卡尔卡尼尼（Calcagnini）这样名气较小的人物。德尔里约引用的恶魔学著作包括《女巫之槌》、尼古拉·雷米的《恶魔崇拜》（*Daemonolatria*）以及彼得·宾斯费尔德的《论施邪法者与女巫之招供》（*Tractatus de confessionibus maleficorum et sagaram*）。德尔里约引用了塞尼卡和德尔图良等人的经典作品、一些医学手册（全书援引颇多）和法律论著，以及12世纪拜占庭历史学家米哈伊尔·格里卡斯（Michael Glycas）等人的作品。当时天主教已经成为全球性的宗教，因此书中的不同部分还提供了耶稣会传教士从海外发回的报告，因而在探讨魔法师所谓"影响自然的力量"时，书中讨论了"我们在秘鲁的耶稣会弟兄们"报告的当地的造雨仪式。任何人如果试图阅读该书拉丁文原文都需要注意当时恶魔学著作的另一个特征：这些文本涉及诸多神秘活动，因此针对各种各样的施秘术者采用了许多不同的名称，"striges"（巫师），"sortilege"或"sortilegae"（男或女抽签占卜者），"malefici"或"maleficae"（男或女施邪法者），如此等等，而每个说法都有自己特定的意义。

德尔里约对他所谴责的许多行为表现出了一种敌意，认为这些行为鼓励人们去获取实际上只有上帝才能拥有的自然知识。用占星术来预卜未来就是一个很好的例子。人们同样需要警惕某些迷信活动或民间信仰的元素，这些事物其实来自撒旦，也可能诱使参与者因为自己的行为而与撒旦订立隐性契约。

与其他恶魔学作者一样，德尔里约深信上帝的敌人的数量和他们的恶意与日俱增。因此，撰写一本巨著来凸显上述问题并揭露恶魔的核心活动之一——魔法的危险性，这一工作事关重大。作为一名优秀的耶稣会士，德尔里约毫不回避巫术与异端的关联。异端以其新兴而危险的形式——新教，已经控制了英格兰、苏格兰、法国和"比利时"（在这一语境下可能主要是指尼德兰），因此在德尔里约看来，魔法在这些地区的兴盛完全在意料之中。"我们看到无神论者和温和派天主教徒（politici）的数量正在增长，"德尔里约在序言结尾部分写道，"而虔诚的天主教徒却已为数不多。耶稣会士坚决反对异端分子。本书在这场战争中便是一件武器。"

我们关注德尔里约的《魔法六论》，不仅仅是出于该书的重要性，也是因为如前文所述，这部鸿篇巨制堪称恶魔学著作的典范。大多数现代读者所理解的"巫术"（在猎巫时代使得数千人被处决的那种邪恶魔法）是该书的重要主题，但是作者在讨论巫术的同时也分析了大量其他秘术或者类似秘术的行为以及民间的迷信。此外，读者可能会为书中五花八门的引证来源感到迷惑：《圣经》、早期教父和古典作家的言论及作品、法律论著、医学文献、早期恶魔学著作、游记、巫师审判相关信息、奇闻逸事，以及作者亲身经历的一些逸事。然而关于巫术，我们确实可以发现上述所有内容都曾讨论过这些问题：撒旦契约的重要性；撒旦引诱人们实施巫术的方式，以及什么人容易受诱惑；巫师实际做了什么；巫师的安息日集会；法庭应当如何审判巫术。所有的恶魔学家都讨论过这些主题，并且达成了广泛的共识，当然不同的作者之间总有分歧，有时只是各自强调的重点不同。

在研究可能最为重要的分歧——天主教与新教恶魔学的差异之前，我们需要简要讨论一个问题，即女性与巫术之间充满争议的关系。

《女巫之槌》就像一个摸奖游戏，随处都能抽取到贬损女性的文字。《女巫之槌》显然是一部厌弃女性的作品，尽管有一些现代的编者提出了不同意见。即使我们知道这种笔调在当时司空见惯，而且该书其实比起中世纪晚期其他有关女性的作品已经更为克制。然而令人惊讶的是，大多数其他恶魔学家对于女性与巫术之间的关联却很少着墨。相较于现代历史学家对这一问题的合理关注，近代早期的大部分恶魔学家似乎并不觉得这是一个问题：女性与巫术的关联是如此不言自明，因而几乎不值得关注。在这方面作者威廉·珀金斯去世后，于1608年出版的《论受诅咒的巫术技艺》（*Discourse of the damned Art of Witchcraft*）颇具代表性。这本257页的书中有两段短文涉及这一问题。我们可以发现，珀金斯讨论了希伯来文中"巫师"一词的阴性词性，并指出巫师也可以是男性。不过他认为：

> 作为弱者，女性比男性更容易因为这种应受诅咒的技艺陷入撒旦制造的妄想……起初，撒旦诱惑的第一个对象就是夏娃这个女人，此后他便不断如法炮制，企图获取最大利益。哪里最便于他乘虚而入、最能为他带来乐趣，哪里就常有他出现。

这两个论据——女性的道德弱点和夏娃屈从于诱惑的角色，经常被恶魔学家们所引用，还有许多人补充说，出庭受审的巫师大多为女性这一事实也证明了上述观点。这种关联被认为是理所当然的，在某种意义上，这引发长篇大论的论辩还更令人担忧。如果想要理解为什么如此众多的巫师都是女性，除了此处的观点和《女巫之槌》的相关内容之外，就很难在恶魔学著作中发现详尽的线索了。

天主教和新教的恶魔学家都认为巫师多为女性，这只是他们有关巫师的广泛共识中的一个方面。进入17世纪，这两个阵营的神职人员所接受的教育体系都很强调亚里士多德的科学和圣托马斯·阿奎那的神学。他们同样关注罪与救赎，并且对于《圣经》和早期教父都有着充分的了解。许多新教作者，如清教徒理查德·伯纳德，也会引用耶稣会士德尔里约等天主

教作者的文本。事实上，萨克森法学家贝内迪克特·卡普佐夫（Benedict
Carpzov，1595—1666年）就是这一趋势的最好例证。卡普佐夫曾担任高
级司法职务和莱比锡大学法学教授，1635年出版了《帝国之萨克森刑法新
规》（*Practica nova imperialis saxonica verum criminaliam*）。如书名所示，
该书旨在介绍在新教国家萨克森审理刑事案件的新规则，作者因此书而被
誉为"德国刑事法学之父"，名留青史。卡普佐夫的著作以先前的一部法
典为基础，论述了如何审判巫师，接近于主张将巫术视为一种特殊罪行
（crimen exceptum）。为了支持他的观点，卡普佐夫欣然引用了《女巫之
槌》和其他天主教作者的文本，包括让·博丹、彼得·宾斯费尔德、尼古
拉·雷米和德尔里约。

然而，新教和天主教的恶魔学家之间确实存在一些分歧，最明显的
分歧可能涉及恶魔附身的问题。有关恶魔可能附于人体的观念已经深入
人心，尤其是如前文所述，《新约》中多次提到基督驱除恶魔，并记
述了耶稣如何指示他的门徒以及后来的追随者赶走恶魔（《马太福音》
10：1，8）。根据《新约》的精神，中世纪的教会形成了驱魔的仪式，作
为一种应对恶魔附身的方法。然而，宗教改革后新教徒摒弃了天主教的许
多信仰活动，驱魔仪式便是其中一种。

事实上，在15世纪，驱魔受到的怀疑愈加强烈。此类活动在民间已经
带有某种魔法的意味，并且开始为所谓"名人驱魔师"的出现做好铺垫。
新教徒摈斥这种仪式，认为这是一种不正确的信仰活动，与许多天主教仪
式一样似乎具有魔法色彩，并且可能被认为是向全能的上帝提出不合理的
要求。新教徒遵从《圣经》的教诲，即可以通过祷告和斋戒召唤某些精
灵，借助这种手段去尝试帮助受苦受难的人。然而，大部分人可能认为天
主教的解决之道更加有吸引力，16世纪后半叶德国奥格斯堡（Augsburg）
出现的情况便是例证。该城市在宗教上一分为二，借助精妙的机制来维
持路德宗和天主教信众之间的相互宽容。然而16世纪60年代，反改革的
天主教借助一系列颇具影响的驱魔活动在这个城市取得了显著的优势。

于是，伦敦主教的牧师、未来的约克大主教塞缪尔·哈斯内特（Samuel Harsnett）在1603年出版了一本著作，质疑英格兰耶稣会士从事的驱魔活动，但他也不得不承认，他所谴责的行为吸引了4000人皈依罗马天主教。然而，新教恶魔学家仍然坚决反对驱魔。威廉·珀金斯认为，天主教徒的驱魔尝试"只是一种召灵"，虽然基督给予使徒这一能力，"却没有把这当作一种平凡的禀赋留给上帝的教会"。

新教和天主教思想的另一个主要的分歧在于对安息日集会的态度。虽然一些新教恶魔学家确实讨论了这一主题，但是总的来说他们没有像天主教恶魔学家那样将此视为核心问题。《圣经》中没有安息日集会的任何依据，这让新教徒尤其不安，而这个概念来源于天主教信众的颠倒幻想，新教恶魔学家显然对此不会给予同样的重视。由于巫师前往参加集会的方式颇具争议，所以新教徒更难接受安息日集会的真实存在。这方面的争论触及恶魔学的一个关键问题。所有恶魔学家，无论是天主教徒还是新教徒，都坚信撒旦或其属下的恶魔无法真正改变物质世界。要改变物质世界则必须能创造奇迹，而这是上帝独有的能力。例如，如果一个恶魔化作人形，他只是借助神秘的手段制造了一种妄想，这种行为属于奇观（mira, wonder）而非真正的奇迹（miracle）。正如威廉·珀金斯所言，只有上帝才能成功地"摧毁和改变自然"，而撒旦在近六千年中获得了大量有关自然世界的知识，但他所能做的仅是"借自然之力行非凡之举"。当然，问题在于这些"非凡之举"是否包括让女巫飞往安息日集会地，与此相关的问题是女巫亲身飞行抑或只是灵魂飞往那里，她们的身体则留在酣睡的丈夫身边。虽然德尔里约列举了一些同样对此持保留态度的天主教权威人士，但是值得注意的是，他还列举了一些认为安息日集会和巫师飞行都是妄想的人，排在最前面的自然是一些新教徒，特别是马丁·路德（Martin Luther）及其助手菲利普·梅兰希通（Philip Melanchthon）。

我们在此讨论的差异是二者所强调的重点的不同，而非完全的意见分歧。不过在这一领域中（后文提到的其他方面也是如此），相比天主教恶魔学家，新教恶魔学家更有可能认为巫师犯下的罪行是被撒旦欺骗所致，而且并不那么确信撒旦能制造奇观。

在另外两个领域，尽管我们可能看不到非常明显的分歧，但新教和天主教恶魔学家所关注的重点亦有不同。首先是关于德尔里约所抨击的大量魔法实践：新教恶魔学家对此同样进行抨击，不过可能比天主教的同行更加专注和严苛。新教教会可能比天主教会更为激烈，因为天主教会只是希望向其所控制的民众传播福音，引导他们接受教会认定的正确教义；而新教教会需要彻底消灭民间文化中的很多元素，包括民间迷信和民间魔法活动。因此，相对于天主教阵营，新教的恶魔学著作更加一以贯之地攻击乡村术士和施咒语者。这些男女在民众看来都很灵验，他们能够预卜未来，告诉女孩她们将会嫁给何人，帮助人们找回失窃的财物，提供民间医药知识，告诉那些认为自己被施了魔法的人应该如何应对。清教徒威廉·珀金斯和耶稣会士德尔里约都认为这些人的力量来自撒旦，所以应当加以铲除，不过珀金斯的论调更为严厉。在《论受诅咒的巫术技艺》（1608年）一书的结尾部分，他提醒读者"我们所指的巫师不仅是那些杀害和折磨他人的人，还包括所有的占卜者、施咒语者、杂耍者以及所有平时被称为'智慧的男人和女人'的巫师"。此外，珀金斯在这一部分还写道："所有善良的巫师，他们不作恶，只行善，不会损毁破坏，只会救助解困。"他们和邪恶巫师一样，肯定都是通过与撒旦订立契约获得了力量。"因此，死亡，"珀金斯在书的最后一句写道，"是对善良巫师公正和应有的处置。"

提及撒旦契约，这也是我们本节所要论述的最后一点。为了让欧洲的新教民众形成正确的宗教态度，需要向他们灌输有关巫术的正确观念，这些观念包含两方面相互关联的内容。首先，问题的关键在于契约，而非邪法：女巫应被处死的原因是叛教，而不是因为使用了撒旦赋予的力量去杀死牛群。其次，许多被归咎于巫术的不幸其实都反映了上帝的旨意：如果你的牛死了，这是对你罪过的惩罚，而不是邻家老妇作恶的结果。这一论点早在1539年就可见于路德宗牧师约翰·布伦茨（Johann Brenz）的布道词，当时他在帝国自由城市施韦比施哈尔（Schwäbisch Hall）牧灵。当地曾遭受剧烈的冰雹袭击，民间舆论将此归咎于巫术。

1557年，布伦茨发表了《冰雹布道词》（*Homilia de grandine*），指出导致自然灾害和个人不幸的原因并非巫师，而是神，祂借此惩罚有罪的人并考验信徒的信仰。布伦茨的基本立场可能与马丁·路德一致，即虽然订立恶魔契约属于叛教并且应当处以死刑，但是巫师并没有能力去实施那些被归咎于他们的伤害，因此民间大部分有关巫师的说法都是毫无根据的迷信。与路德一样，布伦茨担心赋予撒旦和巫师过多的力量，这本身就是一种叛教，违反了十诫的第一条。我们或许可以感到，在这种对于神意的极端信仰和对撒旦的边缘化之中，某种理论在不知不觉中逐步确立，巫术信仰将会因此被完全摒弃。

恶魔学的衰落

正如亨利·印斯提托里斯和乌尔里希·莫利托的作品所示，围绕巫术一直存在着观点的分歧。进入17世纪以来，人们开始越发怀疑巫术的真实性。到18世纪中叶，这种质疑在西欧和中欧的许多地方成为主流的思潮。1600年，大部分受过教育的欧洲人，无论他们对于巫术持何种立场，至少都会明白马丁·德尔里约的担忧是有根据的。而到1750年，认同德尔里约观点的人已寥寥无几，此时恶魔学作为一门科学已经开始走向消亡，这一过程背后的原因十分复杂且充满争议。其中一个可能的原因是资深的法官们越来越怀疑巫师审判的程序，乃至审判本身的可能性或必要性。17世纪30年代，受理法国北部三分之二地区上诉案件的巴黎高等法院（Parlement of Paris）常会推翻巫术案件的死刑判决，其理由是省级法院的法官不了解巫术案件的正规法律程序。正如前文所述，波尔多高等法院的法官们对于德·朗克尔所做的巫术判决也采取了同样的态度。

　　这一时代在思想领域也出现了一系列变化，即所谓"17世纪科学革命"，1637年勒内·笛卡儿（René Descartes）《方法谈》（*Discourse on Method*）的出版揭开了这场变革的帷幕。笛卡儿的机械论哲学和后来的自然哲学家没有给神秘学，尤其是巫师，留下太多空间。科学革命的性质和影响都曾受到质疑，但是显而易见——无论有多么片面和不完美，一种新的宇宙观已经在崛起。同样，基督教也逐渐趋于平和，尽管仍有局限，但不再笃信撒旦能够干预人类的日常生活。此外，大众和精英文化之间的鸿沟日渐扩大，因此受过良好教育的欧洲富裕阶层越来越将巫术指控和巫术信仰与无知的农民阶层联系起来。势利、虚荣的态度可能是推动精英阶层放弃巫术信仰的强大力量。

　　这种情况在德尔里约写作的时代还不明显，老式的恶魔学框架直到18世纪初才失去权威，显然怀疑论力量的发展过程一度举步维艰。事实上，有两部著作通常被视为怀疑论的开山之作，而其作者依然坚持在恶魔学原有的体系下研究。第一部著作是约翰·韦耶（Johann Weyer）于1563年发表的《论恶魔之伎俩》（*De praestigiis daemonum*）。韦耶（1515—1588年）曾在巴黎学习医学，自1550年起担任克莱沃-于利希（Cleves-Jülich）公爵威廉五世（William V）的医生。当地较少进行巫师审判，公爵似乎在宗教方面较为宽容，不太可能倡导猎巫。韦耶认同许多恶魔学家的观点。例如，他对有关魔法的民间信仰非常敌视，并且完全坚信撒旦的力量。事实上，他可能比同时代的许多作者更倾向于认为撒旦拥有强大的力量，并且认为只有上帝的旨意才能阻止撒旦力量的膨胀。然而，韦耶从这一观点中得出的结论是，巫师通常贫穷而羸弱，或者患有当时人们所说的"忧郁症"（melancholia，这种精神疾病类似于现代意义上的抑郁症），他们在撒旦的欺骗下以为自己可以实施不可能的行动。他认为，此类巫师多为女性，应当被判无罪。韦耶被视为一种现代主义的力量：弗洛伊德认为他是现代精神病学家的先驱，成为后人追随的榜样。然而需要指出的是，正如他有关恶魔的观点所示，他仍然在既有的恶魔学框架下研究，而有趣之处在于，他认为魔法师因为与撒旦订立契约，所以应当受到惩罚。他的著作在问世后的20年间多次再版，包括6个拉丁文版本、3个法文版本、2个德文版本，此外1577年还出版了一个面向大众读者的缩写版——《论女巫》（De lamiis）。韦耶经常遭到后世恶魔学作者的恶评，他对于巫术的宽容论调尤其受到攻击。

另外一位被错误地称为"现代理性主义先驱"的作者是雷金纳德·斯科特（约1538—1599年）。他是生活在英格兰肯特郡（Kent）的一位绅士，在1584年出版了一本极具怀疑论色彩的书——《巫术的发现》（The Discoverie of Witchcraft）。该书全面批判了巫术信仰，激烈地抨击天主教有关巫术的书籍（尤其是《女巫之槌》）是教皇党人的谬误之作，并且指出女巫的供词只是"糊涂老妇的'忧郁'幻想"。然而，斯科特并非一位阴差阳错地出现在英格兰伊丽莎白女王时代的某种"现代"思想家。他对于巫术的两个主要反对意见深深植根于当时知识分子的话语体系之中。首先，他采取了一种极端的新教观点，认为神的旨意至关重要而撒旦在日常事务中相对次要，同时他也承认被归咎于巫术的大多数灾祸其实都是神旨的结果。其次，斯科特采纳了这一时期怀疑论者的另一条思路，《圣经》中涉及巫师和巫术的一些段落被用作猎巫的依据，而斯科特认为这些引文其实都是误译。

恶魔学家们经常思考《圣经》中描述的巫师与现代巫师是否相同，而斯科特对这一问题做出了否定的回答，因此对巫师存在的重要证据提出了挑战。更为极端的是，斯科特在书的一个附录《论恶魔与精灵》（A Discourse upon Divels and Spirits）中虽然承认恶魔和其他精灵的存在，但是否定他们可与人类互动。既然这种互动的可能性是构成整个巫术体系的根本基石，斯科特便是否定了巫术的核心本质。斯科特的书在欧洲大陆并不广为人知（当时通晓英文的人仍然不多），但是该书充分证明在"科学"的时代到来之前，早已有人形成并坚持怀疑论的观点。

后来陆续又有一些怀疑论著作出版，但是很少像斯科特的书一样激进。1631年，耶稣会士弗里德里希·施佩（Friedrich Spee，1591—1635年）出版了《公诉人须知》（Cautio criminalis），作者是在目睹了德国当时大规模的审判之后根据个人经验写下此书的。书中没有表达施佩对于猎巫可能持有的任何总体的反对意见，但是激烈抨击了巫师审判中的极端酷刑等违规行为。另一位对巫师审判和某些恶魔学断言表示怀疑的德国作者是耶稣会士亚当·坦纳（Adam Tanner，1572—1632年）。虽然坦纳未曾撰写完整书籍讨论这些问题，但是他的疑虑很有可能产生了一定影响：施佩肯定从中得到了启发。1653年，另一位肯特郡的绅士撰写了一本审慎但坚决的怀疑论著作。君权神授的辩护者罗伯特·菲尔墨（Robert Filmer）爵士最著名的作品是《父权制》（Patriarcha），他在1653年出版了《致英格兰巫师案件陪审团成员的警示》（An Advertisement to the Jury-Men of England touching Witches）。

该书抨击了《圣经》某些段落的误译问题，并且关注威廉·珀金斯和让·博丹的著作。菲尔墨批判了珀金斯的恶魔契约概念，指出这一恶魔学教义的核心成分缺乏《圣经》的支撑（这是恶魔学家们一直存在的问题）。作为一名经验丰富的太平绅士，他也批判了博丹有关在法庭上如何证明巫术罪行的建议。他一一驳斥了所有论点，运用归谬法得出了结论：只有在撒旦出庭并提供不利证据的情况下，巫师才能被判有罪。

尽管有这些怀疑性的作品（我们还需记住，针对猎巫恶魔学框架的怀疑论从未消失），但仍有一些为恶魔学辩护的著作出版，重申当时已经完全确立的恶魔学理论。事实上，在英语世界，人们试图实现一种新的调和，既维持巫师和精灵信仰，又倡导新的自然哲学——传统上认为后者为科学革命开辟了道路。约瑟夫·格兰威尔（Joseph Glanvill，1636—1680年）是一个关键人物，他于1681年出版的《战胜撒都该人：有关巫师和精灵的完整直接证据》（Saducismus triumphatus: or, Full and plain evidence concerning witches and apparitions）及其早期版本旨在反驳对巫师和灵界的怀疑，作者认为这种论调日益流行，具有鼓励无神论的危险。这部著作汇集了有关巫师、骚灵（poltergeist）等神秘现象的第一手资料。格兰威尔是皇家学会的成员，完全认同当时的科学思维，试图借助科学思维和实验方法来证明灵界的存在。他的书直至18世纪仍然流行，这说明他的观点得到了广泛的支持。或许令人意外的是，推动1692年塞勒姆巫师审判的著名教士科顿·马瑟（Cotton Mather）也将巫术与科学联系起来。马瑟撰写了约400部作品，其中最具影响力的可能是1689年的《难忘天意：关于巫术和附身》（*Memorable Providences, relating to Witchcrafts and Possessions*）和为塞勒姆审判辩护的《无形世界的奇观》，值得注意的是后者受到了威廉·珀金斯、约瑟夫·格兰威尔及其同事亨利·摩尔（Henry More）作品的启发。然而马瑟并非守旧的偏执狂，他熟悉笛卡儿等唯物主义哲学家的著作，也是皇家学会的成员，他在自己最为重要的科学著作《基督教哲学家：自然界的最佳发现与宗教改进汇编》（1721年）中赞扬了艾萨克·牛顿（Isaac Newton）的工作。事实证明，恶魔学的理念实际上比任何展现巫术信仰衰落的简单模型所描述的都更经久不衰、与时俱进。

然而，这些理念在17世纪和18世纪之交受到了强烈的挑战。例如在1691年至1693年，荷兰归正宗牧师巴尔塔萨·贝克（Balthasar Bekker）陆续出版完成一部更为重要的怀疑论著作《魔法世界》（*De betoverde Weereld*）。贝克（1634—1698年）先后在不同地方担任牧师，1680年被派往阿姆斯特丹。

他关注巫术和相关问题，特别是撒旦和灵界的真实性。作为思想家，贝克也对《圣经》的翻译和解释感到担忧，而笛卡儿在尼德兰的影响日渐增强，贝克出于对其思想的兴趣，亦从神学的角度对当时的奥义魔法信仰感到忧虑。贝克的书共分四卷，内容繁复，但是他最终得出的主要结论可能带有笛卡儿的色彩。后者否定了物理世界与精神世界接触的可能性，因此撒旦无法影响人类；而根据贝克的解读，《圣经》也没有提供有关撒旦左右人类的理据。事实上，贝克认为《圣经》中提到的撒旦具有一种隐喻性的意义，这个词语是一般意义上的"邪恶"的同义词，而不是指一个真正的实体：我们其实回到了新教的观点，即认为只要肯定撒旦真正的重要性，就是降低上帝意旨的重要性。贝克与其他作者一样，认为《圣经》中提及的"巫师"属于招摇撞骗之徒，而不是撒旦的代理人。这部著作受到了荷兰归正宗教会（Dutch Reformed Church）的严厉审查，贝克则被剥夺神职并禁止参加归正宗的圣餐仪式。然而，该书多次以荷兰文再版，并且被译为英文和德文。

恶魔学的另外一位主要批评者是德国思想家克里斯蒂安·托马西乌斯（Christian Thomasius，1655—1728年）。托马西乌斯的父亲是哲学和修辞学教授，而他本人则成为律师和法学教授，后来在新成立的哈雷（Halle）大学任职。他对审讯中使用的酷刑和所采信的证据心存疑虑，因而在1701年出版的《论巫术罪》（*De crimine magiae*）中断然否定了巫术罪，并在1712年的《论女巫审讯程序之源流》（*Historische Untersuchung Vom Ursprung und Fortgang Des Inquisitions Processes Wieder die Hexen*）中对恶魔学教条进行了全面批判。虽然当时德语地区的猎巫行动已日渐减少，但托马西乌斯的作品仍是否定巫术存在的重要思想宣言。即便如此，巫术在18世纪仍是一个备受争议的主题。一个著名的例证是：1749年一位名叫玛利亚·雷纳塔（Maria Renata）的71岁修女在维尔茨堡（Würzburg）被当作女巫处决，耶稣会士格奥尔格·加尔（Georg Gaar）在行刑时发表的布道词中抨击那些否认女巫和魔法存在的进步知识分子，他所援引的经典观点是知识分子们的论点将会导致对上帝的否定。这一事件让巴伐利亚当局很恼火，并在欧洲引起广泛关注，甚至在意大利掀起了一场有关巫术真实性的辩论，其声浪后又波及德国和法国。由于这场辩论，巫术的理念和为此提供支撑的恶魔学体系虽有积极的辩护者，却最终被已经受思想启蒙的欧洲人彻底抛弃。恶魔学体系曾经显赫一时，而如今在人们眼中已成为一种失败而过时的思想运动，其支持者不过是一群遗老遗少。

　　恶魔学的崩解也许比邪恶巫师刻板形象的形成过程快，但也比人们预期的更缓慢、更不全面。关键在于人们很难完全放弃有关灵界真实存在、人类与恶魔接触、撒旦直接干预人类事务的信念，为此仍然需要实现重大的思想突破。正如前文所述，这一突破的推手可能是无神论者对社会的秩序的颠覆。邪恶巫师概念的消解一同其形成，也是一个日积月累的过程：巫师审判程序引发的疑虑日益加剧；新教牧师焦虑的是如何将神的旨意纳入恶魔学家赋予撒旦的角色之中；学者们感到困扰的是通常译为"巫师"的希伯来文词语应当如何翻译，恶魔契约和巫师安息日集会失去《圣经》中的理据支持会有何影响。

　　在笛卡儿和牛顿思想开始流行的背景下，基督教缓慢地转向一种更理性的路径，而事实证明法官们不愿在巫师审判中定罪，这些疑虑可能成为一种共识，这意味着恶魔学和恶魔学家的假设前提将被否定。然而我们仍需注意，恶魔学体系是持久、灵活（无论这对于现代的观察者来说有多么陌生）而复杂的，在学术上充满挑战。我们需要在恶魔学的假设前提下去理解这一体系，而不是仅仅将其视为某种思想上的大规模的恶性"错误转向"。

第四章

巫师审判

丽塔·沃尔特默

什么是巫师审判（witch trial）？简而言之，这是一种司法程序，用于惩罚被指控实施巫术（witchcraft）、邪术（sorcery）和魔法（magic）犯罪的人，对于男性和女性同样适用。然而，给有着漫长历史背景的事物下定义通常并非易事。譬如在欧洲，从15世纪早期到18世纪晚期的猎巫时代，人们需要区分与生俱来的魔法能力与撒旦按照契约赋予巫师的神秘巫术力量。在不同的语言中，其定义也存在差异。在德文的审判记录、手册和报道中，"Zauberei"一词可以用于各类善意魔法（beneficia）和恶意魔法（maleficia），可能涉及或不涉及明确的撒旦契约。德文中的"Hexerei"（巫术）一词在15世纪初之前尚不存在，即使在16世纪末神圣罗马帝国西部地区的大规模迫害期间，邪恶巫术仍被称为"Zauberei"。英文中的"sorcerer"（男巫）更类似于德文中的"Magier"，即施行奥义仪式或自然魔法的魔法师。

如果我们研究一下欧洲（和欧洲以外）的不同地方语言中表示魔法、邪术和巫术的词语，就可以发现类似的相互矛盾之处。因此，在欧洲各国及其殖民地受到审判的"巫师"有着各种各样的身份。儿童、青少年、成年人、老年人、男人和女人、普通百姓和精英人士、司法官员、天主教神父和新教牧师都有可能被指控为巫师,受到审判并被处决。通常,巫师被想象成社区内部的敌人。巫师可以是妻子或丈夫、孩子、家人、用人或邻居。此外,巫师也可能是外来的敌人,如流浪汉、乞丐或吉卜赛人。在恶魔学家看来,自利、违逆、报复、仇恨、嫉妒、贪婪、好斗、淫乱都会驱使这些"巫师"投入撒旦的怀抱。一般来说,巫师代表着扰乱秩序的"他者",是对抗父权、社会、政治和宗教秩序的叛逆分子。这种涵盖一切内部和外部敌人的刻板印象非常宽泛,甚至家庭内部、农村和城市邻里之间微不足道的冲突都会被当作巫术的证据。同样,巫术的概念中混杂了人们对叛乱和阴谋的恐惧,巫术也在宗教战争和动乱中成为宗教和政治敌人的罪名。

根据政治、宗教、社会,尤其是司法背景的不同,审判时相关的诉状会列出被告者各种可疑的邪恶行为。这些恶行包括对人类和牲畜施恶意巫术,哺育貌似宠物的恶魔("魔宠",familiar),用邪恶咒语制造风暴和冰雹,变身(shape shifting),夜间在空中飞行,在安息日集会上食人肉并与恶魔交媾。经年累月形成的邪恶巫术概念包括五个核心要素:撒旦契约、与撒旦性交、巫师飞行、安息日集会、邪恶魔法(maleficium)。

在巫师审判的被告者中,女性的数量超过男性。在近代早期的欧洲和新英格兰,总体比例是女性为75%~80%,男性为20%~25%,不过这一数字掩盖了巨大的差异性。女性在巫师审判受害者中的比例变化范围很大,不论在时间上(不同时期的猎巫行动间的比较)还是在地域上(不同地区的猎巫行动间的比较)都是如此。在诺曼底(Normandy)、沃州(Pays de Vaud)、芬兰、爱沙尼亚、冰岛、俄罗斯等地区,男性受害者多于女性。关于女性受害者总体上多于男性的原因,存在很多争议,没有一个简单明确的答案。

巫师审判形式多样,从单独案件到大规模诉讼,在欧洲大陆、斯堪的纳维亚、不列颠群岛以及大西洋彼岸殖民地的多种法律体系下都有开展。此外，巫师审判的基础是众多地方性和社会性的民间和奥义巫术信仰体系，其中牵涉的一些理念来源于有关权威、两性、家庭、母亲身份的政治、神学和社会争论。巫师审判这一现象并非主要发生于农村。巴黎、伦敦或马德里等大城市虽然很少出现巫师审判，但是魔法信仰体系（包括巫术）、魔法亚文化以及魔法服务的"市场"在大城市的社会环境中无所不在。不过在神圣罗马帝国的中小城市〔如莱姆戈（Lemgo）、奥斯纳布吕克（Osnabrück）、明登（Minden）、罗特韦尔（Rottweil）〕，则发生了惨烈的猎巫行动。城市巫师审判发生的背景是各种政治权斗，其中既有内忧也有外患。关于孤立审判、关联审判和猎巫行动如何区分，迄今尚没有通用的分类标准。历史学家布莱恩·莱瓦克（Brian P. Levack）的分类包括个人起诉（小规模猎巫，一次至多3名受害者）、中规模猎巫（5～10名被告的关联审判）和大规模猎巫（10起以上，甚至数百起关联审判）。沃尔夫冈·贝林格（Wolfgang Behringer）根据他对巴伐利亚审判的研究，并参考了此前威廉·蒙特（William Monter）对法国和瑞士的研究及H. C. 埃里克·米德尔福特（H. C. Erik Midelfort）对近代早期德国的研究建议将巫师审判分为四个类别：单独巫师审判（最多3人被处决）；恐慌审判（4～9人被处决）；大规模猎巫（在短时间内10～19人被处决）；巫师迫害（一个地方在一年内处决超过20人）。选择何种分类系统，这完全取决于个人的偏好。

"猎巫狂潮"（witch craze）一词在早期的巫术史研究中被广泛使用，而如今大多数历史学家则避而不用。这个词暗含的意思是，参与审判的普通百姓和精英分子之所以要给巫师们扣帽子，驱逐、告发、起诉、判决乃至处死他们，是因为他们处于恐慌、妄想以及某种无法解释的短暂癫狂状态。针对巫术的威胁，信徒和猎巫者分别有自己的策略。在这一背景下，他们都以头脑清醒而合乎逻辑的方式采取行动。信仰巫术、承认邪法及邪恶巫术的存在，指控邻人是上帝的邪恶敌人，并且迫使他们经受危及生命的审判，这一切并非仅仅出于恐惧，也源自教条主义、狂热、偏执和可耻的私利。

尤其是德文中对应"猎巫狂潮"的"Hexenwahn"一词在意识形态

方面被错误地使用，在19世纪新教和天主教学者由于政治因素导致的冲突中，这个词要么被用来诋毁天主教会宣扬"迷信"，要么用来指责新教改革派对近代早期的巫师迫害负有责任。与之类似，"巫师恐慌"（witch panic）暗指整个社区、地区乃至国家受到针对巫师的恐慌心理和行动驱使，因此这一提法同样存在问题。不过，作为属于所谓"道德恐慌"的猎巫行动在弗兰肯地区（Franconia）的主教区曾有发生。一般而言，"猎巫"一词所指的是各种迫害巫师的事实，无论是合法审判还是私刑处死，都包含着积极搜捕作恶者的过程。"猎巫"确实只应用于大批嫌犯受到起诉的情形。

全球性的研究范式无法涵盖语言、宗教、文化、经济和政治对地方、地区和领地境内巫师审判的各种影响。然而，单独研究英格兰、法国、苏格兰、德国或俄罗斯巫师迫害的纯国别性范式也不一定具有普遍性。某些新教地区，如北尼德兰、英格兰和斯堪的纳维亚诸王国，巫师审判的数量基本属于中等水平，而信仰新教的苏格兰则发生了欧洲北部边缘地区最惨烈的猎巫行动。信仰天主教的爱尔兰在很大程度上未受巫师审判的波及，而神圣罗马帝国南部和西部的教会领地内却发生了大规模的猎巫行动。信仰东正教的俄罗斯在17世纪起诉了490名巫师，这与18世纪的数字大致持平。不过当地处决的人数不多，则有可能意味着当局更多地采取了其他严厉的刑罚（殴打、断肢、流放）。信仰伊斯兰教的奥斯曼帝国及其欧洲领地则未曾受到猎巫的困扰。大规模的迫害主要发生在政治上支离破碎的边境地区，包括法国和西班牙交界的巴斯克地区和加泰罗尼亚（Catalonia），法国和神圣罗马帝国交界的萨伏依（Savoy）、阿尔萨斯（Alsace）、洛林（Lorraine）、卢森堡（Luxembourg）、佛兰德斯（Flanders），以及挪威和芬兰交界的芬马克郡（Finnmark）。总体而言，地中海沿岸和北欧地区的猎巫行动相对较少。然而，加泰罗尼亚（1618—1620年）、苏格兰低地（总体情况）、英格兰东部（1645—1647年）、芬马克郡（1621—1663年）和瑞典北部（1668—1676年）是显著的例外。即使在猎巫行动十分严酷的诸多地区，审判发生的次数在各地区间也是不均匀的。巫师迫害在欧洲的一些地区具有地方性，其发生次数基本稳定，而在其他地区则呈现出流行病一般的阶段性。许多地区的人们从未亲历巫师审判，但是有可能从小册子、报纸或布道词中得知其他地方发生的骇人罪行。此处再次引用历史学家布莱恩·莱瓦克的话："在近代早期的欧洲，存在着不止一个巫师世界。"

巫师审判：起诉的原因

在过去的一个世纪里，一些历史学家试图为巫师迫害的增加找到根本性和全局性的原因。例如有学者提出，由于16—17世纪低温时期或"小冰河期"出现了极端天气和作物歉收的情况，人们普遍担心撒旦及其下属的巫师是罪魁祸首。

表1 欧洲王国／领地的巫师审判（部分）

王国／领地	附属王国／领地	审判期／主要阶段	审判（可包括多名被告人）（人）	处决（人）
丹麦		1609—1687年	494（仅日德兰）	
冰岛	属于丹麦王国	1593—1720年	128	22
挪威	同上	1601—1670年	约780	约310
英格兰		1563—1712年		400～500
爱尔兰	属于英格兰		9	最多4人

续表

王国／领地	附属王国／领地	审判期／主要阶段	审判 （可包括多名被告人） （人）	处决 （人）
苏格兰		1563年—17世纪初		约2500
爱沙尼亚		1520—1725年	205	55
法国		1570—1670年	总数未知，王国部分 地区多见私刑	400～1000
多菲内	法国的一部分	1425年—16世纪初	287	约230
勃艮第	同上	1470—1664年	数百	不超过50
诺曼底	同上	16—17世纪	约400	约100
利沃尼亚， 大公国		15—18世纪		50
尼德兰 （北部）		约1500—1608年		约200
波兰		1511—1608年		约2000
俄国		17—18世纪	650～1000	很少
瑞典		1550—1750年		约400
芬兰	瑞典王国的 一部分	1520—1750年	约2000	75

因此，环境危机在仅仅几十年或一二百年的时间内导致了一系列相互关联、严酷惨烈的巫师审判，许多人因此遭受酷刑甚至被处决。然而，并非在欧洲所有地方都能找到猎巫行动与恶劣天气、作物歉收或经济危机所造成的灾祸之间的关联——例如在英格兰、芬兰、匈牙利、俄国等大多数欧洲边缘地带，大规模的猎巫行动，其中针对魔法和邪术的单独审判占大多数。

表2　西班牙、法国、神圣罗马帝国和丹麦边境地区和领地的巫师审判

领地／地区	隶属关系的改变	主要时间阶段	审判（人）	处决（人）
巴斯克地区／纳瓦拉（地区）	分属法国和西班牙	1610—1612年		约120
巴尔，公国	神圣罗马帝国／洛林公国／法国	1580—1630年		约250
洛林，公国	神圣罗马帝国／法国	1570—1630年	约2000	约1400
阿尔萨斯（地区）	神圣罗马帝国／法国	1570—1630年		约1000
弗朗什-孔泰	西班牙哈布斯堡王朝行省／法国	1500—1680年	约870	约480
萨伏依，公国	神圣罗马帝国／法国	1560—1674年	超过2000	超过800
瑞士	神圣罗马帝国（至1648年）	1420—1782年	约5000	约3500
石勒苏益格-荷尔斯泰因，公国	丹麦／神圣罗马帝国	1530—1735年	852	超过600

表3　政治上依附于哈布斯堡王朝的王国和领地

领地／地区	王国／联盟／地区	主要时间阶段	审判（可能涉及多名被告）（人）	处决（人）
阿图瓦，伯国	尼德兰（南部）／西班牙哈布斯堡王朝行省	1450—1685年		约47
布拉班特，公国	同上	1450—1685年		88
佛兰德斯，伯国	同上	1450—1685年		202
埃诺，伯国	同上	1450—1685年		28

续表

领地/地区	王国/联盟/地区	主要时间阶段	审判（可能涉及多名被告）（人）	处决（人）
卢森堡，公国	同上	1560—1683年	约3000	约2000
那慕尔，伯国	同上	1450—1685年		144
鲁尔蒙德	同上	1450—1685年		超过64
前奥地利和奥地利施瓦本	奥地利世袭领地	1479—1751年	1100	880
蒂罗尔，伯国	同上	1530—1720年	约250	72
波希米亚，王国		15—18世纪		约800
摩拉维亚，藩侯国	波希米亚王室领地	1678—1696年		约300
西里西亚（地区）	同上			593
匈牙利，王国（部分被奥斯曼帝国占领至约1700年）		1526—1800年	约4000	约1100

表4　神圣罗马帝国境内的巫师审判（部分）

领地/城邦/采邑主教区	时期	主要时间阶段	起诉/指控（人）	已知处决（人）
奥格斯堡，主教区，藩侯国	1575—1745年	1586—1592年		约200
巴登-巴登采邑主教区	1560—1631年	1560—1580年，1625—1631年		275
班贝格，采邑主教区	1595—1630年	1626—1630年		约1000
巴伐利亚，公国	15世纪—1756年	1589—1591年	约1500	少于200

领地／城邦／采邑主教区	时期	主要时间阶段	起诉／指控（人）	已知处决（人）
艾希施泰特，采邑主教区	1590—1631年	1590—1592年，1603年，1617—1631年		279～400
埃尔旺根，采邑隐修院	1588—1618年	1588年，1611—1618年		约450
富尔达，采邑隐修院		1603—1606年		239
黑森（地区）	16世纪—1739年	1626—1630年		约1750
科隆，选侯国	15世纪—1650年			超过2000
利珀，侯国（包括莱姆戈市）		1550—1686年		超过300
美因茨，选侯国	1511—1684年	1593—1630年		约2000
曼德沙伊德，伯国（凯尔，布兰肯海姆，盖罗尔施泰因）		1580—1638年		超过300
梅克伦堡，（什未林，居斯特罗公国）	1560—1700年	1599—1614年，1661—1675年	4000	2000
梅根特海姆，条顿骑士团领地		1590—1631年	584	387
波美拉尼亚（西），公国	1570—1710年		1000	约600
萨克森，选侯国	1407—1766年	1610—1630年，1655—1665年	约900	约300
圣马克西敏，皇家修道院	1572—1641年	1586—1596年		约500
特里尔，选侯国	约1480—1633年	1590年前后		约1000
维尔茨堡，采邑主教区		1616/1617年，1625—1630年		超过1200

巫师审判有着许多不同的动因。近期巫术研究者们承认，巫师审判不能以单一的动因来解释。如果我们采取单维度的视角，便无法充分地关注欧洲及其殖民地在地理和地域、宗教、语言、文化、政治和经济方面的差异。魔法和巫术信仰并非当时唯一可以解释和应对伤害或苦难的体系。我们需要区分有关邪术、魔法和巫术的单独审判与涉及猎巫的关联审判，后者主要针对秘密巫师团伙这一群体组织。在天主教的语境下，人们把巫师团伙称为"异端邪教"，相信巫师们充当撒旦的仆从并在安息日举行集会。如果我们在地方刑事诉讼的整体范式框架下进行考察，便能够更好地分析孤立的审判。例如，巫术诽谤诉讼有助于我们了解民间的巫术信仰，但是不应与邪恶巫术的刑事指控相混淆。

猎巫行动有哪些构成要素？16世纪末，特里尔（Trier）城附近的圣马克西敏（St Maximin）皇家修道院开展了严酷的巫师审判，其惨烈程度在欧洲范围内可谓"登峰造极"（1586—1596年约400人被处决，即当地约20%的居民丧命）。这一时期，特里尔选侯国共处决了约1000人。这两个地方都属于德国西部的特里尔大主教区。与之类似，17世纪上半叶，在弗兰肯地区的班贝格（Bamberg）、艾希施泰特（Eichstätt）、维尔茨堡（Würzburg）采邑主教区和埃尔旺根（Ellwangen）皇家修道院，大约3000人被指控为巫师并被处死。摩泽尔（Moselle）以及弗兰肯地区形成了一种迫害的氛围，被告因此很难逃脱惩处。在特里尔选侯国和圣马克西敏皇家修道院，有组织的平民团体在猎巫行动中起到了推波助澜的作用。在弗兰肯，当权人士面对民众的压力，精心策划了迫害巫师的行动。不过，我们可以发现其中的相似之处：在这些地方，邪恶巫术都被界定为一种特殊的罪行（crimen exceptum），对此需要采取纠问式（inquisitional）的审讯程序，包括用酷刑迫使被告供认同伙的名单。此外，政治利益的作用同样至关重要。统治弗兰肯教会领地的领主是狂热的天主教徒，受到耶稣会士的教导和支持，笃信后特利腾（post-Tridentine）天主教教义。

为了净化自己的国土以建立虔诚之国，他们向上帝的敌人们宣战——巫师、通奸犯、异见分子，以及人们眼中那些扰乱秩序的"异己"，所有这些人都应该受到最大限度的法律制裁。在特里尔大主教区和弗兰肯地区，彼得·宾斯费尔德、弗里德里希·福尔纳（Friedrich Förner）等副主教带着对宗教的狂热撰写反巫术的手册，普及邪恶巫术以及巫师安息日集会的概念。在这两个地区，一些野心勃勃的人主导着审理巫术案件的世俗法庭，他们企图以宗教热情的名义获取社会声望、经济利益以及权力。类似因素在开展猎巫行动的新教地区同样存在，如梅克伦堡-什未林（Mecklenburg-Schwerin）大公国。

若要解释猎巫行动为何会发生，我们必须探寻一系列因素，而这些因素大多需要彼此交织才会引发严酷的猎巫行动。我们通常可以发现的背景因素包括社会、经济、政治和／或宗教的危机，或是即将发生的诸多危机（例如小冰河期的影响、瘟疫、宗教改革与反改革造成的危险局面）造成的恐慌，以及政治冲突和战争（如1562—1598年法国的宗教战争、1618—1648年的三十年战争和1642—1651年英国的内战）。这些因素营造出一种气氛，让人们相信有一些作恶的巫师不仅会单独施邪法，还会合力召唤暴风雨，或者密谋颠覆政权。众多地方百姓和统治精英，无论是否受过教育，都接受了一种观念：巫师是撒旦的仆从，他们带来的危险迫在眉睫。为了鼓动猎巫，则必须让人们想象邪恶的巫师们结成了秘密的犯罪团伙实施破坏，并在安息日等时节组织集会。这一集体性的要素在恶魔学理论的推动下进一步得到强化。

居民个人和群体通常十分热衷于搜寻、检举、控告社区内部的巫师嫌犯。村民和市民都全面参与指认、驱逐乃至铲除街坊邻居中的嫌犯。最有战斗力的地方猎巫组织是神圣罗马帝国西部领地和卢森堡公国的猎巫委员会。这些委员会的工作是收集必要的证据，以确保嫌疑人受到审判。只有男性——包括当地的非专业陪审团成员或法庭陪审员、书记员、地主和教区牧师，才能被其所在社区任命为此类委员会的成员。民众有时需要缴纳"巫师税"，为这一工作提供资金支持。因此，委员会成为一种准制度化的猎巫机构，接手了某些行政机关特有的职权。委员会所担负的职责包括：在社区内缉捕嫌犯；前往各个处决地点，听取犯人供认罪行和同伙名单；向公证人支付报酬，获取巫术案检举书和起诉书的手写副本；将巫师嫌犯送上法庭；协助监禁和拷问嫌犯。

执达员、地方官和小领主等地方和地区司法当局的管理者往往非常愿意认可来自基层的指控。然而，即使是在基层没有对其施加强大压力的情况下，他们也完全有可能发动严酷的猎巫行动。

某些官员的猎巫热情高涨，他们认为自己可能就是邪恶巫术针对的首要目标。主持巫师审判有助于获得法律和政治权力、自主和声望。反巫术政策和对巫师施以火刑是令人"叹为观止"的权力表演。一些修道院院长、伯爵和领主通过猎巫获得了可疑的荣誉。在巫师审判过程中行使高级刑事司法权力并在审判案卷中记录相关信息，都能确证他们的自主和权威。高级领主越是质疑低级官员刑事司法方面的特权，低级官员就越拼命地维护这种权力。在城市里，地方法官也会把猎巫当作政治工具。例如，政法精英分子或群体为了加官晋爵，在起诉巫师的过程中会表现得分外积极。猎巫行动被纳入宗教、道德和政治改革的严密计划。最近关于西里西亚（Silesia），明斯特（Münster）主教区，阿尔萨斯、意大利北部、加泰罗尼亚、芬马克郡、莱姆戈、奥斯纳布吕克、明登等地区和城市以及瑞士等国家的研究都可支持一种观点：中等和小规模的司法管辖单位是欧洲猎巫行动的真正核心。

来自中央的控制或者缺失，或者不够有效，因此地方领主和司法当局在猎巫过程中拥有了更大的自由度。在地方建立的巫师审判体系中，有一些野心勃勃的专业人士参与工作，例如书记员、公证人、法官、巫师猎人和刽子手，他们都积极履行职责，从个人和社会的角度更为密切地关注猎巫，这其中有时还掺杂着经济利益，构成了一种"反巫术"的商业模式。毫无疑问，人们可以选择是否相信魔法存在，是否去搜寻巫师，指控他们施巫术，将邻人当作撒旦的仆从驱逐，是否充当证人、抄写员、牧师或告解神父，是否接受起诉状，主持巫师审判，讯问和拷打嫌犯。对于单独审判能否引发关联审判，上述选择具有决定性的影响。抄写员是审判笔录的主要"建构者"，因此他们的个人生平、社会地位和职业生涯引起了特别的关注。更进一步讲，我们需要关注审判参与者在法庭内外的表现，包括他们的教育、社会背景、人际网络，才能理解他们本人为何决定支持或反对猎巫，理解他们为了荣誉、资源、地位、权力和利益会付出怎样的个人努力。

最后，这一时代大众特殊的信息传播条件、途径和方式同样重要：地理环境、政治割据、居住密度、商旅通路、贵族家庭、官员网络，以及多明我会，尤其是耶稣会等教团。如果没有如此广泛的联系，有关巫术、巫师审判和猎巫的媒介（书籍、手册、小册子、布道词）和理念便不可能迅速传播。

巫术：酷刑的法律和影响

近代早期的许多地区和国家都颁布了反巫术法律和法令。神圣罗马帝国皇帝查理五世（Charles V）制定了《加洛林纳刑法典》（*Constitutio criminalis Carolina*，1532年），该法一直施行至1806年。

法典中有多个条款涉及巫术罪并且规定了如何对巫师嫌犯进行恰当的刑事诉讼。在程序法方面，法典融合了控诉式（accusatory）诉讼和纠问式诉讼。酷刑被界定为获取供词的必要合法手段。关于刑事诉讼中可使用的酷刑的类型和用刑时长，法典并未做出规定，而允许法庭自由裁量。对于可疑而难断的案件，法典要求地方法庭和非专业法官征询大学法学院或上级法庭专业法官的意见。地方法庭须先征得具有法学资质的上级专家小组同意，才能进行刑讯。同样，地方法庭的判决必须得到上级法庭或大学法学院的核准。因此，《加洛林纳刑法典》倡导"普通诉讼程序"

（processus ordinarius，即适用普通法律规则的刑事诉讼程序），从而建立起一个系统的、有权威的法律体系，这原本可以防止大规模的猎巫行动的发生。最重要的是，法典只规定对恶意、有害的魔法进行惩罚，完全没有提及巫师邪教（在安息日集会并与撒旦订立契约）的概念。然而，法典允许针对被告巫师的名誉及其有无参与巫师集会提出质疑，并核实他或她师从何人而学会的邪术。因此，法典为"邪恶巫术"这一新概念的逐步形成提供了可能。

此外，《加洛林纳刑法典》包含保留条款（clausula salvatoria），允许帝国的众多领地、采邑和城市延续旧时的法律习俗。在法典支持下，鉴于巫术属于特殊犯罪，开展猎巫行动的地区可以针对巫术罪嫌疑人适用"特殊诉讼程序"（processus extraordinarius，即忽略普通法律规则的刑事诉讼程序）。据此可以立即起诉，拒绝合法辩护，以及使用酷刑。16世纪和17世纪，帝国多个领地颁布了有关巫师审判程序的新法律。信奉新教的萨克森在1572年和信奉天主教的巴伐利亚在1611年／1612年都颁布了此类巫术法律，当地的领主和司法官僚试图以此建立全面的标准，规定司法审判的正确程序。这一做法十分有利于谣言、流言和诽谤案件的处理，并可以借此明确界定巫术、邪术、魔法、通灵术、占卜术等魔法犯罪。同时，新法律规定没收巫师罪犯的财产，这也为巫师审判提供了资金保障。

据我们所知，在英格兰，亨利八世（Henry VIII）颁布的第一部《巫术和符咒法令》（*Witchcraft and Conjuration Act*，1542年）从未付诸实施，在1547年被废止。然而1563年伊丽莎白一世在位期间颁布了一项新的法令，巫术罪从此被定为重罪。因此，除了少数例外情况，死刑犯人都会被施以绞刑。借助邪术（maleficium）杀人的罪犯会自动被判处死刑。

施恶意魔法造成伤害的人会被判处一年监禁和四次颈手枷（pillory）刑。已被定罪的人，如再次被指控，将被处以死刑。施无害魔法的巫师如系初次犯罪，将被判处一年监禁和四次颈手枷刑，如再次犯罪则将处以终身监禁并没收全部财产。1581年颁布的法令规定，任何借助秘术和巫术而进行的针对女王统治的预言和占卜行为都应被处以死刑。在西班牙无敌舰队（Spanish Armada）之役前夕，人们对阴谋危害君主、王国以及人畜安全的恐惧十分普遍。

1563年的巫术法令和《加洛林纳刑法典》类似，没有对参加安息日集会、与撒旦订立契约等的邪恶巫术做出明文规定。然而在1604年，英格兰和苏格兰的新国王詹姆士一世颁布了一项更为严苛的法令，初次犯罪即可判处死刑。这一规定不仅针对谋杀，甚至适用于人身伤害，或者施巫术挥霍、毁坏、侵害他人财产的行为。如果再次触犯任何巫术罪行，也可判处死刑。此外，法令涵盖了邪恶巫术的神秘仪式，规定"出于任何意图或目的而与任何恶魔和邪灵发生的咨询、契约、雇佣、豢养、酬赏行为"都应处以极刑。法令还间接提及"魔宠"或"小恶魔"（imps）。当时人们相信魔宠是巫师得力而邪恶的助手，巫师用自己身体隐秘部位泌出的血喂养魔宠。同样，与精灵沟通以及用尸体的器官施魔法也被定为死罪。1563年，苏格兰也颁布了一项巫术法令，从此"巫术、邪术和通灵术"被认定为异教、教皇和谬误的"迷信"，应受到刑事制裁，任何邪术和巫术都被视为对神的法律和新建立的苏格兰归正宗教会的悖逆。因此，任何施所谓"超自然法术"以及求助于女巫、男巫或魔法师的人都将被判处死刑。由此可见，巫术和教皇迷信以及针对在位君主的叛国行为三者密切相关，被视为构成一种阴谋。叛国这一要素在1590—1591年臭名昭著的北伯立克猎巫行动中尤为凸显。

欧洲的一些巫术法律早在猎巫高潮到来之前就已制定。在西属尼德兰，西班牙国王腓力二世（Philip II）于1592年颁布了一项法令，要求对巫术、邪术、异端、奥义和仪式魔法、占星术和占卜术进行严厉打击，绝不姑息，因此该法针对所有涉嫌从事魔法的人员。不过西班牙国王显然不太可能知道在他的王国中，猎巫行动已经如火如荼。尤其在卢森堡，当地百姓和小领主控制的司法当局展开了惨烈的猎巫行动。当地的省政府非但没有谴责巫术信仰，还在1563年至1629年颁布了多项法令，试图强化对巫术刑事诉讼的控制，从而限制其管辖下的各个自治领主行事的自由度。

当然，反巫术法律的出台并非猎巫行动发生次数增加的唯一前奏。然而这些法律清晰地表明巫术罪这一新现象给精英人士带来了焦虑，而对巫术所涉及的阴谋的恐惧则让他们更加忧心忡忡。

欧洲各地的司法程序相差很大，大部分的巫师审判是在世俗刑事法庭上进行的。然而在15世纪和16世纪早期，方济各会和多明我会的巡回裁判官在所属教团的地方权力网络下，在瑞士、勃艮第、卢森堡和意大利也开展了一些巫师审判。在西班牙、葡萄牙和教皇国，常设的宗教裁判所审理涉嫌巫术的案件，但是针对巫术的死刑判决非常罕见。纠问式刑事诉讼程序是在12世纪末和13世纪时由宗教裁判官和教廷所"创立"的，用于审讯教会内部的犯罪分子和异端组织。

从15世纪末开始，欧洲大陆的世俗刑事法庭越来越多地采用纠问式程序和罗马法系的刑法典。因此，一种新型的纠问式程序发展起来。人们认为，这将提高刑事司法体系的准确性。当时的刑事诉讼仍然充斥着中世纪的控诉式程序要素，包括神明审判（ordeal）、地方习俗、非专业法官、言词原则（orality）、专断性（arbitrariness）。

从控诉式到纠问式刑事诉讼的转变为控告者和被告者都带来了显著的变化。纠问制的特点体现在数个原则之中。法官等官员根据骇人听闻的传言、犯罪行为的目击证词或者个人的指控，针对嫌疑人启动刑事诉讼。法官询问证人和被告，搜寻犯罪行为的证据。这种询问是秘密进行的，证词需要留存书面记录。由于罗马法将酷刑界定为获取重罪嫌疑人供词的有效司法手段，因而随着纠问式程序的实施，刑讯成为整个刑事司法体系的关键要素，特别是在涉及死罪的情形下，不过只有在充分考察定罪证据之后才能使用酷刑。

然而在审理巫术罪案件时，法庭很难获得明确的证据（例如，两名目击证人）。因此，法庭允许采取一些值得商榷的法律手段获取证据，例如对巫师嫌犯施"浸水刑"（swimming）或"针刺刑"（pricking）。浸水刑是一种主要在水中进行的神明审判。巫师嫌犯被投入池塘或河水中，如果嫌犯漂浮则说明他被上帝的洗礼水所排斥，是有罪的。针刺刑是通过扎针在巫师嫌犯的身体上搜寻没有痛感的恶魔印记。鉴于供词被视为完美的证据，酷刑似乎是获取确凿的定罪证据的绝佳手段。世俗法庭在审理邪恶巫术罪案时，审判者坚信自己是在与撒旦本人搏斗，而撒旦附在巫师体内，帮助巫师忍耐酷刑，并且阻止巫师招认自己的犯罪行为和心灵过错。在这种情况下，逼供完全被视为一种神圣的仪式化行为，带有深刻的宗教意味，混杂着酷刑、驱魔与坦白。恶魔学所描绘的法官明智、无懈可击，完全不受恶魔影响，他们获得了忏悔神父的地位，其神圣职责是规劝被告巫师幡然悔悟并且招认自身罪行。巫师只有在充分的忏悔之后，才有可能治愈受伤的灵魂并重新拥有基督信仰。为了摆脱恶魔的控制，被告巫师需要解除与恶魔的联系，如需接受驱魔，除去自己的衣服换上新的圣衣，清洗衣物，饮下圣水，焚香熏蒸。如果无法让不思悔改的巫师开口招供，就要剃除或烧掉其全部毛发，以便行刑官在其全身查找隐藏的护身符和撒旦的印记。

这些侮辱性的做法尽管并不构成法律意义上的酷刑，但是确实能够羞辱被告，让他们失去判断能力，最终彻底崩溃。不过，我们不应试图为各种令人发指的肉刑划定痛苦程度的等级。"常规"的酷刑，如吊刑（strappado）、拇指夹（thumbscrews）和鞭打，已经足够有效。"西班牙靴"（Spanish boots，用于挤伤胫部或脚的木制或铁制刑具）也时有使用。此外，我们不应忘记，广义的酷刑不仅指羞辱和肉体折磨，还包括更为微妙的精神虐待。如果被告巫师顽固不化、拒不悔改，或者推翻部分供词，法庭便会求助于忏悔神父、教士和牧师。这些神职人员将会告知被告，只有彻底招供，才能避免永世的惩罚。显然，面对这样的心灵教导，最顽强的抵抗也会土崩瓦解。此外，肉体和精神的折磨也不仅局限于审讯室。囚犯在牢房中也会遭受虐待，例如遭受狱卒的随意拷打和强奸。根据案卷记载，某些巫师嫌犯之所以会招供，原因并不在于法律允许的酷刑，而是因为难以忍受狱卒的残酷虐待和监狱的恶劣环境。

例如在1598年，来自德国西部艾费尔山区（Eifel）某个小村庄的一名男子在被关进监狱数日之后，未经任何酷刑便已招供，仅仅因为他已无法继续忍受狱卒的虐待。

因为巫师的供词中包含后续审判和有罪判决的依据，所以法官必须争取让嫌犯招供并防止他们翻供，这样一来，法官和法庭成员们就可以最终确认，自己的手上没有沾上无辜者的鲜血，相反，他们完成了一项荣耀而圣洁的神法（godly justice）工作。此外，酷刑也是一种引人注目的权力宣示。即使诉讼并非公开进行，所有人也都知道或者至少会听到相关传闻。随着人们公开谈论这些案件，猎巫者建立起了令人生畏的威望。因此，酷刑以及之后的处决成为建立权威和宣示统治、控制和主权的手段。作为救治污秽灵魂的手段，酷刑的概念完全归属于广义的悔悟和救赎范畴，而处决是这一切过程的终极结果。

然而在纠问式诉讼中，酷刑可以随意实施。在神圣罗马帝国的众多领地内，无论城市还是管辖范围极小的采邑，只要具有高级刑事司法权就能随意进行巫师审判，诉讼程序各不相同。巫术案件的司法处理千差万别。某些法庭坚持使用普通诉讼程序，只针对有害的魔法提起诉讼，并且对安息日集会的概念不予采纳。诉讼过程中只会适度使用人可以承受的酷刑，因此许多被告可以全身而退。其他法庭则极其狂热地打击巫师邪教（不只是追究有害魔法行为），认定巫术构成一种极端的犯罪，因此可以采取任何必要的诉讼程序做出有罪判决，消灭膜拜撒旦的邪恶被告。在这些特殊的审判中，非专业和专业的法官们似乎都相信安息日集会的存在，必须查明巫师团伙的秘密成员，为此需要通过酷刑迫使被告巫师供出同伙名单。在科隆选侯国以及班贝格和维尔茨堡采邑主教区，只有在神圣罗马帝国的帝国枢密法院（Imperial Chamber Court）或帝国皇室法院（Imperial Aulic Council）干预下，残暴的猎巫行动才能被阻止，但是此时成千上万的人已经死于火刑、监禁或是酷刑。

法国的法庭也采用纠问式程序，地方的重罪法院首先审问巫师嫌犯，询问证人并对被告施以酷刑,然后做出判决。不过,由于地方法院受到高级上诉法院的制约,所以被告有权向某一高级法院提起上诉。在这些上诉法院中,巴黎高等法院管辖着法国大约一半的国土,此外还有辖区较小的鲁昂(Rouen)、雷恩(Rennes)、波尔多(Bordeaux)、波城(Pau)、图卢兹(Toulouse)、普罗旺斯地区艾克斯(Aix-en-Provence)、格勒诺布尔(Grenoble)和第戎(Dijon)法院。在上诉案件中,被告和审判记录被移交至高等法院的法定所在地,那里的专业法官可以修正、核准或者驳回地方法庭的判决。然而,一方面,这一司法程序很少核准巫术案件的定罪和死刑判决,另一方面,某些被判无罪释放的巫师回到家乡后又会被私刑处死。

在部分属于法兰西王国的阿登(Ardennes)西南部地区,多次出现法外处决的情况。面对当地官员的阻挠,巴黎最高法院试图宣示自己的法律权威。因为高等法院对巫术的法律处理一直相对克制,所以当地居民经常采取私刑如石刑、溺刑处死疑似巫师者。从16世纪80年代至17世纪中期,阿登西南部和邻近的阿尔贡(Argonne)地区可能有近300人未经合法审判而被处以火刑或溺刑。值得注意的是,当时法国的刑事司法程序仅适用于近代早期的法兰西王国,尚未覆盖周边的自治领地,如后来法国通过继承、战争或结盟获得的洛林、阿尔萨斯、弗朗什孔泰、萨伏依、纳瓦拉以及卢森堡的局部地区。因此,洛林和弗朗什孔泰的猎巫行动都不应归入法国的相关范畴。

英格兰和斯堪的纳维亚的法院遵循自己独有的普通法制度。因此,不列颠群岛仍然采用有陪审团的控诉式审判,其刑事诉讼程序不同于神圣罗马帝国和法国的法律实践。在苏格兰,当地教会的小会(Kirk sessions)和中会(presbyteries)没有刑事司法管辖权,但是可以针对疑似巫师者收集案情、听取证词、编撰案卷并提交给世俗法庭。苏格兰的巫师审判大多是在法院(commission of justiciary)下设的地方刑事法庭进行,并需得到爱丁堡(Edinburgh)的枢密院(Privy Council)批准。苏格兰全部巫师审判中有十分之九在此类地方"临时"法庭中进行，法庭成员包括地方精英、神职人员，可能还有一名律师。同样，巡回法庭也可审判巫师，除此之外的审判在爱丁堡的中央法院（central justiciary court）进行。在苏格兰，如取得枢密院或议会的正式授权则可使用酷刑，相关案件大多涉嫌阴谋颠覆国家政权（叛国、谋逆、巫术）。然而，特别是在苏格兰地方法庭的巫师审判中，当地的调查者经常使用酷刑，包括殴打、剥夺睡眠、剃除头部和身体毛发、针刺寻找撒旦印记，这些逼供方法很少在案卷中留下记录。

在英格兰的普通法制度下，巫师被告通常由陪审团审讯。在世俗法方面，郡季审法院（county quater sessions）、自治市法院（borough courts），尤其是巡回法庭（assize tribunals）主要审理巫术案件，而教会法庭主要关注民间术士（cunning-folk）和巫术诽谤案件。值得注意的是，巡回法庭的工作由在伦敦受过训练的专业法官主持。他们对于巫师审判的怀疑态度日渐加深，这可能也潜移默化地影响到了地方的法庭。即使这些法官只是陪审团的主持者，而组成陪审团的地方人士往往深陷于当地的各种冲突和纷争，法官们仍然能够主导对巫师被告的判决。对于许多严重犯罪案件，如杀人、金额巨大的盗窃、入室盗窃、公路抢劫、强奸及巫术，巡回法官经常坚决反对做出死刑判决。

在英格兰，法律规定只有在叛国罪（high treason）的案件审判中才能使用酷刑。不过，被告的招供仍然有可能是因为审讯者使用了诱导性的问题、未经批准的酷刑（如睡眠剥夺）或者威胁性的手段，或者是身处条件非常恶劣的监狱中。被告在本地的监狱里等待一年两度的巡回法庭开庭时，负责案件的太平绅士（Justices of the Peace）或执达员在狱卒的协助下，有充足的机会迫使被告招供。然而，由于刑讯逼供不合法，法官和陪审团常常需要寻找其他证据的线索。他们可以搜寻所谓"魔宠现身"的证词、幽灵的证据、撒旦的印记，对被告巫师施"针刺刑"或"浸水刑"。此外，陪审团可以仅仅根据间接的证据判决未招供的巫师有罪。1645—1647年，在

"首席猎巫官"马修·霍普金斯（Matthew Hopkins）及其同事约翰·斯特恩（John Stearne）的推动下，英格兰发生了史上规模最大的猎巫行动。当时在埃塞克斯，嫌疑人被游街示众，因而长时间处于极度疲劳和紧张的状态。在苏格兰、瑞典和丹麦，控诉式的刑事诉讼虽然已经混杂了纠问式审判的元素，但是仍然能够遏制大规模猎巫的出现。然而，正如苏格兰约2500人被处决这一数字所示，诉讼程序并不一定能够避免巫师审判的发生。

来自文献资料的发现

在上述两种刑事诉讼体系中，对口头审判的正式记录逐步成为必需环节。在整个欧洲大陆、不列颠群岛、斯堪的纳维亚，法庭聘请书记员、抄写员和公证人书面记录口头审判的过程，不过他们的记录方式相差很大。在1692年的塞勒姆猎巫行动中，80多人参与了审判记录工作。除了少数例外，大多数抄写员既没有接受过科班训练，也不是专职司法书记员，只是亲身参与了塞勒姆案件的审理。在神圣罗马帝国的法庭或是哈布斯堡（Habsburg）家族统治的地区，经过训练和宣誓的公证人负责审判记录。无论聘请什么类型的抄写员，法庭笔录文本都应符合法定要求并且充当起诉被告的部分证据。因此，书写行为本身便是一种权力和镇压的手段，在目不识丁的被告眼里更是如此。有关巫师审判和猎巫行动的文献资料大多混杂着扣帽子、虚构、编造、影射的说法，如同用各种秘术的奇特细节调配而成的鸡尾酒。在研读有关巫术案卷和报道的过程中，缺乏训练的读者常常迷失在巫师、安息日纵欲狂欢、狼人、恶魔、仙女、魔宠和秘术组成的魔幻世界里，因此会被审判案卷和报道中极具诱导性的论据和推理所误导。

根据有关巫师审判司法程序不同阶段的文献资料，我们对于巫术罪及其处罚的阐释可能会有不同，有时甚至相互矛盾。在解读巫师审判记录和报道时，为了在恰当的历史背景下理解文献所包含的信息，我们需要牢记四个原则。第一，由于欧洲各地的诉讼程序多种多样，因此各地使用酷刑的情况存在差异，相关的文字资料也非常多样化。第二，这些文献资料可以分为四个不同的类别（不包括恶魔学和图片资料）：

1. 法律，界定巫术罪名及规定巫师审判的诉讼程序的条文；

2. 从针对巫师被告的实际司法诉讼过程中产生的大量同期记录（例如起诉书、审查证人和被告的记录、审讯记录、证词、审判原始笔录、正式笔录、官方信函、财务文件）；

3. 来自上级或上诉法院的记录和相关材料（例如支持和反对巫师审判的申诉书、来自大学或上级法院的法律意见、无效诉讼、诽谤诉讼、针对地方法庭及其陪审员不当行为的指控）；

4. 有关巫师审判和猎巫行动的回顾性报道，其形式包括：小册子、报纸、传单、纪事类文字、游记、日记、图片、手册或私人信件。

第三，以上四类资料可能相互关联。我们经常能够发现手册、图片、案卷和报道中记述的许多巫术事件是密切相关的。在对巫师审判案卷的建构、记录和评论等不同层次的活动之间，信息和叙事的实际传播过程跨越了宗教、社会、地区和领地的边界，各种相关理念、刻板印象、案例研究以及实例开始在欧洲及其殖民地广泛传播。因此，近代早期几乎所有类型的文献资料都提到了巫术。最后，解读巫师审判报道和记录时应当坚持的第四个原则是：无论是法律记录还是审判报道，都应对文献资料进行批判性的评价。

因此，虽然巫师嫌犯的庭审笔录为我们提供了丰富的文献资料，但现代的分析者仍然需要警惕其中的陷阱。例如，我们在审判记录中看不到本地口语。原始的口头叙事和陈述话语，以及证人、被告、法官、陪审团和律师说话时的抑扬顿挫，这一切都已经了无痕迹。在现存的审判笔录中，他们年代久远的声音是模糊、扭曲和正式的，需要我们进行非常细致的分析和甄别。我们绝不可忘记，审判记录中的叙事和陈述是按照特定的法定格式保存的，其首要服务对象是巫师审判的司法程序。

此外，巫师审判的记录大多已经逸失。譬如在特里尔选侯国，选帝侯下令自1652年起禁止在境内进行新的巫师审判，因而此前的审判记录大部分被销毁。在法国，大部分的地方审判记录也不复存在，可能已经与受害者一起被付之一炬。幸运的是，上诉法院（特别是巴黎高等法院）的大量审判记录留存至今。在英国，猎巫时代大部分地区和大部分时间的大量审判记录不知所终，这主要是因为当时没有保存正式案卷的规程。

保存得最好的起诉文书来自伦敦周边各郡的巡回法庭（Home Circuit assizes），这些文件提供了1563年至1712年埃塞克斯郡（Essex）、赫特福德郡（Hertfordshire）、肯特郡（Kent）、萨里郡（Surrey）和萨塞克斯郡（Sussex）巫师审判的准确基本信息（785份起诉书，涉及474名巫师被告，104人被判处绞刑）。在苏格兰，一项数据库研究发现，至少3837人遭到巫术指控，但是只有205个记录在案的案件包含准确的处决信息。

在神圣罗马帝国，审判记录主要保存在非常小的教会或世俗司法管辖区。例如，在特里尔城附近的圣马克西敏独立领地，约280份审判记录保存至今，其中包括被告发和处决的人员名单。可以推定，这些非常正式的原始记录抄本当时之所以会被如此认真地书写，主要有两方面的原因。首先，审判记录可以佐证当地高级刑事司法当局的积极工作，这对于独立领地的地位至关重要。其次，还可以掩盖圣马克西敏法庭操纵的残暴审判——当时成百上千的男女在数天之内被迫认罪并供出大量同伙。另外一个例子是在施密特海姆（Schmidtheim）——德国西部艾费尔山区北部的一个管辖区。当地只有一个约50户人家的村庄，但在1597年至1635年，约61名男女被当作巫师处死——仅仅在1630年至1631年，就有48人丧生，死者的比例达到成年人口的50%。当地贵族领主家庭的私人档案中保存了约60份审判案卷，为施密特海姆的审判提供了几近完整的记录。有可能在当时神圣罗马帝国以及法国贵族家庭的某些私人档案中仍有一些巫师审判记录，目前为止还未曾有人研究过。这符合一个已经众所周知的事实：整个欧洲大陆的小领地和采邑经历了最为严酷的猎巫行动。再举两个例子：瑞士的一个小村庄高里翁（Gollion）只有50户人家，在1615年至1631年，领主法庭将24名巫师被告判处死刑；孚日山区（Vosge Mountains）的邦德拉罗什（Ban de la Roch）约有1200名居民，在1607年至1630年约有174人被指控犯巫术罪，其中至少83人被处决。

由于只有零散的审判记录留存至今，我们需要用带有推测性质的方法来估计欧洲及其殖民地巫师审判的数量，然而推断过程本身显然又会带来新的挑战并可能造成误解。在过去两个多世纪中，对处决和审判数量的估计千差万别。在18世纪，伏尔泰提出约有10万人死于巫师审判。1793年，德国一名信奉新教的档案管理员估算受害者数量超过900万。在20世纪中叶的激进女性主义运动中，有观点认为1300万名女性被当作女巫处死。2000万名巫师死于火刑的数字在互联网上流传。丹·布朗（Dan Brown）2003年出版的全球畅销小说《达·芬奇密码》（*The Da Vinci Code*）亦采用了一种夸大的说法，声称500万名女性被当作女巫处以火刑。在他的笔下，"宗教裁判所"组织猎巫行动的目的是消灭女巫、异教女祭司、接生婆、草药师和吉卜赛人。

各个国家或政权的有关数字同样相差巨大。目前人们仍未达成在地理框架下研究巫师审判和处决的共识。书中数据有些基于近代早期的疆域，有些基于近代的国家边界，还有些基于从某一地区的档案中随机抽取的一批审判记录。因此，区域性巫术研究的对比分析可能产生相互矛盾的数据。此外，在审判次数、处决人数和无罪释放人数等指标之间缺少明确的区分。

因此，这些在互联网上不断流传的推断性数据大多不可信。这些数据在很大程度上基于假设和错误的信息，并且常常在意识形态层面上被滥用。尽管如此，近期历史学家经过仔细测算，估计欧洲及其殖民地约有4万至6万人因巫术被处决，其中2万至2.5万人死于神圣罗马帝国境内。值得注意的是，即使在这个所谓的猎巫"核心地带"，某些地方，如德国西南部的普法尔茨地区（Palatinate），也没有发生过一次处决。巫师审判和处决的确切数据可能永远无法获得，除了审判记录逸失之外还有许多其他障碍。虽然民间小册子中记述的审判和处决情况是重要的资料（尤其是在英格兰），但是我们应当避免使用来自小册子、纪事类文字等回顾性报道的巫师审判和处决数字。这些数据大部分是不可靠的，除非有其他文献资料的佐证。不过，除了审判记录和回顾性报道之外，经常还有其他类型的资料可供参考，如财务文件、只负责审理巫术诽谤案件的教会法庭或地方司法机构的案卷。在这些文献中，我们也可以找到许多审判、处决或无罪释放曾经发生的痕迹。然而，此类文献有时无法提供受审判者的姓名、生平、职业履历等对于统计分析至关重要的信息。另外一个难题是缺少明确的"受害者"概念。我们的数据中应当涵盖哪些人，只是死于火刑和绞刑的人？我们是否应当考虑被无罪释放和驱逐的人员？他们往往因遭受酷刑而成为残疾人士，且只能离群索居。此外，一些巫师被告被溺刑、石刑处死，被邻居烧死，因难以忍受酷刑而自杀或在身处监禁期间丧命，他们很少会在案卷中留下痕迹。

巫师审判的研究者还应警惕审判记录和报道中存在编造事实和篡改记录的情况。例如，1829年，法国作者艾蒂安-莱昂·拉莫特-朗贡（Étienne-Léon Lamothe-Langon）编写了三卷法国宗教裁判所（事实上从未作为一个机构存在）的历史。据称，他的工作基于对档案资料的深入分析。他声称自己发现了一些文献能够证明早在1275年就有一次巫师安息日集会，并且1330年至1350年，宗教裁判所在法国南部组织了大规模猎巫行动。19世纪一些学识渊博的巫术研究者，如威尔海姆·格特里耶布·索尔丹（Wilhelm Gottlieb Soldan）和约瑟夫·汉森（Joseph Hansen），把上述"新"成果收入了他们关于欧洲猎巫的研究文献中。

于是，所谓中世纪宗教裁判所猎巫行动的"证据"便混入了近代编造的"史料"。直到20世纪70年代，历史学家诺曼·科恩（Norman Cohn）和理查德·基克希弗（Richard Kieckhefer）才揭穿了拉莫特-朗贡伪造文献资料的骗局。

此外，近代早期的一些小册子和传单故意编造耸人听闻的巫师审判新闻、言过其实的巫师数字、夸张的邪恶行径。这些明显的人为操纵行为给我们一个警示，有些巫术文献的作者大多数或者关心巫师嫌犯的定罪和处决，或者想通过出版有关审判的小册子和报道获利。这类文献呈现给读者的内容和观点显然失之偏颇，其目的在于影响事件的走向，而不一定是忠实地记录法庭审判的过程。

审判记录中的女巫

根据我们掌握的证据，欧洲各地绝大多数的巫师被告根本没有企图对指控他们的人施有害的魔法。只有极少数被处决的人属于治疗师、接生婆、巫师或术士，但是他们的行当并不会对社会造成危害。当然，在这一整体格局之下，各个地区之间存在着显著的差异。在匈牙利和芬兰的某些地区，大量术士、占卜者和治疗师被当作巫师受到审判。值得注意的是，巫师审判记录往往给人留下一种印象：被告施行邪法和巫术的各种罪状都源自其漫长的邪恶巫师生涯。诉状和证词中的各种指控往往可以追溯到多年以前，被告因长期祸害社区而声名狼藉。

如果被他人书面或口头诽谤为巫师，人们会努力恢复自己的名声和受损的荣誉，那么当地诽谤诉讼的数量便会增加。按照诽谤诉讼原告的逻辑，如果一个遭到诽谤的人没有采取尽可能多的措施来恢复自己的声誉，那就相当于承认自己有罪。针对巫术诽谤的诉讼在欧洲全境都有发生，涉及从基层和教会法庭到最高的上诉法院等各个层级。不过，人们往往避免传召被诽谤者，即原告出庭。除了诉讼费用的问题之外，原告还面临败诉的风险，这实际上会确认他们所受到的巫师指控。因此，在欧洲的某些地区，如果输掉诽谤官司，便有可能受到巫师审判。来自摩泽尔河上游和洪斯吕克山（Hunsrück）地区的大量巫师审判资料显示，被诬陷为巫师的人常会通过法律途径来捍卫名誉。然而在聆讯过程中，在宣誓后告发或诬告更多的巫术罪状，最终诽谤诉讼的原告往往会被当作巫师而受到刑事审判并被处决。

即使是最细致的审判案卷也永远不能真正忠实地记录在法官的会客室、监狱、法庭和行刑室里实际发生的情况。原始的审判记录大多只留下了一些片段，其中证词、询问、法律咨询等关键部分已经缺失。原始的实录、笔记和文件大多无法找到。书记员将许多法律文件的内容简化为一个格式化的简短抄本之后，便会销毁原始的记录。在某些情况下，这些抄本会被放入案卷存档。有时书记员会编制登记册，并在其中仔细誊写审判记录的概要。同样，这些资料常常部分缺失。典型的案卷一般包括起诉书、根据起诉罪名询问证人的笔录、审问被告（用刑或不用刑）的笔录（包含对审问期间被告表现的评论）、被告的供词，以及最终的判决和执行刑罚的情况。在英格兰，起诉书记录各项指控的基本细节，通常包括嫌疑人的申辩、案件判决结果和刑罚。在法国或神圣罗马帝国，包含指控罪名的起诉书是以原告的个人名义书写的，例如由一名官员或者是某个猎巫委员会的若干成员提起诉讼。有时起诉书中附有同意就某些指控提供信息的证人名单。在神圣罗马帝国的某些领地或是卢森堡公国，需要上述文件推进诉讼各个阶段的进程，从审问、用刑直至判决。在科隆选侯国等领地，如果有当局指定受过法学训练的督导或长官参与诉讼，案卷中通常还包含他们给出的法律咨询意见。某些案卷中也保存着被告的个人文件，例如他们的财产清单、遗嘱，甚至还有偷偷送出监狱又被官员截获的密信。

证人的陈述具有特别重要的价值，可以提供关键性的信息，从而揭示各项指控的真伪以及相关人员的社会关系和背景情况。然而，即使所谓的"目击证人"想提供"真实"的报告，他或她可能也无法做到，人的记忆往往是错误或不完整的。证人和被告的口供在复杂的记忆过程中会改变，因为他们需要以合情合理、逻辑连贯、前后一致的方式叙述事实，同时面临着审判程序和询问的压力，而且法庭的书记员需要把本地方言中的日常口语转化为拉丁文或标准化的法律语言。做假口供的情况也确实存在。因此，审判记录中的女巫形象是人为建构的结果，千篇一律而扭曲失真，融合了最邪恶的各种特质。此外，在控诉式诉讼制度下的单独审判记录中，当一名长期受人诋毁的被告面临施巫术的指控时，被告与其家人、邻里、社区间的冲突往往会被旧事重提。一旦涉嫌巫术罪，嫌疑人过去和现在的不端、顽劣和反常都会被视为受其所施巫术的影响。

过往的争吵和矛盾会被重新解释为恶毒性格——譬如邪恶、善妒、贪婪或淫荡——所致。然而，在大规模猎巫的审判记录中，个人的证词已不再重要，在酷刑的作用下，所谓的"邪恶阴谋"已被破获，而很多被供出的同案犯过去在社区里从未被人当作巫师。

足以给被告定罪的"供词"更需要慎重处理。除了刑讯逼供之外，即使是貌似主动的招供也有可能是恐惧和受到威胁的结果。在某些案件中，被告巫师的认罪行为在某种程度上意味着自杀（suicide by proxy，代行自杀）。事实上，即使无罪释放，被告也将遭到排斥而孤独终老，无法得到家人、邻里和社区的扶助。某些未受酷刑而招供的被告则有痴呆、衰弱等精神疾病的症状，当时的某些记录也确实承认了这一情况。

总体而言，供词的内容来源于我们今天所谓的"洗脑"操作。供词至少还反映了审讯过程中的程式化问题。我们可以看到，审讯笔录中的供词高度雷同，叙述方式如出一辙。例如，阿尔萨斯科尔马（Colmar）市的法官编写了如下问题。

你当巫师有多久了？你为什么要当巫师？你是怎么当上巫师的？当时发生了什么？你选了谁做你的魅魔（incubus，恶魔情人）？他叫什么名字？你的恶魔主人叫什么名字？你被迫对他发了什么誓？你是怎么发誓的？誓言规定了什么条件？你当时被迫举起哪根手指？你是在哪里跟你的魅魔交合的？有哪些恶魔和人参加（安息日集会）？你在那里吃了什么食物？安息日宴会是怎么安排的？你在宴会中入席了吗？当时演奏了什么音乐？你跳了什么舞？你的魅魔在性交后给你什么？你的魅魔在你身上留下了什么样的恶魔印记？你对某某人造成过什么伤害？你是怎么做的？你为什么要伤害别人？你怎样可以减轻这种伤害？你能用什么草药或方法来治疗这些伤害？你对哪些孩子施过咒语？你为什么要这样做？你对哪些动物施过巫术，让它们生病或者死掉？你为什么要做这种事？你有哪些邪恶的同伙？为什么恶魔会在夜里给你吹风？你涂抹扫帚的油膏是用什么做的？你是如何做到在空中飞行的？你会念什么咒语？你制造过哪些风暴？谁是你的帮手？你制造过哪些虫害？你是用什么原料和方法制造出这些害虫的？恶魔有没有给你的恶行设定一个有效期？

有时，保存至今的审判记录中已经缺少问题部分，但是鉴于供词的一致性，我们可以肯定地推断确实存在一套固定的审讯问题。供词的雷同不仅仅是因为酷刑、威胁、审讯问题和暗示性的提问方式。死刑执行之前巫师的供词会被大声朗读，因此所有旁观者都能听到其中的关键部分。

此外，布道词、手册和小册子向大众传播了有关巫术的知识。在抬头不见低头见的小社区里，巫师作乱的说法通过异想天开的流言蜚语四处传播。监狱里的嫌疑人可能从外面的人或者其他犯人那里听说了可能需要回答的问题和必须招认的内容。因此，即使是供词中貌似带有个人色彩的内容，也需要仔细甄别。除此之外，供词中还有一些更加神乎其神的叙述，涉及秘术、恶意或善意的魔法、安息日集会、飞行、变身、与撒旦交媾。这些内容主要源于审讯者的幻想，并非来自被告。

除了必要的供词之外，负责审讯的官员或书记员还会要求嫌犯供出所谓的"同伙"。根据巫师安息日集会的说法，成百上千的撒旦信徒会于安息日当天集结在一起，被告必须说出尽可能多的巫师同伙的姓名。即使法庭并不认同所谓"安息日集会"的真实性，仍然需要讯问巫师嫌犯有哪些同伙、学生和导师。这一做法把更多嫌犯送上法庭，为猎巫行动火上浇油。不出所料，残酷而漫长的刑讯以及暗示性的提问方式和司法者提供的共犯名单，往往会使被告供出大量的"同伙"。圣马克西敏在1586年至1596年编制了一份登记册，其内容显示来自周边村庄和特里尔城的约1400人被告发为巫师。在信奉路德宗的莱姆戈城（位于利珀侯国境内），大规模的猎巫在1560年、1590年、1630年和1660年前后达到高潮，约250人被处以火刑。当地臭名昭著的"黑皮书"系统地记录了巫师相互告发的情况，该书于1715年被公开焚毁，当地的猎巫行动正式终结。在阿尔萨斯的小城莫尔塞姆（Molsheim），16世纪末至17世纪初至少有159人被当作巫师处死，相关情况记载在两本所谓"血书"中。其中一本已逸失，另一本列出了113名受害者，包括33名青少年和儿童，他们在1629年／1630年被当作巫师处死。

洛林境内的巴尔（Bar）公国（现属法国）等地的财务文件偶尔会列出何人何时作为巫师被监禁、判决和处死，但是这些有限的记录往往无法提供进一步的信息，如审判的社会背景和具体程序。甚至有些似乎相当完整的财务记录，乍看起来并不能证明巫师审判的发生，但仍有可能另有隐情。有时因为被判有罪的犯人没有任何可以没收的财产，所以官员没有记录相关的审判情况。无论地方的审判记录看似如何翔实，都主要体现着公诉人的特定视角。证人、自证陈述、供词（被迫或主动）当然是十分重要的资料，尤其是其中充满了能够反映审判的时代背景的材料，令人叹为观止。但总体而言，这些资料既不能忠实地报告导致起诉和处决的事件，也无法中立地记述相关"事实"。

对于涉及高级上诉法院的记录及相关材料，我们需要采取新的视角。有时某些女性和男性巫师被告能够承受酷刑并被释放，直至基于新的证据而再次受到指控。在释放后，他们经常会向高级上诉法院（如德国的帝国

皇室法院、帝国枢密法院、公爵府，法国的高等法院，卢森堡省级法院）
提起无效诉讼和申诉，控告地方法庭滥用和误用酷刑。此外，他们还会诉
请减少虚增的诉讼费用，要求宣告判决无效，恢复权利和名誉。事实上，
透过这些文件，我们可以看到法庭舞台的幕后情况。曾经作为巫师嫌犯受
到审讯的受害者可以提供非常重要的信息，包括监狱、行刑室和法庭中发
生的事情。即便这些文献需要慎重解读，它们仍然可以为我们提供一些有
用的叙述，纠正地方法庭的官方记录所展现的"胜利者视角"。

审判信息的传播：新闻报道的影响

随着印刷媒体的发展，有关邪恶巫师和巫师审判的新闻快速传播，
跨越了社会、宗教、政治、地域和语言的边界。得益于印刷设备、商旅通
路、邮政服务的激增，大报（broadsheets）和小册子（pamphlets）迅速被
送到各地的大众手中。在欧洲各地，这些出版物的形制、篇幅、主题和报
道细节各不相同。一些小册子和大报的作者能够获得审判的记录，据此进
行详细报道。其他的出版物所报道的恶魔附身、邪恶魔法或者巫术引发的
暴风雨都是来自传闻和捏造。因为这些出版物通常是商业性的产品，出版
人为了激发读者的好奇、震撼和惊叹，在其报道中混杂了犯罪、性爱和恐
怖的情节。某些出版物也是教化的工具，教导其读者恪守道德、教义和名
节。上述两类出版物的内容风格都会因其销售和发行的政治和宗教环境而
变化。虽然廉价的小报（news-sheets）和小册子对巫师审判的报道糅合了
虚构与事实、捏造和歪曲，但是其中的宣传性和论辩性元素深刻地揭示了
当时人们对巫术和巫师审判的看法。因此，这些回顾性的报道类似于审判
记录，体现了多层次的心态、恐惧、阐释和现实。

在法国，报道重大巫师审判的插图大报只有很少一部分留存至今，不
过有许多传单和小册子的内容涉及恶魔附身案件和耶稣会士驱魔。1634年，

天主教神父于尔班·格朗迪耶（Urbain Grandier）因对一名年轻的修女施魔法而被处以火刑，这个著名的案件在一份颇具影响的插图大报中有详细的报道。值得注意的是，法国在16世纪经历了宗教战争的冲击，当时信奉新教的胡格诺派（Huguenots）遭到妖魔化，其背后的推手是该教派的天主教对手，特别是斯帕尼亚尔·马尔多那多（Spaniard Maldonado）等狂热的耶稣会士，而皮埃尔·德·朗克尔和马丁·德尔里约也曾查阅此人的布道词和手册。

宗教的冲突滋生了无神阴谋论，这种说法很容易与秘密巫师论联系起来，甚至在社会上层也是如此。我们知道有超过120份大报对神圣罗马帝国重要的单独巫师审判或大规模猎巫进行了报道，报道的作者多为佚名，而且为了规避审查，尤其是在宗教冲突的背景之下，报道的一些内容采取了隐晦的表述。一个最好的例子是某份大报对特里尔大主教区著名猎巫行动的报道（印制于1593年、1594年及此后），通过仔细阅读可以发现相关手册的作者和雕版工人都有新教背景。他们以天主教的一次大规模猎巫为例，声称巫术是与教皇制度直接相关的可怕罪行，其实施者主要是软弱的女性和天主教的教士、修士、修女乃至精英分子。作者传达的观点是，作为真正的基督徒，新教徒不应害怕邪恶的巫术攻击。通过讲述耸人听闻的故事，有关巫术的插图传单和小册子使人们产生了对巫术的深深的恐惧，从而引发更多巫师审判。关于成功猎巫的新闻也凸显了当局统治的合法性，展现当局作为神的士兵与造物主的敌人展开斗争。在这种情况下，大报类似于政策宣示。

每份大报不仅记述了审判和处决的经过，还向我们展示了巫术的理念如何在各式各样的媒体和出版物之间逐渐传播开来。例如，迪林根（Dillingen，位于奥格斯堡主教区境内）的一名老接生婆沃尔普加·豪斯曼宁（Walburga Hausmännin）在1587年9月2日被处决，她的供词辗转落入一名印刷商的手中。这名老妇在刑讯逼供下招认了令人发指的罪行，如施巫术害死44名儿童、企图谋杀主教、召唤暴风雨、与撒旦性交，以及亵渎圣饼。她的供词被印成传单，因内容骇人听闻而影响巨大。供词的副本还出现在周边地区路德宗王公的信函以及富格尔（Fugger）家族的通讯中。富格尔家族是德国南部的富商，他们编撰的通讯集汇集了各种商业信息和其他值得关注的内容。

莱茵兰（Rhineland）地区的所谓"狼人"彼得·施通普（Peter Stump）案件非常清楚地表明，欧洲各地对巫术信仰的共同兴趣超越了宗教和社会允许的边界。1589年，神圣罗马帝国和尼德兰的几份大报报道了施通普案。施通普是一个臭名昭著的男巫和狼人，可能于1589年在科隆附近被处决。该案没有留下官方的审判记录，但我们确实能找到一些小册子的报道（以及当时的若干篇简短日记和纪事类文字）。然而，这起案件在欧洲各地广为人知。有关彼得·施通普处决的小册子分别在伦敦（1590年）和哥本哈根（1591年）出版。这起案件触发了新教的宣传攻势，巫术和教皇制度被描述成迷信和异教传统，如同一枚硬币的两面。根据这一逻辑，彼得·施通普的案件发生在信奉天主教的科隆地区，涉及鸡奸、通奸、乱伦、强奸、食人等情节，暴露了教皇制度丑陋而扭曲的面目。

1599—1600年，马丁·德尔里约在他的《魔法六论》中同样引用了阿登地区的一名修士让·德尔沃（Jean del Vaulx）的供词。德尔沃于1597年因巫术罪被处决，他曾提及著名的特里尔猎巫行动和所谓"新浮士德"，即迪特里希·弗拉德（Dietrich Flade）博士。弗拉德是级别最高的猎巫受害者之一，曾任特里尔大学的副校长，于1589年招供并遭处决。德尔沃谎称他在特里尔接受了弗拉德的邪恶指导。让·德尔沃和迪特里希·弗拉德案件成为德尔里约书中的关键案例。德尔沃关于安息日集会的叙述被用在1600年一场声势浩大并被广泛报道的巫师审判中。这起案件的被告是流浪汉帕彭海默一家（the Pappenheimers）。在慕尼黑，巴伐利亚的一些枢密顾问官（privy counsellors）急于利用帕彭海默一家的告发来发动新的猎巫。此案通过残酷刑讯所取得的供词与德尔沃的供述部分相似。巴伐利亚的耶稣会士向德尔里约报告了这一案件，后者便在其手册的新版本中收入了帕彭海默审判的相关报道，将此作为巫师罪行存在的重要证据。当时还有一份图文并茂的传单出版，详细展示了六名被告是如何一步一步遭受极其残酷的处决的。不久之后便出现了荷兰文和英文翻译的版本，将帕彭海默一家的故事传遍欧洲信奉新教的各个地区。

从16世纪50年代至18世纪早期，共有上百本有关巫师审判的小册子在英格兰出版。由于大多数审判的记录已经逸失，这些小册子（其中有些有上百页）为我们提供了关于英格兰巫师审判的大部分详尽信息。与神圣罗马帝国的大报相比，英格兰的小册子文字更多，插图较少。小册子的篇幅和风格各不相同，针对的是更为广泛、更有文化的读者群。最早的一本小册子出版于1566年，介绍了埃塞克斯郡切尔姆斯福德（Chelmsford）的巫师审判。据推测，小册子的内容来源于3个女人在巡回法庭上的供词。其中提到了与魔宠订立的准恶魔契约和巫师的印记（喂养魔宠的乳头），并且暗示巫术与教皇制度之间的联系。这些内容十分重要。事实上，直到16世纪末，英格兰的起诉书主要针对的都是农村的一般邪法案件，尚未涉及欧洲大陆上审判的那些邪恶巫术罪行。

在这第一本小册子之后，又有两本小册子（1579年和1589年）涉及切尔姆斯福德的巫师审判，其内容可能来自审判记录。在1582年埃塞克斯郡的圣奥西斯（St Osyth）巫师案中，审判与小册子之间的联系显而易见。太平绅士布赖恩·达西（Brian Darcy）负责审查该案的被告，他可能是后来英格兰猎巫者的原型，有传言说他的父亲死于巫术。达西本人十分了解邪恶巫术的细节，并且把这些知识用在了审问被告的过程中。此后，他发表了圣奥斯审判的"真实而公正的记录"。

1612年兰卡斯特（Lancaster）发生了著名的彭德尔（Pendle）女巫案，1613年负责此案的书记员托马斯·波茨（Thomas Potts）编撰并出版了相关的报道，但是搜集证据和主持审判的工作由太平绅士罗杰·诺埃尔（Roger Nowell）负责。彭德尔女巫案的报道显然受到苏格兰国王詹姆士的《恶魔学》一书的影响。在这本1597年出版的著作中，国王采用了来自欧洲大陆恶魔学家的邪恶魔法概念。此后，有关彭德尔女巫案的小册子内容被迈克尔·道尔顿援引，写入他编撰的太平绅士手册《国家司法》（*The Country Justice*）中，此书在1618年出版后被大量印刷。在书中，道尔顿以兰卡斯特审判为依据，宣称魔宠和巫师印记的存在是指认巫师的法定证据。1627年，理查德·伯纳德出版了《大陪审团成员指南》，他同样引用英格兰的小册子以及德尔里约的手册来建构巫术罪的概念。鉴于德尔里约撰写的权威巫术手册已经涵盖印斯提托里斯、博丹、雷米、宾斯费尔德等前人的理念，伯纳德通过该书就可充分了解欧洲大陆对巫师犯罪的看法和审判。显然，上述例证可以说明在英格兰有关邪法和邪恶巫术的理念是如何相互融合，并成为后世猎巫者的依据的。

欧洲大陆有关巫术的意识形态也通过其他途径传入不列颠群岛。例如在1584年／1585年，耶稣会士约翰·韦斯顿（John Weston）等人被派往英格兰支援当地的天主教徒。当时，耶稣会士已有为被施巫术和恶魔附身的儿童驱魔的经验。耶稣会在欧洲各地的定居点所编撰的年度报告成为驱魔奇观和巫师审判新闻的传播媒介。因此，传教士们一踏上英格兰的土地，便急切地开始驱魔。年轻的清教教士约翰·达雷尔（John Darrell）可能受到了天主教驱魔术的启发，成为一名清教的驱魔人。他的工作主要针对可能被恶魔附身折磨的女孩和男孩，邪恶的巫师把恶魔引入了孩子们的身体。在1586年、1596年和1597年的已知案件中，达雷尔发挥了关键的作用。坎特伯雷大主教下令成立的一个委员会宣布达雷尔是一个骗子，并且判处他一年监禁。然而，这一事件之后发生了一场小册子论战，达雷尔为自己的行为进行了辩护。

此后还有更多的小册子出版，其中记述了一些儿童被恶魔附身的类似事件。为了治愈被附身的孩子，必须找出招来恶魔的巫师，并要求他或她消除这一祸害。

被诅咒的孩子可以指认折磨自己的人，因为只有孩子才能看到巫师的幻影。因此，一些疑似儿童被附身的案件导致巫师受审并被处决。小册子的内容还引发了一些模仿犯罪，例如有些儿童和他们的教育者模仿小册子里描写的附身情节。当时有两起著名的假扮附身案件，1597年诺丁汉（Nottingham）的威廉·萨默斯（William Somers）和1604年牛津郡北莫顿（North Moreton，Oxfordshire）的安娜·冈特（Anne Gunter），两人都被发现是参考了1593年一本影响很大的小册子中有关亨廷登郡沃博伊斯（Warboys，Huntingdonshire）巫师审判的报道，试图模仿人被恶魔附身之后的行为。两人的骗局后来都被揭穿。1612年，三个来自萨默斯伯里（Salmesbury）教区的女人被一个14岁的女孩格雷丝·萨尔巴茨（Grace Sowerbutts）控告。女孩关于安息日集会的幻想来自一名天主教神学院教士，后者十分熟悉邪恶巫师的各种概念。此外，17世纪20年代广为传播的"比尔森男孩"（Bilson Boy）附身事件需要从宗教争论的角度阐释，这个男孩来自一个天主教家庭，并且曾经接受不遵奉英格兰国教的教士驱魔。简而言之，在耶稣会和神学院教士网络的影响下，在英格兰，让中邪的儿童充当重要的证人来指认疑似巫师的策略变得更加有效。在英格兰，所谓"恶魔附身小册子"以及由此引发的争论和骗局的揭穿，都让法律界和宗教界的精英人士越发感到怀疑。然而，因为这些小册子和手册，一种基于儿童指控的特殊迫害模式在苏格兰、瑞典和新英格兰落地生根。例如，1688年波士顿的古德温（Goodwin）儿童案与关于沃博伊斯巫师案的小册子中描述的恶魔附身事件有着类似的特点。儿童的指控在波士顿案件以及瑞典穆拉（Mora）的大规模猎巫（1668—1676年）中，均发挥了关键的作用，并且同样在臭名昭著的1692年塞勒姆猎巫案中火上浇油。

巫师审判的终结？

17世纪中叶，西欧大部分地区的大规模群体猎巫行动走到了尽头。巫师审判的兴起需要多重情境的相互交织，同样，这一现象的消亡也是诸多因素共同作用的结果。即使在西欧猎巫的高峰期，神圣罗马帝国的某些自由城市和普法尔茨地区也未曾或极少执行死刑（见表5）。17世纪30年代前后，帝国枢密法院和帝国皇室法院中止了弗兰肯等地的猎巫行动。由于巫师审判造成了纷争、动乱和经济萧条，某些国王、亲王、法官和政府予以反对，并做出了务实的决策。一些领地禁止公开朗读巫师的供词，包括有关安息日集会的描述和同伙的名单。1653年前后，特里尔的新选帝侯卡尔·卡斯帕·冯德莱恩（Carl Caspar von der Leyen）发布了一道密令终止巫师审判。他可能还下令销毁了大部分的巫师审判记录，从而中断了进一步的调查。

表5　神圣罗马帝国巫师审判较少的地区（部分）

领地／城邦／采邑主教区	主要时间阶段	已知处决人数（人）
巴登-杜拉赫，藩侯国	1560—1631年	6
法兰克福，帝国城市		0
纽伦堡，帝国城市		6
普法尔茨，选侯国	1560—1622年	0
陶伯河上游罗滕堡，帝国城市		3
施韦比施哈尔，帝国城市		0
乌尔姆，帝国城市		4

帝国自由城市陶伯河上游罗滕堡（Rothenburg ob der Tauber）禁止任何巫术诽谤，纽伦堡（Nuremberg）则禁止传播一份呼吁坚决猎捕巫师的

传单。限制巫师供词的传播，阻止谣言传播、告发行为和猎巫宣传，对终止巫师审判起到了重要作用。

总体而言，通过近代早期的国家建构，中央政权可以集中而密切地监督和控制地方的法庭。国家垄断司法管辖权，意味着不再容忍猎巫委员会、地方执达员和小领主对君主特权的违逆。各地纷纷废止或废除巫术法，例如法国（1682年）、普鲁士（1714年）、英格兰（1736年）、哈布斯堡家族领地（1755年、1766年）、波兰（1776年）和瑞典（1779年）。

值得注意的是，在整个巫师审判时代都有一些怀疑的声音，尽管发言者隐姓埋名或者假托身份。巫师审判和大规模猎巫行动本身就产生了许多丑闻，同时还造成了一种"信任危机"。

长此以往，法律界和知识界越来越怀疑巫师审判的有效性和合法性。对于民间起诉巫师的呼声，官方的反应越来越慎重，刻意避免采取行动或者予以拒绝。

然而，启蒙思想、宗教宽容、国家控制和福利改善并不能根除魔法信仰体系，这种信仰把所谓的"邪恶分子"界定为扰乱秩序的他者和巫师。在东欧，如俄罗斯、波兰和匈牙利，猎巫的高潮主要出现在1650年以后。1700年后，匈牙利进行了约3000次巫师审判，其在所谓"启蒙时期"处决的人数远远超过此前的数个世纪。今天，欧洲的法庭不再起诉"巫师"，但是人们依然相信魔法的力量并且对巫术心存恐惧，这一切又是媒体影响的结果。而站在全球的角度来看，非洲的巫师审判时代似乎才刚刚开始。

第五章

欧洲艺术中的女巫和魔法师

查尔斯·兹卡

对16世纪初前后的艺术家来说，巫术是一个充满神秘色彩的全新主题。中世纪整个欧洲各地的民众普遍相信有些人能够通过操纵魔法伤害个人和社会，这些人以魔法师、巫师、男术士〔"狡猾的男子"（cunning-men）〕和女术士〔"狡猾的女子"（cunning-woman）〕、水晶球占卜师、治疗者和占卜者等为名，并且以不同形式出现在文学和绘画作品中。其实从15世纪30年代开始，人们便更集中、激烈地讨论这类魔法和巫术实践的依据。有害魔法和巫术的效果取决于与撒旦签订的契约，有些巫术需要举行特殊仪式和典礼，参与者都需事先同意替撒旦施法。而早在14世纪末15世纪初，随着新印刷技术的普及，魔法与巫术主题的出版物已越来越多，并且在识字的读者中广为流传。15世纪20年代和30年代，瑞士举行了多起巫师审判，有关15世纪30年代阿尔卑斯山西部及60年代法国北部瓦勒度派异教徒活动的一系列论著出版，这是将巫术视为邪恶行径观点之肇始。但是，真正传播、扩大这种观点的影响，促使大众接受这种观点的还是印刷技术的不断发展。从1600年至1610年，一些顶尖的艺术家（主要来自德国南部，那里印刷业正蓬勃兴起）开始认同这些理念，并开始寻找一种视觉语言，试图以绘画形式表现这种集民俗学、法学、神学猜想和话语于一身的混合体。

巫术的新视觉形象（1490—1590年）

在16世纪甚至之后更久远的时间里，最有影响力的巫术主题艺术作品是1510年德国南部艺术家汉斯·巴尔东〔Hans Baldung，昵称格里恩（Grien）〕创作的一幅木刻版画，通常被称为《准备安息日飞行的女巫》（*Witches Preparing for the Sabbath Flight*）。巴尔东是一位早熟的艺术家，创作这幅作品时还不到30岁，他运用光影和明暗对比的新技法来强化作品的诡异气氛，三个裸体女人围坐在一口沸腾的锅边，三根柴火棒搭成三角形围在锅旁，象征着团结。

浓浓的蒸气从锅中逸出，滚滚浓烟和蒸气中升腾出动物的形状。一位倒骑山羊的裸体女巫用柴火棒叉起一口锅，飞驾于雾气之上。中央场景显然是一个烹饪和祭祀的仪式。整个作品中的多具女性裸体以及与之形成鲜明对比的动物轮廓，散落在林间地上的诸多骷髅、骨骸以及诡异的森林场景，无视基督教教规的若干隐喻，都强烈表达了作品的僭越性。巴尔东的木刻版画作品成功塑造了巫术的视觉模式，将巫术定义为一个女性群体的行为。借由女巫们在锅和罐子里熬制的药膏和药水，巫术被定义为主要由女性实施的行为。

因为有三件用明暗对照法（chiaroscuro）创作的复制品，还有许多黑白复制品，这一极具影响力的木刻版画作品得以传世。汉斯·巴尔东创作该作品的灵感来自一幅用明暗对照法创作的素描——由同样来自德国南部的艺术家阿尔布雷希特·阿卢托弗（Albrecht Altdorfer）于1506年创作。阿卢托弗的画也描绘了在森林里举行某种集体仪式的一群女子，除了一人之外全都赤身裸体。但在这幅画中，她们的仪式不仅包括地上的大圆罐和动物头骨，还包括一群从树顶的烟雾中骑着动物飞升而起的女子。这一幕刻画的似乎是夜间飞行巫术的一种形式，女巫们正在熬制药膏，准备往身上涂抹。当时有一些描绘恶灵和亡灵骑兵团的"愤怒部落"（Furious Horde）和"狂野之旅"（Wild Ride）的故事和绘画作品，也许正和这幅作品有关。巴尔东很有可能是从他师傅阿尔布雷希特·丢勒（Albrecht Dürer）那里了解阿卢托弗的作品的，因为1503年到1507年巴尔东曾在丢勒的工作室当过学徒工。

显然，巴尔东在丢勒的工作室还见到了另一件作品，也就是丢勒自己的雕版凹版画作品《倒骑山羊的女巫》（*Witch Riding Backwards on a Goat*），正是这件作品让巴尔东修正了他在1510年木刻作品中表现的巫术场景。《倒骑山羊的女巫》创作于1500年前后，表现了对女巫及其法力的非常复杂的态度。该作品结合了古典模式和意大利模式，借鉴了人文主义思想以及当时流行的狂欢节插图。骑山羊女子的原型可能是被称为"尘世维纳斯"和"情欲女神"的阿芙洛狄忒·潘德莫斯（Aphrodite Pandemos），有翅膀的普蒂（胖乎乎的裸体男孩）则暗合15世纪意大利作品中出现的对生殖之神普里阿普斯（Priapus）和酒神狄俄尼索斯（Dionysius）的崇拜，摩羯山羊则暗指女巫和萨图恩神有关——这在很久之后中世纪晚期的行星文献和插图中才出现。丢勒曾阅读过一些文艺复兴时期学者的人文主义作品，如威尔博尔德·皮尔克海默（Willibald Pirckheimer，1470—1530年）的作品，丢勒作品中德国南部当地的文化传统因素使得画中古典形象的重现和这些阅读经历的影响得到平衡，而且使画面更加生动。他作品中鲜明的倒骑山羊形象借鉴了与邪恶、狂欢节文化和通奸有关的文化主题和习俗，表现了一位狂野而强势的女子攫取男性力量，违反正常的性别秩序，这一点在他逆着写的签名上也有所体现。

这些作品将巫术赋予性别，将巫术描绘为僭越的行为，并且以突出的性征作为女巫"狂野之旅"和"愤怒部落"故事的隐喻。汉斯·巴尔东在1510年木刻版画中创造的巫术形象融合了以上这些视角。在接下来的一个世纪乃至更久的时间里，其他艺术家都将受到他的影响。1514年，丢勒进入所谓的"弗莱堡风格"时期，此时他对巫术的理解明显带有性的意味，女巫的法力仅仅表现为自体内排出的炽热蒸气、毒气和情欲。这些几近色情的明暗对比图像显然是要表现女性对男性观者的性吸引力，但这些作品都是素描手稿，这意味着能看到这些画的人非常少。不过该地区的艺术家肯定很了解丢勒的这些作品，这一点从巴尔东1514年作品中现存的四件仿作和同时期其他作者的另一幅画中清晰可见。这幅画用当时的明暗对比手法创作，描绘了一群进入狂野、迷幻状态的女巫，身体纠缠在一起；作者签名为"HF"〔有可能是巴塞尔的艺术家汉斯·弗兰克（Hans Frank）〕。

巴尔东1510年的木刻版画中，女巫们聚集在大锅边或在火上烹饪，这幅画被印成不同版本的书籍插图而广为流传，其影响一直持续到17世纪。受到这幅画影响的第一件，也是最重要的一件作品是一张印刷粗糙的画，很可能出自巴尔东位于斯特拉斯堡的工作室。它被斯特拉斯堡的一位版画师约翰·格吕宁格（Johann Grüninger）用来给斯特拉斯堡大教堂传教士约翰·盖勒（Johann Geiler）1509年的一次布道做插图，由方济各会的约翰·保利（Johann Pauli）收入一本名为《蚂蚁》（The Ants）的书里，该书于1516年首次出版。1517年该书再版时再次收录了这幅版画，其后25年中另外三本书的共五个版本里也都出现了该画。到16世纪40年代中期，这幅画中的女巫应该已经成为德国读者最为熟悉的巫术形象之一。画中三位女巫身处户外，地上散落着头盖骨和其他骨头，其中两位身体赤裸，举起冒着热气的锅，另一位女巫坐在凳子上，和她们俩都有肢体接触，这也象征着精神上的联系。这幅木刻版画的许多细节及其原型盖勒布道的故事，都暗示着这原本是一次狂野的性爱旅程，但一切终是梦幻泡影。

后来，巴尔东这幅画中的场景又以不同版本出现在不同的作品中，贯穿了整个16世纪。16世纪70—80年代的三本出版物封面上的木刻版画都有着明显的模仿这幅画的痕迹，只不过有一幅画的画面中还有一位在空中骑着山羊的女巫，这和巴尔东1500年创作的木刻版画一样。后来使用巴尔东画中这一场景绘制插图的文献或出版物有1571年阿尔萨斯一位天主教神父莱因哈德·卢茨（Rheinhard Lutz）撰写的一篇新闻报道，乌尔里希·莫利托（Ulrich Molitor）1489年创作的作品《论女巫和女神谕者》（*On Female Witches and Diviner*）在1575年面世的新的德文版，以及1583年一本关于巫术的短篇论著《撒旦的欺骗》（*The Devil's Hoodwink*）——该书的作者保罗·弗里西乌斯（Paulus Frisius）是一位活跃在黑森州的路德教会牧师。同一主题的第三个版本先是成为1566年约翰·魏尔（Johann Weyer）《论恶魔的诡计》（*On the Tricks of Demons*）德文版第二版的封面木刻版画，后又出现在该书1575年和1586年的德文方言译本中。1582年，一名因巫术定罪的妇女在马尔堡被处决。马尔堡律师亚伯拉罕·索尔（Abraham Saur）据此出版了一本小册子，巴尔东的这幅木刻作品再次成为这本小册子的封面画。

这幅画的影响经久不衰，从1700年至1710年荷兰画家雅克·德·盖恩二世（Jacques de Gheyn II）的巫术绘画中可见一斑。

这一新的巫术肖像画改变了对中世纪魔法师的传统描绘方式，在当时一定带来了很大冲击，甚至令人震惊。此前，画里的主角通常是穿着打扮像学者或牧师模样的男性巫师，在一个受保护的魔法圈内读魔法书，守护魔法的奥义秘术，现在取而代之的是裸体女巫、大锅、魔杖和炊具，她们骑着山羊，一切行为似乎只关乎肉体，与精神无关。与巴尔东这幅画同时期的另一幅木刻版画也反映了这一变化，同时也反映了新出现的巫术罪将奥义魔法或仪式魔法与各类乡间邪术和邪法（malefice）混为一谈的情况。这幅木刻版画的创作者是来自施瓦本的艺术家汉斯·舍弗莱因（Hans Schäufelein），和巴尔东同时在丢勒的工作室当学徒。他曾受托为一本法律手册的修订版《新教众指南》（*The New Layman's Guide*）绘制插图，该手册的作者是巴伐利亚地区的官员乌尔里希·滕格勒（Ulrich Tengler）

和他担任教会法律师的儿子克里斯托夫（Christoff）。克里斯托夫在手册中加入了一章新的内容，即对魔法法术的惩罚，题为"论异端邪说：占卜、黑魔法、邪术和巫师"，而舍弗莱因的木刻版画则描绘了这些法术。图的中央一位身着仪式法衣的男魔法师站在魔法圈里，手执书与剑，围在他身边的几个村妇正在用邪术或者魔法作法，其中包括偷牛奶、残害男性、呼风唤雨及看手相算命（手相术）。画中这些行为是残忍邪恶的，体现在恶魔在其中几名女子上方的重要位置盘旋，同时恶魔们还和女巫有关联，这些女巫或在空中骑着山羊，或正在与魔鬼交媾。舍弗莱因想传达的核心意图与滕格勒的文字描述相吻合：一切形式的邪术、魔法和巫术都会受到谴责，最终会和画中描绘的一样，面对地狱之火的永恒惩罚。

巴尔东1510年的木刻版画有别于中世纪肖像画的另一个重大变化是，它传递出这样一种信息：巫术祸害的并非单个的女人和男人，它是由撒旦精心策划的一种"群体"行为。虽然单个女巫的形象也有描绘，但更多的是以群体成员的形式出现。这反映了关于巫术的一个新观点：15世纪下半叶和16世纪初，越来越多的神学家、法学家和社会评论家认为，作为一个邪教，巫术界会定期举行聚会，这一聚会有时会被称为"安息日集会"。这一观点的另一个背景是流传甚广的民间传说，例如"狂野之旅"和"愤怒部落"。萨克森选帝侯的宫廷画家小卢卡斯·克拉纳赫（Locas Cranach the Younger）创作的一系列伤感忧郁的油画作品就很具代表性。1528年至1533年，克拉纳赫完成了该系列的全部四幅画的创作，他在画中女性和长翅膀的忧郁人物上方和后面都绘制了复杂的场景：峭壁上空悬挂着厚厚的云层，云层中一队人马骑着各种各样的野兽前行，其中一些骑手像军旗手一样将旗帜高高举起，其他人则像是一群杀气腾腾的猎手。在克拉纳赫的另外两幅图中，女巫们押送一位男囚，男囚身穿当时属于贵族或雇佣军的时髦长袍，与女巫们裸露的身体形成鲜明对比。

在这些画作中，克拉纳赫用忧郁的方式表现人们臆想的幻象和心中阴暗的欲望，即巫术所代表的道德失范。巫术显然不是个人行为；它被描绘成一群女性的群体行为，女巫们在夜空中骑着野生动物，肆无忌惮地炫耀着女性身体的性别特征。

16世纪上半叶，这种新的巫术肖像画在德国西南部和瑞士的文化和印刷业中心渐成气候，原因之一是前文所述的各种论著和小册子就是在这些地方出版的。另一方面，这也是纽伦堡、奥格斯堡、斯特拉斯堡、伯尔尼和巴塞尔等城市的作者、艺术家、出版商和印刷商通力合作的结果。但是，从16世纪60年代开始，早期法国和荷兰插图中的元素使得巫术肖像更为饱满。巫术肖像画的这一变化反映出巫术话语进入了一个新的阶段，此前在宗教改革中巫术被极力打压，约翰·魏尔的《论恶魔的诡计》（1563年）等新论著出版，神圣罗马帝国西南部和莱茵河流域地区对巫术的指控升级。首先需要提及的是画家老彼得·勃鲁盖尔（Pieter Bruegel the Elder，约1525—1569年），他笔下女巫骑的不是德国南部巫术肖像中的叉子，而是扫帚——法国15世纪50年代以来，瓦勒度派异端的插图以及一些法国死亡之舞主题的画作中出现了扫帚。勃鲁盖尔绘制的素描《圣詹姆斯和魔法师赫谟根尼》（*St James and the Magician Hermogenes*）在1565年皮特·范·德尔·海登（Pieter van der Heyden）的雕版画中保留了下来，在勃鲁盖尔的画笔下，女巫是魔法师控制下邪恶力量的一支，骑着扫帚飞越大锅和烟囱，也许是要加入其他骑着山羊和龙穿越天空的女巫行列，同时进行激烈的战斗，给天空下的人们带来破坏和海难。同类作品《魔法师赫谟根尼的堕落》（*The Fall of the Magician Hermogenes*）中也出现了骑扫帚的女巫形象。

1600年以前专门描绘女巫和魔法师的油画很少见，当然也有一些著名作品是例外，比如老卢卡斯·克拉纳赫（Lucas Cranach the Elder）的"忧郁"（Melancholia）系列，荷兰北部地区艺术家雅各布·科尼利斯·范·奥斯塔宁（Jacob Cornelisz van Oostsanen）于1526年描绘的圣经人物隐多珥女巫，多索·多西（Dosso Dossi）大约在1525年创作的油画《喀耳刻和她的情人们》（*Circe and her Lovers*）。除了这些油画作品之外，整个16世纪，巫术肖像画借助印刷术逐步确立地位，作为书籍的封面或插图不断被印刷复制，逐渐广为人知。最具代表性的是诸如喀耳刻、美狄亚、潘飞儿（Pamphile）和米罗埃（Meroe）等经典女巫插图。从16世纪30年代开始，画家们赋予了魔法更多的视觉特征，例如裸体、蓬乱的头发和铁锅。此外，16世纪下半叶民众开始对耸人听闻的新闻报道津津乐道，出版的小册子和大报纸越来越多，女巫因罪受罚的形象也随之增多。

通过对这种惩罚的视觉化呈现，读者可以象征性地参与反巫术的斗争，呼吁净化城市和国家，根除女巫的邪恶攻击。女巫形象在书中经常出现，并且被反复使用，反映了当时新闻中耸人听闻的事件对民众的吸引力，苏黎世牧师约翰·雅各布·威克（Johann Jakob Wick）于1560年至1587年编写的所谓"奇迹之书"（Wonder-Book）就是最生动的例子之一。威克的书中有三十多幅手绘插图与巫术的故事及新闻报道有关，其中一些是近现代的大报纸中曾出现过的木刻版画的副本，其他似乎都是原创作品。这些都证明了此前70年至80年间，巫术在欧洲大部分地区已经成为一些文学作品和绘画作品的主题。

巫术：宗教和社会的威胁（1590—1640年）

17世纪初以降，巫术作为油画主题逐渐被广泛接受，而且巫术作品的创作重镇也从德国南部迅速转移到弗兰德和荷兰的艺术中心，巫术肖像画也有了新的特点。

来自荷兰北部的艺术家雅克·德·盖恩二世、安特卫普的弗朗兹·弗兰肯二世（Franz Francken II）和大卫·特尼耶二世（David Teniers II）、旅居巴黎的波兰艺术家扬·齐恩科（Jan Ziarnko）——这些艺术家创作的巫术形象在一些重要方面与前一个世纪的作品相去甚远，却和第三章中提到的让·博丹、尼古拉·雷米、马丁·德尔里约和彼得·宾斯费尔德等恶魔学家对巫术的描述更为相像。这些画家的作品中出现了一些新的重点：首先，巫术被描绘为一种涉及大量女性的公众现象，她们在恶魔势力的公开支持下，举行各种魔法仪式和破坏性活动；其次，强调女巫及其仪式与生俱来的残酷性，认为这些仪式的本质就是谋杀。

16世纪90年代的许多版画预示了这些变化。1591年，奥格斯堡一位著名的书稿彩饰商人（Briefmaler）乔治·克莱斯（Georg Kress）出版的大报报道了一起案件：在德国西部于利希地区，约300名当地妇女与撒旦签订契约后变成狼，吃掉了许多人和牛。大报刊载的木刻版画中，变身为狼的妇女攻击牛和赶马车的人，撕碎他们的身体，掏出内脏，吃掉人肉，将尸块随意丢弃。其他版面则描绘了围在一位男性魔鬼身边的一群女人，她们一边向魔鬼效忠，一边传递让她们变成狼的魔带。克莱斯大报木刻版画的原型无疑来自第四章中提到的彼得·施通普案，当时相关的报道和插图广为流传。施通普是科隆地区的一位农民，1589年他供认自己从撒旦处获得腰带变成狼人，共杀害16人。尽管这两起案件有相似之处，但克莱斯的版画更吸引眼球，因为它刻画了群体暴力和撒旦主导的群体仪式。从16世纪90年代开始，女巫活动场景中普遍出现的撒旦形象越来越突出，从特里尔地区的副主教彼得·宾斯费尔德于1591年和1592年出版和再版的德文版《论巫师和女巫的告解》（*A Treatise concerning the Confessions of Sorcerers and Witches*）的封面木刻版画中可见一斑。原版拉丁文版本在特里尔城出版。带有封面木刻版画的两种德文译本均在慕尼黑出版，以期支持巴伐利亚人铲除巫术的运动，并反击普遍存在的对巫术真实性的怀疑态度。这幅木刻版画中，几位女巫向一个长角的恶魔致敬并向他发起性的挑逗，并最终与一位穿着入时的恶魔情人签订了恶魔契约，将一名儿童放入大锅煮熟。此外，还有更传统的肖像，例如在空中骑着山羊并呼风唤雨的女巫。与这部论著本身一样，它强调了撒旦在巫术中的关键作用，并突出表现撒旦对儿童的暴行。尽管画中仅描绘了六个女巫，但她们在不同的巫术活动中扮演的角色让人们意识到，她们对社会构成了巨大的威胁。

16世纪版画中的巫术形象与传统巫术形象彻底决裂，托马斯·西格弗里德（Thomas Sigfridus）1593年和1594年出版的小册子中插入的蚀刻版画也反映了这一现象，该画名为《正确回答：女巫自己用魔粉是否会导致死亡或疾病》（*A Correct Answer to the Question Whether Witches Themselves Can Cause Death or Illness with their Magic Powder*）。小册子下方的铭文称，它描绘的是特里尔选侯国的女巫集会。实际上，该场景与特里尔地区审判中的实际证据大相径庭，但它确实成功地刻画了16世纪80年代后期特里尔地区猎巫行动的一些新特征，例如数百名女巫获刑并被处决的大规模审判。它也支持了当时的一种观点，即被大量女巫入侵威胁的社会必须做出这样猎巫的激烈反应。这一蚀刻版画描绘了参加和安息日集会有关活动的多位女巫。其中有一群人在大快朵颐，喝得酩酊大醉。另一群人围绕着坐在高柱上的蟾蜍偶像跳舞。第三组人在一位坐在马尸上的女巫身后列队游行。第四组人围着一口大锅，锅下堆着人的遗骸。其他女巫则准备骑着扫帚飞上烟囱，或在一位女巫身上涂抹药膏，让她飞起。画中各处都充满淫靡的气息，例如一位女巫正与魔鬼交媾。画中随处可见癫狂之举、死亡的迹象和魔法书籍。许多男性和牧师模样的魔法师在传授他们的奥义黑魔法。几个恶魔在协助、怂恿大家，并主导仪式的进行。画的背景中，女巫正在将风暴和火焰引向人群。这幅画里的女巫仪式充满感官刺激，尽管我们不知道画家是谁，但从视觉元素中可以明显看出勃鲁盖尔的作品《色欲》（*Luxuria*）和《圣詹姆斯和魔法师赫谟根尼》的间接影响。如果不考虑另一件更早的作品，在以16世纪恶魔学家对安息日集会的描述为主题的绘画作品中，这无疑是第一幅被广泛传播的版画。另一件作品是创作于1570年的一幅钢笔墨水画，描绘了树林中的一次安息日集会，地点应该是在日内瓦附近，这幅画现藏于苏黎世的约翰·雅各布·威克档案馆，只有去那里参观的人才能一睹真作。然而，相较于大多数恶魔学家对安息日集会的描述，这些画中似乎仍然缺少一个核心要素：撒旦在恶魔会中的领导地位，一众女巫对他的膜拜。不过有人提出，这幅钢笔画中三个不同位置出现的国王形象很可能是暗指当时的特里尔市地方长官和首富迪特里希·弗拉德（Dietrich Flade）。弗拉德于1589年因巫术被处决，他曾被称为"坐在金色王位上的安息日集会领袖"。因此，这幅画描绘的确实可能是一个地方版的邪恶安息日集会。

有一幅版画的确精心重现了作家对安息日的文学描写，并引入了描绘巫术形象的细节——这些细节后来影响到了17世纪上半叶的画家对巫术的刻画，这就是著名画家扬·齐恩科表现安息日集会的一幅大型蚀刻版画。齐恩科来自波兰利沃夫（Lwow）地区，他职业生涯的大部分时间都在巴黎亨利四世和路易十三的宫廷中作画。他创作这幅蚀刻版画的缘由是为法国法官皮埃尔·德·朗克尔在《邪恶天使及恶魔之无常图》（1612年）一书中对安息日集会的描述提供插图。

这本书源自德·朗克尔1609年在法国西南部巴斯克地区的拉布尔工作四个月的经历，此前亨利四世任命他为一个专门委员会的负责人，调查该地区的女巫活动。还有一些材料收集自西班牙的巴斯克地区，来源于宗教裁判官阿隆索·德·萨拉萨尔·弗里亚斯（Alonso de Salazar Frías）的描述。该书稍作修订后于1613年再版，加入了齐恩科的蚀刻版画，配有详细的图解说明。齐恩科的版画中既有传统的巫术肖像元素，也有与书中文字相配的新形象。

蚀刻版画的焦点是一群女人，她们围着一口大锅，锅里冒着黑烟，她们切开一只蟾蜍和几条蛇，扔进锅中沸腾的药水里。在锅中冒出的黑烟里，有骑着扫帚飞行的女巫、邪恶的精灵、骨头和肢解后的躯体。这些在黑烟里寻欢作乐的女巫、恶魔、火蜥蜴、从山洞跑出来的冥界人物（可能暗指经典的嫉妒女神形象）及其他形象的灵感主要来自荷兰画家兼版画师雅克·德·盖恩1610年创作的版画《女巫安息日集会的准备》（*Preparation for a Witches' Sabbath*）。还有一些元素源自勃鲁盖尔和巴尔东16世纪创作的形象。围绕着版画中心不断转动的一个垂直轴（当中用类似浮雕宝石的手法画着一个头发蓬乱的女巫和两个婴儿一起骑在山羊背上），齐恩科嵌入了安息日集会的五种不同场景：其中一部分描绘了女巫和魔鬼把一个孩子交给撒旦的场景——山羊模样的撒旦坐在宝座上，旁边是安息日集会的皇后和另外一位嫔妃，还有几个赤身裸体的女巫和魔鬼围着一棵树背对背跳舞；第二个场景是一群女巫和她们的恶魔情人们坐在餐桌旁大快朵颐，吃的是未受洗的孩子的肉；第三个场景是一群年纪更小的裸体女子围成一圈，伴着一个女子乐队的音乐背对背跳舞；第四个场景是魔鬼们在服侍一大群贵族和有钱人；还有一个巴斯克地区巫术特有的场景——孩子们把一群蟾蜍放在小池塘里围起来，之后女巫会用这些蟾蜍炮制毒药和药膏。

齐恩科大型版画的大多数场景都对应着安息日集会的文字描述，这一点和1590年前的肖像画迥然不同。齐恩科的作品和1593年托马斯·西格弗里德出版的小册子中的插图所描绘的特里尔的安息日集会一样，强调从事这些邪恶仪式的人们数量之众及活动之癫狂。齐恩科的版画固然是德·朗克尔文字的插图，但也许还受到一位不知名艺术家的大型木刻版画系列的影响，该系列是米兰人、巴尔纳伯修会（Barnabites）修士弗朗切斯科·玛利亚·古阿佐于1608年出版的《女巫手册》（*Compendium Maleficarum*）的插图。这些木刻版画也将魔鬼刻画为坐在宝座上的山羊；画中参与安息日集会的有男也有女，都来自社会上富有的特权阶层；它们重点刻画了安息日集会上奉献给撒旦的孩子们也被女巫熬成药膏；同时还描绘了跳舞、盛宴和骑山羊的景象。在齐恩科的蚀刻版画和这些木刻版画中，女巫是大型恶魔和阴谋组织的成员，这类反教会组织有悖于最基本的社会规范，威胁着社会的长治久安。

这些作品进一步完善了德·朗克尔对巴斯克地区巫术的理解：这是一种反王国行为，威胁到法国国王所维护的公序良俗。

在17世纪早期安特卫普肥沃的艺术土壤孕育之下，著名画家弗朗兹·弗兰肯二世大约也在同时期创作了类似的作品。1606年到1610年，弗兰肯至少创作了六幅表现巫术场景的油画，其中最重要的作品目前在维也纳、伦敦和慕尼黑，此外他还创作了许多相同主题的素描作品。弗兰肯、安特卫普的青年画家大卫·特尼耶和那不勒斯画家萨尔瓦多·罗萨（Salvator Rosa）三人使巫术成为既适合油画又适合版画创作的主题。弗兰肯的作品与齐恩科蚀刻版画更节制、层次分明的创作风格不同，他将巫术描绘为无法无天、放纵无度的全景图，更像是1593年托马斯·西格弗里德的小册子中的插图所描绘的特里尔的安息日集会。弗兰肯在作品中着重刻画的是年轻而优雅的贵族女子，其中有些人正在脱衣服，以便让老女巫给自己涂抹软膏；另一些人已经脱掉衣服，赤身裸体地进行各种仪式；有些人四肢摊开，仿佛进入出神状态；其他人则被飞行的女巫带走，跌跌撞撞，毫无抵御之力。通过这些人物，弗兰肯创造出窥淫欲式的情色画面，并使之成为多个邪恶仪式场景的主线。

他的画中充斥着魔法圈和其他物品，例如骨头、刀、蜡烛和咒语、头骨和砍下的头颅、烧瓶、玻璃瓶、筛子和剪刀、曼陀罗根以及臭名昭著的用死刑犯的手制成的"荣耀之手"（hands of glory）、在巨大的锅里熬制的药膏，这些物品都指向敬拜和偶像崇拜的仪式，与画面中奇怪的博斯式（Boschian）恶魔和半人半兽的怪物一起，暗示着色欲、盗窃、贪婪和残忍的谋杀。与勃鲁盖尔的"赫谟根尼"系列所描绘的一样，这些行为发生的场合不再是野外，甚至不在城市广场，除其中一幅画外，所有场景或者部分场景都发生在室内：女巫骑着扫帚从壁炉的炉膛向上飞出房间，旁观者也可以在房间里观察她们的夜间飞行和破坏行为。巫术已经成为混乱和放纵的代表，侵入城市里的各个家庭，甚至包括贵族和富有市民阶层。受巫术影响的女性遍布各个年龄段和所有社会阶层。巫术已经成为一个阴谋组织，是基督教社会的心腹大患。

弗兰肯对巫术的兴趣可能与荷兰南部对巫术的强烈打压有关，首先是16世纪90年代的腓力二世（Philip II），然后是摄政的哈布斯堡家族阿尔伯特大公（Archduke Albert）和大公夫人伊莎贝拉（Isabella），他们在1606年的一条诏令中宣布巫术对宗教和社会构成威胁，试图借此建立对巫术的集中控制。如一位学者所言，弗兰肯绘画的"视觉夸张"刻画的无数魔法和仪式都有来自前人作品的痕迹，涉及爱情魔法、占卜、通灵、变身、召灵和偶像敬拜。这说明让·博丹等作者，尤其是安特卫普土生土长的耶稣会士、布拉班特的前任副大法官兼总检察长马丁·德尔里约，对他有巨大影响。马丁·德尔里约撰写的《魔法六论》于1599年首次出版，后被译为多种语言并多次再版。弗兰肯的作品浓墨重彩地刻画了女性身体在宽衣和觉知各个阶段的状态，如被人涂上药膏轻抚，像失去生命一样被带到空中。此外他也重点描绘了魔法召灵和使用咒语，包括阅读和翻阅魔法书，在散落的树叶上写出魔法咒语，在魔法圈周围刻上咒语，而且所有这些文字和奥义魔法的不同标记都与刀、骨头、头骨、动物和人体的各个部分画在一起，强调女巫的黑魔法法力无边，从而吸引各个社会阶层的女性。将恶魔身体和女性身体混在一起，表现出难以控制的身体欲望，同样，在画中凸显魔法咒语和魔法书也表现出了人类难以控制想要了解禁忌知识的欲望。弗兰肯对各种奇特的魔法用具和魔法仪式的描绘详尽又大胆，使观者赞叹沉迷。但其作品也表现出对道德败落和肆意获取知识的恐惧，将巫术视为对反宗教改革国家正常运作的威胁。如马丁·德尔里约所言，这一威胁变得十分严重，因为"成群的女巫像蝗虫一样毁掉了整个北方"，而且这一次，这些形式各异的魔法"甚至影响到了贵族、受过良好教育的人和富人"。

巫术成为适合17世纪的艺术题材，另一位起到关键作用的艺术家是安特卫普画家大卫·特尼耶二世。1637年，即特尼耶成为安特卫普圣路加公会（Guild of St Luke）教长一年后，他被南尼德兰的摄政王利奥波德·威廉（Leopold Wilhelm）大公聘为宫廷画家和美术馆馆长，数年后，威廉大公便成为全欧洲顶级的绘画收藏家。特尼耶后来接受了数位欧洲一流艺术收藏家的赞助，1663年成为贵族，并于一年后成立了安特卫普艺术学院。鉴于他的地位，他创作的十几幅巫术油画作品肯定是有一定知名度的，画家雅克·阿利亚梅（Jacques Aliamet）和贾斯珀·艾萨克（Jasper Isaac）

等人受他的画作影响所创作的多幅雕版凹版画足以为证。尽管特尼耶1633年所描绘的女巫集会场景及其他油画作品的内容都受到了弗兰肯的很大影响，但他的大多数绘画作品侧重描绘一个或两个魔法仪式或场景，例如恶魔召灵，酿制药水，收集曼陀罗根和其他草药，其中给准备骑扫帚顺着烟囱飞起的人身上涂抹药膏是最有特色的一个场景。因此，虽然特尼耶与弗兰肯的画作主题非常相似，但他并没有展示女巫集会的恣意狂欢，而且他也很少描绘巫术的深重罪恶。特尼耶笔下的女巫显然不会像弗兰肯在大幅画布上表现出的那样充满威胁，他笔下的女巫比较循规蹈矩，不像弗兰肯笔下的女巫那么疯狂出格。特尼耶许多作品的确也有奇异之处，但并不是源自对女巫行为的刻画，而是对一些奇怪的、野性的邪恶怪兽，例如飞鱼、青蛙、蝙蝠、各种半人半兽的怪物的刻画，这些怪兽不仅多次出现在他以女巫为创作主题的作品中，也出现在他创作的《圣安东尼的诱惑》（*The Temptation of St Anthony*）系列作品中。这些半人半兽的怪物、怪兽和恶魔许多都源自博斯和勃鲁盖尔的作品，构成了一个梦幻的、几乎是超现实的世界，这也成为17世纪下半叶许多艺术作品的重要特征。

17世纪初期，一位荷兰画家兼版画师雅克·德·盖恩二世创造的巫术形象比弗朗兹·弗兰肯的更复杂，他的作品中对巫术的各种态度也表达得更加细致微妙。我们在齐恩科所创作的有关安息日集会的作品中已经看到，雅克·德·盖恩创作的形象被许多艺术家所采用，即使这些艺术家（例如齐恩科）也许并不像德·盖恩那样怀疑巫术是否真的存在。德·盖恩1610年的素描《女巫安息日集会的准备》〔后被制成雕版凹版画，作者也可能是安德里斯·斯托克（Andries Stock）〕令人叹为观止。这幅作品承上启下，既延续了16世纪初汉斯·巴尔东等德国南部画家所代表的巫术观念，又影响了16世纪与17世纪之交的新生代佛兰德斯和荷兰艺术家。后者从博斯和勃鲁盖尔的作品中得到灵感，创造出一种似乎会给社会带来更大威胁的巫术形象，其信奉者数量众多，影响广泛，涉及不同社会阶层，而且其仪式野蛮残酷，巫术行为邪恶凶险。如果说齐恩科和弗兰肯等艺家强调巫术在某一地区社会结构中嵌入的深度，那么德·盖恩的意象则强调女巫巫术的惨无人道，暗示巫术给人类和社会生活带来严重影响。

不过，我们显然不能就此将这样的观点断然归因于德·盖恩。从他所跻身的社交圈和文化圈，以及他笔下近乎超现实和幻想的意象来看，有许多迹象表明，这些巫术形象源于他的想象力。德·盖恩所有的巫术作品都是在17世纪前10年创作的，大约同时期，弗兰肯在创作女巫集会的作品。德·盖恩在1601年前后移居海牙，即拿骚的莫里斯（Maurice of Nassau）属地，拿骚的莫里斯时任荷兰（Holland）和泽兰省（Zeeland）总督，后成为奥兰治亲王（Prince of Orange），此前10年间德·盖恩一直与他保持工作和个人关系。德·盖恩之前曾在同行艺术家亨德里克·霍尔奇尼斯（Hendrik Goltzius）的哈勒姆（Haarlem）印刷出版发行公司担任雕版师，也曾在阿姆斯特丹成立自己的印刷出版发行企业，并在16世纪90年代中期移居当时荷兰共和国的文化中心莱顿（Leiden）。在莱顿和海牙期间，德·盖恩的创作逐渐从版画转向素描，再到油画，这标志着他作为一名创新型艺术家的自我意识不断增强。这一文化和情感上的转向似乎也意味着他对奇幻事物越来越着迷，那是一片想象力的沃土。在莱顿期间，德·盖恩与莱顿大学学者往来密切，因而对大自然的花卉和昆虫产生兴趣。他的奇幻主题作品与他这段时间精心描绘的自然界作品形成了鲜明的对比，也是对后者的有益补充。

因此，17世纪前10年德·盖恩的"恶魔学"作品既是对巫术信仰的视觉呈现，又体现了人类丰富的想象力。例如，他1603年的素描作品《魔鬼播种寓言》（*The Parable of the Devil Sowing Seeds*）与老卢卡斯·克拉纳赫的"忧郁"系列很相似，甚至为后来戈雅（Goya）的《理性沉睡》（*The Sleep of Reason*）提供了创作灵感。画中化身为农民的撒旦在播撒种子。女巫们在撒旦头顶的天空中骑着山羊怪飞行。这些女巫被宗教幻象中的滚滚乌云环绕，其中一位女巫双腿分开如鹰翅，露出阴部。这些女巫代表了撒旦在人睡觉时撒下的种子或制造的幻觉（图中一个农民在田边熟睡）。画家的意图很明确：应该让种子与麦子一起生长，因为在收获时，也就是在最后审判的时候，连根拔起并焚烧它们的是上帝而不是人（《马太福音》13：24—30）。然而，德·盖恩所创作的巫术形象十分神秘。一方面，几乎可以肯定他受到以下观点的影响：所谓的"巫术"是心灵困惑之人伤感忧郁的想象。这是约翰·韦耶的鲜明观点，得到了《巫术的发现》的作者雷金纳德·斯科特的认同。在17世纪前10年，即德·盖恩正在创造巫术作品时，这位英国乡村绅士的作品恰好被翻译成荷兰语，而译者正是德·盖恩太太的兄弟加伏特·巴松（Govert Basson）和德·盖恩的岳父托马斯·巴松（Thomas Basson）。还有一些荷兰学者和法学家也持有类似的观点，如阿诺德·布谢尔（Arnoldus Buchelius），这些人和德·盖恩都私交甚好。因此，德·盖恩作品中充满神秘色彩、超凡光影效果的场景似乎是通过视觉形式所呈现的充满想象力的幻觉、心灵的幻象。

同时，经过仔细观察后再下笔，他的素描也充满了大自然的气息，画中的各种动物和景象都栩栩如生。这些技法在他的全部艺术创作中都非常明显，这使得他笔下的巫术场景格外真实。他作品中的自然主义元素使得场景描绘更加真实，这让观众对巫术陌生而残酷的世界感到恐惧。但是我们应该理解，这种真实并非来自自然界和社会现实，而是人类主体臆想的幻象。

在1604年的作品《地窖里的女巫》（*Witches in a Cellar*）中，德·盖恩精心绘制了头骨和砍下的头颅、老鼠和马头、钉在地板上的青蛙，强调女巫在施魔法前的准备工作是多么残忍。一具男尸直挺挺地躺着，就像在解剖台上一样，骨骼和肌肉结构清晰可见，强烈暗示着巫师是杀了人才获得这些人体器官的。德·盖恩在1610年前后创作的雕版凹版画中也有类似内容：头骨、猫、有翅膀的龙、青蛙、滑行的火蜥蜴、长满木节的树干，这些作品通常被命名为《女巫安息日集会的准备》，画中当然还有尸体、精心梳理的头发和人头。这些版画中央女主角都有着丰富的面部表情。这些女性目不转睛地注视着地面，其他女性和恶兽在乌云密布、混乱躁动的天空中疯狂飞行，二者形成了鲜明的对比。女巫们虽然是想象中的人物，但也从事着最可怕、最残忍的行径——在德·盖恩的作品中几乎永远如此。画中女巫把人的尸体保存起来，从尸体嘴里抽取体内的东西，肢解后倒入大锅中煮沸，她们还以吸血鬼的方式吸干孩子的血。德·盖恩希望《女巫安息日集会的准备》能让更多人看到，与他的其他素描作品相比，这些作品中描绘的女巫行为对于整个时空都更具破坏性和暴力性，其社会基础也更深厚。暴风雨的浓重云团和闪电象征着大自然的混乱无序，也有可能暗示着井水被人投毒，这在当时会让人们联想到瘟疫和巫术，引起大众的恐慌。在这些面向大众、极富创造力的作品中，德·盖恩让我们看到了一个世纪前汉斯·巴尔东的巫术意象和构图。但是德·盖恩的作品也标志着一个新的意象的出现，这一意象强调巫术威胁的时空维度比以往更加广阔。

巫术和充满想象力的幻想（1620—1670年）

如前所述，17世纪的大部分作品中所表现的巫术最重要的特征之一就是放纵。这种放纵可能有两个类型。首先，女巫是一个大规模运动或组织的成员，她们从事的各类活动旨在伤害个人和扰乱社会秩序。这就将女巫定义为反教会或反社会组织的成员。这一趋势在描绘特里尔地区的安息日集会的蚀刻版画、弗朗兹·弗兰肯二世的安息日集会油画作品、齐恩科的安息日集会作品中都清晰可见，在雅克·德·盖恩二世的素描中则有所不同。

其次，放纵表现在身处使用巫术的魔界和灵界时，女巫们与恶魔签订契约，有时祭拜他们，半人半兽的恶魔和各路鬼怪聚集在女巫施展罪恶邪术的地方。对这些妖魔鬼怪的痴迷源自北欧画家博斯，勃鲁盖尔的"赫谟根尼"素描和版画作品也体现了这一传统。另一个典型代表是弗兰肯安息日集会作品中的恶魔偶像，以及被描绘为帮助、护送、爱抚或哄骗女巫的魔鬼动物和半人半兽的恶魔。大卫·特尼耶描绘的女巫场景中也有类似的内容。同时，17世纪相关的成熟艺术主题也开始引入一些女巫形象，例如《圣安东尼的诱惑》。17世纪中叶的几十年中，女巫在安息日集会中的放纵行为被很多画家进一步阐释，如迈克尔·赫尔（Michael Herr）和马蒂亚斯·梅里安（Matthias Merian）。此外，1668年，以笔名约翰内斯·普雷托里乌斯（Johannes Praetorius）而闻名的巴洛克诗人和作家汉斯·舒尔茨（Hans Schulze）共同出版作品《布罗肯峰的表演》（*Performance at the Blocksberg*），其中的佚名插图也表现了女巫的放纵。17世纪40年代那不勒斯艺术家萨尔瓦多·罗萨的作品也突出了半人半兽的魔鬼和人体骨骼，整个巫术世界被描绘得阴森诡异。

迈克尔·赫尔来自德国西南部，主要活跃在纽伦堡。17世纪20年代他描绘的巫术场景几乎影响了整个17世纪画家笔下的巫术形象。赫尔画了许多素描草图，其中之一受齐恩科安息日集会的影响清晰可见，这些草图似乎是为老马特乌斯·梅里安（Matthäus Merian the Elder）1626年蚀刻的大张版画所作，并发表了两个配有不同诗句的版本。与齐恩科笔下的安息日集会一样，散发着黑色烟雾和蒸气的大锅在这张图的最中央，对整个画面构图起到切分的作用。在这幅画中，蒸气向上喷出，将蟾蜍抛向天空，空中骑行的巫师们乱成一团：一个女巫被撞下扫帚或者山羊，另一个女巫四脚朝天，还有一个男巫只好死命抓紧帽子。这根蒸气柱的左侧和右侧分别是一个圆形场景，相辅相成但又截然不同。左边女巫在跳舞，成群的男女巫师蜂拥而至，往山上走去。这座山是布罗肯峰，德国中部哈尔茨（Harz）山脉的最高山峰。从16世纪后期开始，人们相信这里是女巫集会和跳舞的最重要地点之一。女巫们追随着像萨提尔（Satyr）那样淫荡的领袖撒旦，撒旦举起了燃烧的手臂。在这根蜿蜒而回旋的蒸气柱中穿插出现的是一个个恶魔，其中一个正面赤裸，女巫们与他疯狂地跳舞并进行性行为，人群中还有风笛手和其他乐师。

画面的右侧有一位男性魔法师，在残垣断壁中施展召唤亡灵和邪灵的魔法。他站在魔法圈内，挥舞着一把剑，神色慌张，仿佛随时准备出击。魔法圈边上有许多蜡烛和各式护身符。魔法圈的周围有各种鬼魂般的动物形状和半人半兽的邪恶魔鬼，其中有些张着嘴尖叫，有些则击鼓或试图用武器打破魔法屏障，还有一些则从高处冲下来准备投掷石弹。

画的前景中有一口大锅，旁边围着许多女巫。其中一位女巫分外突出：她身材高大，赤身裸体，头戴王冠，头发极长（下方的诗里写道，她就是安息日集会的女王）。围绕着她的画面更加堕落，有悖伦常：一个醉醺醺的女人躺在大啤酒杯前，一个淫荡的恶魔抚摩着她，在靠近她的脸颊时伸出舌头，并将一条腿缠绕在她的腰部。一个长着翅膀的老恶魔一边排便、放屁，一边用嘴吐气，似乎熏晕了旁边的一个女巫。

画的右下角几个女巫正在一位男魔法师的指导下阅读魔法书，另一些女巫则聚集在一只大桶周围，用头骨和人体各部位形状的法具、剑和魔鬼瓶施展各种仪式魔法。在这些人的身后，一名老鸨正向她的男客人介绍一位年轻的女巫。

梅里安的画面中表现出非同寻常的能量、癫狂的行为和极度的放纵。它呈现了万魔癫狂放纵的场面，呈现的重点是道德沦丧和恣意放纵，尤其是色欲、淫舞和醉酒。尽管画中暗示女巫对社会造成了破坏（画的中心背景是一座燃烧的教堂和绞刑架，右下角有一具蒙着布的儿童尸体，并散落着人和动物的头骨），但最突出的是荒淫无度和道德沦丧。喷出蒸气的大锅似乎影响到了山上那一长列淫荡的康茄（conga）舞者和愤怒的精灵，这些邪灵正试图征服男性仪式魔法师。画的前景中有一个女巫举着手臂尖声呼唤邪灵，有一名老鸨，还有一个背对观众的裸体女巫与左边的淫荡恶魔和排便恶魔并排着。这确实是人间的黑暗王国。然而，这个王国并非基于神学家和法学家有关安息日集会的文字描述构建的，而是通过融合流行的艺术主题和图案形成的。梅里安蚀刻版画下方两个版本的不同文字让读者观看这种"可怕、怪异、混乱和狂野"的场景，并从中了解更多有关巫术的传统思想，这些场景表现了撒旦及其王国和女巫们在地狱之火中的终极诅咒。梅里安的蚀刻版画将巫术世界刻画成一种人类几乎从未经历过的极为癫狂的邪教，涉及无数熟练操作魔法的巫师和众多狂暴的魔鬼和邪灵。

约1625年的一张德国的大报上也可以看到类似的早期巫术视觉表现形式，其中一幅插画大量借鉴了雅克·德·盖恩二世1610年的素描和后来的版画《女巫安息日集会的准备》中的构图和图案。尽管大多数构图元素与德·盖恩的构图元素非常相似，但早期版画中的三个女巫现在已被一大群女巫取代。画的前景中一群女巫围坐在魔法圈外，显然在接受一位裸体女巫的魔法辅导。另一群女巫在山洞里围坐在燃烧的蜡烛周围。几个萨提尔式的淫魔领着许多女巫穿过另一个山洞参加集会。画的背景里，一个魔鬼独自坐在土丘上吹着风笛，一大群女巫和魔鬼围成一圈和着风笛声起舞。尽管这幅画描绘的场景不及梅里安描绘的那么放纵，但充斥画面的众多女巫也体现着同样的能量。而且与齐恩科的蚀刻版画不同，这幅画不是为文字所配的插图。但是，画旁的诗句却让读者看到这"邪恶的女巫部落"及其恶行，她们最终将罪有应得，堕入地狱。

画家想通过增加女巫的数量来强调她们已经威胁到基督教社会良好的道德秩序，一位匿名艺术家在复制梅里安版画时也体现了这一点，这位艺术家曾为普雷托里乌斯1668年的作品《布罗肯峰的表演》创作了卷首插图。普雷托里乌斯的作品受到热捧，而且这幅版画直到17世纪末，甚至18世纪都不断被翻印。

这位其名不详的艺术家在这幅木刻版画的正中央描绘了淫秽之吻的仪式，使得撒旦崇拜成为作品的焦点，达到了强调巫术邪恶本质的目的。此外，他还将女巫放入传统上和布罗肯峰有关的跳舞和纵欲场景中，将三位乐师放在一长队纵情狂舞的女巫中最显眼的地方。的确，现在几乎所有的舞者都是和她们邪恶的情人成双结对，这些情人里有动物也有恶魔。到17世纪中叶，布罗肯峰逐渐广为人知，大家认为这里会有鬼魂聚集，女巫们在这里跳舞，举行安息日集会仪式。这些人们津津乐道的奇谈趣事给插画家提供了创作灵感，与此同时，他们的作品也使得巫术的邪恶本质绝不会被淡化、遗忘或忽视。

那不勒斯艺术家萨尔瓦多·罗萨作品中充满想象力的巫术幻想也非常明显。除了油画作品《扫罗和隐多珥的女巫》（*Saul and the Witch of Endor*）之外，罗萨的所有魔法和巫术主题作品都是1640年至1649年他在佛罗伦萨期间创作的，要理解这些作品必须先了解罗萨这段时间感兴趣的主题。罗萨和一些诗人、剧作家、学者和画家过从甚密，他们对严肃的哲学主题（尤其是古典斯多葛主义）感兴趣，关注虚荣与死亡，还有尤维纳利（Juvenal）和贺拉斯（Horace）等作家的讽刺诗。罗萨还将这种道德的严肃性与戏剧性及戏仿的喜剧性糅合在一起。罗萨巫术主题作品的一个共同特点透露出画家对某些邪术和魔法技巧的兴趣，女巫声称使用这些技巧就可以达到不同目的：获得爱或财富，造成伤害或死亡，或者召唤亡灵，预卜未来。在17世纪40年代中期罗萨所创作的四幅圆形艺术品（tondi）中，巫术的场景随着一天中的不同时间——清晨、白天、傍晚和黑夜——而变化。一位学者说"这像是一部包含黑魔法全部机制和元素的诗集"。例如：将人变成动物，制作腐烂毒药和药膏让人染病，燃烧蜡锥和爱情魔法中的偶像，用水晶球预测未来，以及在邪恶的祭祀仪式中召灵和祭拜。罗萨最著名的作品是他大约在1646年创作的画作，题为《正在召灵的女巫》（*Witches at their Incantations*），现藏于伦敦的英国国家美术馆。这幅画也像是一本耸人听闻的女巫怪异习俗文集：开始作法，对悬吊的尸体进行熏蒸后做成木乃伊；将尸体的指甲剪下来和内脏一起用来制作药膏；将蜡质人体模型和镜子用于爱情魔法；在棺材中支撑起一具骨骼和亡灵交流；男性魔法师在魔法圈内使用剑和锥形物，似乎要击穿心灵或让不忠的恋人受伤。画中到处都是头骨和动物形状的骨骼。罗萨痴迷一切魔法、邪术和召灵术，以及各种身体器官和令人作呕的东西，这一切在他创作的几乎所有巫术场景中都有所体现。

罗萨巫术肖像画的另外一个重要特征是：他围绕地狱邪灵和冥界这

一主题，制造出强烈的感官体验。画中场景幽暗荒凉，怪异恐怖，风云诡谲，时而会闪过雷电和火光。通常有呈鸟状的巨大生物和其他奇异的骨骸盘旋在上空，好似主宰着地面的活动。而在地面上，我们看到女巫骑着像龙一样的骷髅野兽或者怪异的骷髅恶魔去参加庆典。画中到处都是死亡的痕迹，有动物和人类的头骨和其他部位的骨头，强调了巫术处于恶魔和亡者两个世界之间这一内涵。罗萨的巫术场景确实是原创的，但在16世纪后期和17世纪初，意大利画家雅各布·利古齐（Jacopo Ligozzi）和菲利波·那布勒塔诺（Filippo Napoletano）等人的作品中也经常出现各种人类和动物骨骸。他们可能也借鉴了意大利传统中巫术与动物死亡之间的关联性，比如威尼斯画家阿戈斯蒂诺·韦内齐亚诺（Agostino Veneziano）创作于16世纪初的版画《尸体》（*The Carcass*）中，便有死亡动物游行的场景。罗萨作品中的细节似乎与弗兰肯和大卫·特尼耶早期绘画中的某些方面遥相呼应。但是在他的意大利同行中，只有安德烈亚·洛卡特利（Andrea Locatelli）于1742年创作的一幅巫术画，有着和罗萨笔下阴森恐怖的气氛相类似的氛围，画面中充斥着悬挂的尸体、召灵魔法仪式、人类骨骸和野兽骨架。

在创作巫术主题油画大约二十年之后，罗萨在1668年完成了《扫罗和隐多珥的女巫》，这幅画采用了早期作品中的某些主题，但受到了圣经叙事和场景更严格的限制。隐多珥的女巫是圣经里的人物，她应扫罗国王的要求召唤先知撒母耳的亡灵（《撒母耳记上》28），以了解他的政治前途，而她召唤的鬼魂正是撒旦。通常圣经肖像画里的故事场景都是在女巫的房间或密室里，罗萨打破了这一传统。他将隐多珥的故事场景放在墓地，这样他明确界定了女巫的身份，即与亡者沟通的通灵者。其次，罗萨着重刻画女巫的魔法技巧，凸显了她在整个事件中的重要性。画中女巫用火把烧柏树枝，这是传统召灵术的一种常见做法，罗萨的其他画作中也有这一场景。女巫俯身时张开嘴巴，似乎在念召灵秘咒，这一姿态渲染出一种非同寻常的情感张力，也和先知撒母耳塑像般静止不动的人像形成鲜明对比。最后，他以一种几乎独一无二的想象力描绘了女巫头顶上方奇形怪状的动物骨骼和人类骨骸，这表示女巫的咒语让各路恶魔都应声出现。尽管罗萨画作中的隐多珥女巫并没有男性礼仪魔法师的一些典型特征，但她却表现出女巫使用符咒召灵的能力。

这幅画是罗萨在漫长的职业生涯即将结束时创作的（他于1673年去世），也标志着他的艺术声誉达到顶峰。

画成后不久，这幅画作为唯一一位仍然在世艺术家的作品被选中与提香（Titian）、帕玛强尼诺（Parmigianino）等人的作品一起参加在罗马举行的展览，该展览是罗斯皮利奥斯（Rospigliosi）家族为庆祝他们家族成员克雷芒九世（Pope Clement IX）当选罗马教皇而举办的。这幅作品受到热捧，对于该主题后期的发展具有历史意义，因为罗萨的作品影响了整个17世纪和18世纪德国、荷兰和法国画家的圣经故事画作。相比以前的作品，这些作品更多描绘的是画家认为隐多珥女巫在召灵和通灵时使用的魔法用具，以及她召唤来的亡灵和恶魔。更重要的是，在人们对巫术真实性的质疑越来越强烈的背景下，罗萨的作品间接影响了接下来几十年的巫术的视觉表现形式。

面对怀疑主义捍卫巫术（1670—1710年）

17世纪的最后三十年和18世纪的前十年中，巫术肖像画在捍卫巫术信仰方面似乎起到了至关重要的作用。捍卫巫术最有力的工具就是圣经中隐多珥女巫的形象，正是罗萨成功地让她成为艺术家青睐的主题。把罗萨的作品介绍给德国画家的可能是瑞士画家约瑟夫·维尔纳二世（Joseph Werner II），他向奥格斯堡以约翰·海因里希·舍恩费尔德（Johann Heinrich Schönfeld）为中心的艺术圈同行推荐了罗萨的作品。1667年到1682年，维尔纳也在奥格斯堡工作。维尔纳和舍恩费尔德都创作了这一主题的绘画，舍恩费尔德把隐多珥女巫描绘成使用魔杖和魔法圈的仪式魔法师，使用同一手法的还有德国南部的其他画家，如乔治·安德烈亚斯·沃尔夫冈（Georg Andreas Wolfgang）、梅尔希奥·屈泽尔（Melchior Küsel）、约翰·雅各布·桑德拉特（Johann Jakob Sandrart）、小乔治·克里斯托弗·艾因玛特（Georg Christoph Eimmart the Younger）和马丁·恩格尔布雷希特（Martin Engelbrecht）。不久，荷兰艺术家卡斯帕·路肯（Caspar Luyken）和罗曼·德·霍格（Romeyn de Hooghe）等18世纪初的欧洲著名版画师也以类似的方式描绘了隐多珥女巫。正是艺术家的强烈兴趣才有可能让这一圣经人物成为巫术的代表。很多画家想抵抗巴尔塔萨·贝克和克里斯蒂安·托马西乌斯等批评者对巫术的攻击，为巫术的真实性辩护，对他们来说，这一点尤其重要。接下来半个世纪左右的时间里，巫术的代表形象是一个女人一边在人锅中煮药水，一边用召灵魔法召唤魔鬼现身助力。

早在12世纪，隐多珥女巫和扫罗王的故事就以插图的形式在各类圣经和历史纪事记述中出现，但在17世纪后期它开始出现在有关巫术的论著中。威廉·费索恩（William Faithorne）在约瑟夫·格兰维尔（Joseph Glanvill）的《战胜撒都该教派》（*Saducismus Triumphatus*）一书中绘制了卷首插图，这是一部捍卫巫术和灵界真实性的著作，1681年开始有多个版本出版。格兰维尔作品的德文版于1701年出版，卷首插图仍然是一幅描绘隐多珥女巫的雕版凹版画，作者不详。

这幅作品复制了德国雕版画师老乔治·艾因玛特（Georg Eimmart the Elder）的木刻版画，后者被收入1695年奥格斯堡的图画版圣经。画面很像戏剧场景，舞台中央的大型穹顶上挂着多个人类头骨和蝙蝠。女巫用魔杖和魔法圈作法，撒母耳的身影从他的圆形坟墓中随着一股浓烟缓缓浮现，扫罗和几位随从十分震惊。这幅画和其他17世纪描绘隐多珥女巫的作品一样，女巫使用男性仪式魔法师的专用器具（魔杖、书和魔法圈），这在17世纪之前的巫术画里是没有的。这些男性仪式魔法师〔例如克里斯托弗·马洛（Christopher Marlowe）最著名的人物浮士德博士〕的标志性器物也成为女巫的特色了。

带有传统男性仪式魔法师标志（书籍和魔法圈）的这一女性形象和女巫的经典标志（沸腾的大锅和山羊）一起出现在1687年出版的《破碎的黑暗力量》（*Der gebrochene Macht der Finsternüss*）一书中，该书作者是奥格斯堡虔诚的虔敬派牧师戈特利布·施皮策尔（Gottlieb Spitzel）。女巫的这一形象至少在版画师中是受欢迎的。1693年《恶魔崇拜》（*Demonolatry*）一书的德文版中也出现了这一形象，这部著名作品最初于一个世纪之前出版，作者是洛林首席检察官尼古拉·雷米。后来，女巫的这一形象又成为《堕落女巫和巫师的保护者》（*The Defender of Depraved Witches and Sorcerers*）一书的卷首插图，该书于1705年在汉堡出版，作者是荷尔斯泰因（Holstein）地区一位路德宗牧师，名叫彼得·戈尔德施密特（Peter Goldschmidt）。总的来说，这几本书中的女巫形象都不是简单地以隐多珥女巫为原型的。书里的女巫形象是完全仿照1679年奥格斯堡雕版画师梅尔希奥·屈泽尔创作的图画圣经创作的，戈特利布·施皮策尔一定是知道这位画家及其作品的。包含该女巫形象的三部著作都强烈捍卫了对巫术真实性的信仰，这一人物的选择似乎是为了强化巫术是在圣经中出现过的这一主张。

这三幅蚀刻版画的另一个重要特征是，画中女巫、魔法师的形象均体现了1668年普雷托里乌斯作品中佚名插画的各种肖像元素。例如，一群舞者跟在形似萨提尔的撒旦身后，撒旦双臂高举，爪子燃烧着，他们环绕在山坡的一边，随着两位乐师的音乐起舞，和那幅插画中的场景如出一辙。但是，普雷托里乌斯作品的卷首插图中描绘的淫秽之吻只有一位女性，而施皮策尔书中版画的创作者则描绘了多位女性及儿童排成一队，被恶魔逼迫参加仪式。艺术家借此成功地制造出一种效果，即两行参与者是有关联的，而安息日集会上的淫秽之吻仪式也成了巫术最重要的特征。17世纪后期巫术肖像中出现了女巫安息日集会的淫秽之吻仪式，这很可能与瑞典的巫师审判有关，尤其是1668年至1676年著名的莫拉案（Mora case）。这些审判的一个共同点是涉及儿童，据说他们被成年女巫绑架，并被带到传说中的布洛库拉岛（Blockula）草地上参加安息日集会的庆祝活动。最终，有70多名成年人因儿童的证词而被定罪并处决，其中只有一名男性。

同样被处决的还有15名儿童，另外许多儿童受到鞭刑。有一幅著名的木刻版画面世，描绘了女巫处决及其他女巫活动的场景。这幅画被收入这一事件的纪要，并且迅速与纪要的荷兰文、德文和英文译本一起流传。不久，当时的新闻报道、各类小册子和论著也引用了这幅画。有关这起事件的一篇报道引起轰动，后被收入约瑟夫·格兰维尔《战胜撒都该教派》的最新一版中，戈特利布·施皮策尔的《破碎的黑暗力量》一书对于传播这一新闻也起到了至关重要的作用。大批女巫招供并被处决，因此许多人相信对女巫的指控是真实的，有人用这些事件强调巫术给整个欧洲带来的威胁一直存在。一些人试图淡化巫术的威胁，认为这些事件是蛊惑人心的一派胡言，或是茶余饭后的谈资，而施皮策尔的插图里既有圣经中的巫术论据，又有近代和当代这些耸人听闻的事件中的证据，显然是在和这些人唱反调。

17世纪下半叶的巫术肖像画中也描绘了男魔法师召灵术的一些元素，这主要是因为当时人们通常把所有形式的魔法视同巫术。我们已经看到了这一趋势在视觉上的不同表现形式，比如弗朗兹·弗兰肯的巫术主题作品，还有大卫·特尼耶的油画。但是在所有主题中，让众多画家痴迷的一个场景是隐多珥女巫试图让撒母耳的鬼魂从坟墓中升起。正因如此，从17世纪初起，召灵魔法被引入隐多珥故事的肖像画中，尤其是德文和荷兰文插图版圣经中的这类版画越来越多，还有其他一些油画和素描作品，作者包括本雅明·库伊普（Benjamin Cuyp）、迪南德·波尔（Ferdinand Bol）、克里斯托弗·穆勒（Christoph Murer）、克里斯托弗·范·西凯姆二世（Christoffel von Sichem II）、彼得·亨德里克斯·舒特（Pieter Hendircksz Schut）、雅各布·萨弗里（Jacob Savery）、罗曼·德·霍格和马丁·恩格尔布雷希特。当时有人攻击巫术这一概念及其所谓"魔力"，鉴于隐多珥女巫本身是圣经中的女巫，这一特殊身份自然使她成为反击这些观点的最强大的视觉（和历史）武器之一。

巫术戏仿和早期浪漫主义（1710—1800年）

18世纪大部分时间里，面对日益增长的怀疑论调和对司法程序滥用的批评，欧洲的巫术信仰逐渐式微。在欧洲，除匈牙利和波兰等东欧部分地区外，巫师审判的数量急剧下降；从18世纪90年代开始，整个欧洲大陆不再进行巫师审判。从18世纪20年代开始，这种有根据的怀疑和巫师审判的减少在巫术形象中也有所反映，画家对待巫术主题的严肃态度渐渐被戏仿和嘲讽取而代之。1710年，巴黎著名作家洛朗·波尔德隆（Laurent Bordelon）神父在巴黎和阿姆斯特丹出版了一本名为《乌夫勒先生的奇幻想象》（*L'Histoire des imaginations extravagantes de M. Oufle*）的小说，故事的缘起是乌夫勒先生阅读了一些有关魔法、恶魔艺术、恶魔附体者和女巫的书籍。

主人公姓乌夫勒〔Oufle是"疯子"（le fou）一词字母的逆序组合〕，他相信各种各样的迷信，包括女巫的安息日集会。1710年出版的两个版本均带有蚀刻版画插图折页，描绘了乌夫勒先生由一个傻瓜陪同参观了女巫的安息日集会。实际上，这幅画是对近百年前扬·齐恩科蚀刻版画的戏仿。

在波尔德隆书中的插图里，可以看到齐恩科作品中除了贵族男女以外几乎所有巫术活动和各个女巫的浮雕宝石式形象。不过，齐恩科作品中描绘的乐队和看管蟾蜍的儿童在波尔德隆的插图中变得很小，显著性也大大降低。然而与早期的齐恩科版画相比，波尔德隆插图最大的不同是撒旦坐在宝座上，仪式在他面前举行。画家将齐恩科画中的浮雕宝石式形象移到了版画的中心位置，用于构建周围场景和整个版画的意义。与之前插图中撒旦的山羊形象不同，这幅画中的撒旦上半身是长角的人，下半身是山羊。在他的宝座前，四名男子在向后翻跟头，这个动作显然在暗示安息日集会的仪式违反公序良俗，但同时这也是戏仿彼得·勃鲁盖尔版画《愚人节》（*The Festival of Fools*）中翻跟头的愚人。乌夫勒是在一个傻瓜的陪同下在外围观看这种可笑的舞蹈，画家显然是在讲愚人乌夫勒的另一个笑话。

波尔德隆的书里还有很多这样可笑的插图，一经面世就大获成功。第二年，也就是1711年该书被译成英文和德文，新的法文版本也于1754年和1793年分别再版。其他画家也从中受到启发，例如约翰·韦伯斯特（John Webster）1719年出版的《假想巫术的呈现》（*The Displaying of Supposed Witchcraft*）德文译本中有安息日集会场景，一位不知名的画家试图戏仿，他借用了1626年梅里安和赫尔蚀刻版画中的许多元素：头戴王冠的裸体女巫和她的大锅；施召灵术的男魔法师；两个女巫，一个骑山羊，一个骑扫帚；甚至还有像狗一样的怪物在空中飞来飞去，准备抛掷石弹。画的前景处，一名年轻女子躺在床上，仿佛刚刚从噩梦中惊醒，惊恐万状地看着面前的恶魔和一条大蛇。为了确保读者理解这个场景的含义，画家添了两行字，"这里有人发现世上有女巫，就像（我们眼中的）白天一样分外清晰；做梦的人脑中住着几千个女巫"。为了强调梦的幻象这一主题，艺术家借用了当代文化，在做梦人卧室门的上方悬挂了一张乌夫勒先生的照片。

18世纪早期法国画家克洛德·吉尔洛特（Claude Gillot）的作品中也强调巫术只是一种幻觉。吉尔洛特是画家华托（Watteau）的老师，以其洛可可式的创新以及对漫画和怪诞风格作品的浓厚兴趣而广为人知。他在1722年去世前创作了几幅类似于安息日集会场景的蚀刻版画。例如，吉尔洛特创作的版画名字通常叫作《夜晚徘徊在僻静寂寥处》（*Errant pendant la nuit dans un lieu solitaire*），很可能受到了波尔德隆作品插图中乌夫勒先生拜访安息日集会一图的影响。因为在他的画中，山羊模样的撒旦也坐在类似舞台的一个地方，也与一群怪异而恐怖的人类和动物形象拉起手来，一只山羊拉着提琴，这些人物和着琴声起舞。鬼魂和动物的形象怪诞且不协调，恶魔用一匹凶恶的马放的屁点燃一根锥形蜡烛，这类细节都表明这幅作品既是戏仿又是批评。的确，后来附加的题词也证明了这一点，它谈到这些鬼怪给夜晚带来巨大恐惧，直到太阳升至最高点才消失。吉尔洛特的另一幅蚀刻作品名为《这是着魔吗，这是幻觉吗？》（*Est-ce enchantement, est-ce une illusion?*），虽然他在画中添加了尸体和刑罚折磨，但也描绘了动物骨骼和奇形怪状的物体。但是，尽管整幅画弥漫着诡异恐怖和死亡的气氛，随附的文字却再次提出吉尔洛特最关键的问题："这些恐惧只不过是恐怖的幻象吗？"

吉尔洛特的蚀刻版画说明，此前巫术的肖像画记录和探索的是女巫和魔法师的世界，她们对社会的伤害以及她们与撒旦、恶魔或灵界的关系，而到了18世纪20年代，风向开始转变。

当然，传统的女巫形象仍然存在，尤其是和17世纪中叶一样，被描绘为召灵者和通灵者，她们用召灵魔法召唤恶魔，在大锅中煮沸药膏和药水，骑着动物和各种器具在天空飞行。但是，18世纪下半叶亨利·富塞利（Henry Fuseli）和弗朗西斯科·戈雅（Francisco Goya）等浪漫主义画家的作品则更多体现了人类想象力的本质、梦境和噩梦、内在的精神力量和驱力、人性的黑暗面、非理性和离奇的事物。一个典型的例子就是戈雅的蚀刻版画《理性沉睡，心魔生焉》（*The Sleep of Reason Produces Monsters*），它是戈雅在第一套巫术系列画像阶段的后期创作的，也是他1799年《狂想曲》（*Capricho*）系列的一部分，画中的怪物和恶魔显然是人类思想的产物，而非恶魔契约或召灵魔法的结果。魔法和巫术的形象一直持续到19世纪，代表画家有欧仁·德拉克洛瓦（Eugène Delacroix）、路易·布朗热（Louis Boulanger）、安东·维尔茨（Anton Wiertz）、卡尔·施皮茨韦格（Carl Spitzweg）、费利西安·罗普斯（Félicien Rops）、阿诺德·伯克林（Arnold Böcklin）、汉斯·托马（Hans Thoma）、约翰·威廉姆·沃特豪斯（John William Waterhouse）、洛维斯·科林斯（Loes Corinth）和特雷莎·菲欧多萝瓦纳·莱斯（Teresa Feodorowna Ries）。除了用巫术探索自由的想象力之外，这些画家还通过巫术研究迷信与启蒙、女性的身体与性、自然与人的命运等主题。

至此，受过教育的欧洲民众中相信女巫法力的人越来越少，对巫师大肆迫害的日子也告终结。但是，作为探索人类心理及其社会体制的一种文化修辞手法，巫术的力量仍然在继续发展。

| 第六章 |

民间魔法纵览

欧文·戴维斯

虽然有些历史书籍的记述并不很明确，但欧洲近代早期制定的各类针对巫术的法律都涉及对魔法的惩罚。如第三章所述，破解魔咒、识别盗贼、寻找被盗财产，以及解决情感问题等一些大众认为有益的魔法却被一些神学家认为纯粹是邪恶之举。虽然女巫代表撒旦杀害了对上帝虔敬的人，但她们并没有诅咒受害者的灵魂。而好魔法师会用心险恶地诱骗他们的顾客，使他们相信人类的虚假应许，而不相信上帝的判断。这条邪路会让人受到诅咒。对于世俗统治者来说，魔法师和先知的影响力也威胁着政府、神职人员和医学界的权威性。

1542年，亨利八世统治期间，英格兰和威尔士第一次专门针对巫术和召灵术立法。除了女巫以外，如果有人以"奇技淫巧"寻找藏宝之地，或者"说出或者声称自己知道被偷盗、遗失的物品流落何处"，也会受到惩罚。几年后，这一法案被废止，但1563年伊丽莎白一世政府在其基础上制定了更详细的法律，其中包括"蓄意唆使不伦之恋"的罪行。1604年该法修订时又增加了一些有关魔法的罪名，比如讨好魔鬼和邪灵，以及在魔

159

法中使用尸体。在英属美洲殖民地从业的女巫和魔法师被提起公诉所依据的就是这项法规。加尔文教盛行的苏格兰地区1563年也出台了巫术法案，不过与英格兰的那部法案有所不同，没有清晰区分什么是可以定死罪的巫术，什么是有益的魔法。这一法律约束的是"本地区臣民大量使用的可憎迷信行为"。苏格兰法案中还有一条刑事犯罪的罪名："面对死亡带来的痛苦，如果有人向前文所述的使用或滥用巫术、邪术或通灵术者，寻求帮助、回应或建议，那么实施、滥用巫术者以及寻求回应或建议者都将被处决。"其实，尽管"病急乱投医"的人很少会惹出大祸而受到世俗法院的审判，但是法律严苛至此也实非寻常。大多数法律制度下，咨询施魔法者并不构成世俗罪行。被判施有害魔法罪及恶魔契约罪会从重处罚，通常因提供非法魔法服务而被定罪者则处罚较轻。

神圣罗马帝国时期的《加洛林纳刑法典》正是如此。因此，1582年，一位名叫乔治·基斯林（George Kissling）的德国铁匠兼术士被处以鞭刑并流放，罪名是通过魔法活动进行诽谤和勒索。在当时的欧洲大陆，流放是对这类罪行的常见惩罚。

然而，在西欧，根据反巫术和魔法的一般法律，对术士和其他施魔法者的起诉相对较少。对法国东部洛林公国的380起巫术案件的分析显示，提起公诉的魔法治疗案件只有两起，而被定罪的人中只有一人被处决，主要罪名是他被指控与撒旦签订了隐性的契约。施魔法者惹祸上身通常是因为被指控施巫术以及善意魔法，阿格尼丝·桑普森（Agnes Sampson）就是这样，她于1591年在苏格兰受审并被处决，针对她的53项指控中有一半以上涉及治疗和占卜。例如，其中一项指控是"医生已经放弃治疗领主里德希尔（Reidshill）的儿子，而她用巫术治愈了他"，另一项是通过"握住孩子的手念咒语"治疗疾病。对术士起诉的案例很少，原因之一是人们缺乏举报的动机。政府可能已经制定了法律限制民间魔法的传播，但是与巫师不同的是，人们认为术士对社区很重要，即使他们有能力施"邪法"，也仍然很少起诉他们。此外，大多数民间魔法师、占卜者和魔法治疗师被起诉至教会法庭，而非世俗法庭。

欧洲的天主教和新教教会法院都对犯有罪恶和不道德行为者处罚，这些行为包括咨询魔法师及施魔法。例如，英国埃塞克斯郡的早期现代教会法庭记录了两起案件，都是以清除牲畜身上的魔咒为名将它们活活烧死。另一起案件涉及一名教堂侍者，他的房东丢了一匹马，他去咨询一位术士，询问马的下落。至于在"眉毛上方"画血符咒以对抗巫术的做法，苏格兰主教会议1728年警告说这"在一定程度上是一种巫术，在宗教改革后的土地上是不能容忍的"。但是，有时人们起诉并非因为魔法行为本身，而是因为魔法在星期日进行，这一天人们原本应该去教堂或虔诚地休息的，这些教会法庭的记录提供了最丰富的资料，让我们得以了解民间魔法的多样性和普遍性。显然，欧洲各地的村民或城镇居民都可以找到各种各样的施魔法者，这让教区牧师和注册医师很懊恼，他们将这些民间魔法师视为对他们权威和收入的威胁。

从16世纪到18世纪，西班牙、葡萄牙和意大利的宗教裁判所也忙于处理民间魔法案件。例如，1700年至1820年，西班牙宗教裁判所处理了1300多起魔法案件，葡萄牙宗教裁判所则在1715年至1770年调查了500多名施魔法者和治疗师。

如果魔法活动被认定是异端行为，当事人会被宗教裁判所的法庭判处死刑，再移交给世俗当局处决，但这些罪行通常会从轻处罚。1619年，加百列·蒙特切（Gabriel Monteche）向萨拉戈萨（Saragossa）法庭认罪，承认自己多年来一直假装"有能力治愈狂犬病，治愈其他疾病并使村庄免受冰雹袭击"。法庭判他鞭打一百次，逐出该地区两年。其罪名并非所谓"施魔法"，而是蓄意欺骗众多顾客。

为什么施魔法

许多民间魔法都与打击巫术有关。但是即使制定了严厉的法律根除女巫，民众仍怀疑一些人是女巫或公开谴责对方是女巫，将这些人诉诸法庭不过是几种途径之一。审判记录显示，对许多女巫提起公诉往往是因为其他途径不奏效，包括预防性、惩罚性措施或其他试图降服疑似女巫者的措施。审判的成本很高，证人和原告必须从日常工作中抽出时间来参加审判，还要承受参加审判或司法调查的焦虑和压力。审判的结果也无法保证令人满意。欧洲一些国家的处决率非常低。在芬兰，被审判的人中只有不到20%被处决，英格兰大约为25%。因此，在针对疑似女巫者采取的行动中，女巫审判不过是冰山一角，多数情况下对施魔法的处理是非正式的。

尽管就死刑犯的罪名而言，巫术在很大程度上只是人们臆想的罪行，但是大量证据表明民间文化使用的是有害魔法。巫术和有害魔法之间的界限很模糊，但它们不一定是同一种罪行。例如，有一些攻击性很强的咒语用于惩罚女巫或强迫她们收回咒语。如前所述，有一种从女巫嫌疑人身上放血的魔法，这在英格兰很常见。有人说它抽取的位置"高过呼吸"，换句话说就是从额头上抽血，但实际上犯罪嫌疑人身体其他部位也被刀、别针和其他锋利的物体割伤或刮伤。1702年，理查德·海瑟威（Richard Hathaway）被提起公诉，原因是他虚假指控并辱骂莎拉·莫达克（Sarah Morduck）是"女巫"，法院了解到他"使用武力和武器挠伤了莎拉（Sarah），并放了她的'血'，通过放她的血以确保自己的'病'治愈"。法庭对海瑟威进行了各种测试，看他说自己着魔是否在撒谎，其中一项内容是检测他在抓挠莎拉后是否如他所言立即感觉好转。事实上，这项测试是由当地一位牧师设计的，海瑟威并不知道在当时他挠的不是莎拉。

> "如果您认为抓挠这个女人（假装的女巫莫达克）对你有
> 好处，请举起你的手。"他举起手，然后医生将另一个女人的

手塞进他的手中，尽管那时他还是装瞎作哑……然而他的举止却显得十分紧张，小心翼翼，生怕结果会导致自己的"谎言"被发现。因此，他几次试图从手腕到肘部去分辨这女巫是不是假扮的。后来他开始抓挠，得知"血"已经取到时，眼睛马上睁开了，也会说话了。

出于恶意和报复心理，用有害的符咒和咒语来加害对手或其他人，这样的例子不胜枚举。但是通常别人不知道她们会巫术，也从来没有人怀疑她们是女巫。例如，在地中海地区，使用"捆扎"咒语会让男人失去生育能力。通常巫师会在一根绳子上打结，还伴有一些口头咒语或其他仪式。这种攻击性魔法通常是有偿服务，某种意义上是通过代理人进行的。例如，作为中介人的术士从专业角度来说不是巫师，因为术士对他人施魔法完全是出于商业目的，没有任何个人动机。其顾客的动机可能是"女巫般的"恶意和嫉妒，但没有能力施魔法。因此，意大利弗兰卡维拉（Francavilla）地区的安东尼娅·多纳蒂诺（Antonia Donatino）想要杀害一位名叫尼古拉·科维诺（Nicola Corvino）的男子，就去找了一名阿尔巴尼亚妇女，从她那儿买了一包粉末，扔在男子的壁炉里。

民间魔法中的大多数巫术的性质并非主动攻击，而是被动防御。与其处理巫术给身体和家里房屋带来的麻烦，不如防患于未然。因此，人们可以从各种各样的符咒、辟邪（apotropaic，指"驱离"）物里选择。人们普遍认为罗文、榛子和当归等植物可以阻止女巫近身。波兰有一种植物叫作南方艾草或欧洲鼠尾草，其叶子有刺鼻的樟脑味，人们用它作为防止女巫近身的护身符。日常使用的铁制农具也能起到保护的作用。女巫和仙女不喜欢铁制物品这一说法流传甚广。在一些历史性的建筑中，考古学家和建筑工人发现了镰刀和犁等铁制工具的碎片，显然它们是防止女巫和其他精灵侵扰的。这一传统最直接的表现是在门上钉上马蹄铁。17世纪晚期，人们观察到伦敦最西边的大多数房屋门槛上都有马蹄铁，一百年后，一位古董商在同一条街上就发现了十七只马蹄铁。除了是铁质的之外，从魔法角度来说，马蹄的新月形也具有特殊意义。尽管这种保护性魔法主要出于人们对巫术的恐惧，但对人、房屋和财产的威胁不只是巫术。比如，有喜欢讲八卦烦人的邻居、小偷，有恶魔、仙女和鬼魂等超自然的入侵者，有跳蚤、虱子之类的害虫、害兽，还有闪电和冰雹等具有破坏性的自然力量。例如，在这一历史时期，史前石制工具一直用来保护房屋免受雷击，由于人们普遍认为石头是由雷击形成的，因此石头也被称为"雷石"。除了女巫扰邻之外的第二大祸患就是长期存在的盗贼抢掠问题。魔法可以解决两个问题。首先，是谁偷的？如果可以查明罪魁祸首，就可以报告给政府。其次，也可以通过有害魔法或强制性的魔法让他们归还不义之财。16世纪中叶，一位英国召灵师把咒语写在羊皮纸上给他的客人，让他们睡觉时放在枕下。召灵师告诉他们，睡觉时"你应该能看到是谁拿走了你的东西"。另外，被偷的人可以省去和小偷打交道的麻烦，看魔法是否可以找到他们被盗的物品。卡顿·马瑟（Cotton Mather，1663—1728年）是新英格兰的一位牧师、科学家，也是塞勒姆女巫审判的支持者。他曾给一位熟人写道："无论丢了什么，坐下来念某个咒语，马上就会有一只看不见的手神不知鬼不觉地带你找到失物存放的地方。"谈到用魔法抓小偷，连那些对民间魔法持批评意见的当权者都承认，即使魔法有千错万错，但用魔法调查对犯罪分子起到了威慑作用，还是有积极意义的。

出现无数仪式、魔法和咒语的另一个主要原因是情爱。之前提到，英国1563年的《巫术法令》中明确提到了爱情魔法，它也是地中海宗教裁判所最常审理的魔法案件之一。爱情魔法通常被视为女性活动，但从根本上讲是没有性别区别的，因为无论男女都会寻求魔法帮助。但是人们求助于爱情魔法的原因是性别恐惧、社会的双重标准和不平等的性权力关系，男性求助爱情魔法的主要诉求与性欲和性能力有关，女人则更多是为了情爱关系：嫁个好丈夫，改变坏丈夫，以及避免社会羞辱。很多爱情魔法并非旨在保护或威慑，而是吸引和诱惑。

　　非婚怀孕这一问题令人心痛，但又经常发生，对于当时的女性，尤其是年轻的女仆来说，无疑是大祸临头。因此，在1767年，瑞典法庭审理了这样一起案件：一位名叫科尔斯廷·嘉布耶尔斯多特（Kirstin Gabrielsdotter）的仆人怀了农场主斯文·安德生（Sven Andersson）的孩子。她不顾一切地想让安德生娶她，因此求助于魔法师。她听说一位名叫邓克曼（Dunckman）的士兵有一种特殊的草，如果得到这种草，秘密地将其放在安德生的衣服里就可以达到目的。17世纪西班牙有一种很受欢迎的魔法服务，可以让男性"mala noche"或者"一夜不眠"。有一名魔法师被起诉，罪名是在11点至12点之间站在某男子窗前念咒语，为了让他一夜不眠。咒语包括"您躺的床应由荆棘制成，您的床单应由荨麻制成，您将听到床下有一千个生灵在吹口哨"，这些咒语的目的是"让某男子去找某一个女人"。还有一名西班牙女子因此而接受审判，她被指控对她的顾客许诺"施咒语时，该男子将整夜难眠，想念她，并渴望看到她（顾客）"。在某人身上念咒，使他们违背自己的意愿或意图行事——这种试图激发爱意的举动很容易被解释为巫术。但是，很多爱情魔法的意图并非强加于人，而是用于占卜。有一个很好的例子是在仲夏前夜收集蕨类种子，必须在午夜之前完成，然后将种子带回家。所有的门都敞开，种子放在一块布上。后世不同地区会有不同的仪式，但是主要目的都是吸引未来的丈夫或妻子。

　　寻宝是另一种常见的魔法犯罪，一直到19世纪之前，这类罪犯经常出现在宗教和世俗法庭上。虽然通常找到宝藏至少需要一些文字魔法知识，或者使守护宝藏的神灵失去法力，但是寻宝通常是集体活动，带领大家一起寻宝的人有必备的魔法书籍和相关的知识，此人有时是一位叛逆的牧师，其他人则负责协助。1679年，一位德国市长发现，大多数寻宝者"一无所知，听说应该是藏宝的地方就用铲子和镐挖土"。魔法还可以让赌徒走运发财。魔法书（魔法教科书）中可以找到制作魔法戒指的仪式，但对于普通民众而言还有更常见的物品。人们普遍认为，打牌时带上死刑犯的尸骨或刽子手的绳子会带来好运。用来赢彩票的魔法也有很多。1749年，意大利一家教会法院审理了维托·卡瓦洛（Vito Cavallo）的案子，该人曾教一位药剂师用他的方式占卜，说这样也许能猜到彩票号码。他让药剂师去告解时还要把两行彩票号码放在鞋子里。九天后，他会感到手臂发抖，这可以证明他写下的数字就是中奖的彩票号码。50年后，伦敦算命先生约瑟夫·鲍威尔（Joseph Powell）就是靠出售"幸运"彩票号码过上了优渥的生活。

他的一位客户很失望，写信给他，说："最近两次买彩票我太不走运了，太伤心了，我再也不会买彩票了。"

还有许多民间魔法与常见的健康问题有关。并非所有疾病都能立即归因于女巫或邪灵，通常如果久病不愈或者出现意料之外的奇怪症状，大家才会怀疑是超自然的力量造成的。因此，大家经常用魔法来解释癫痫的病因。从审判档案中也可以发现没有明显症状的体内癌症。不同时期的审判记录都一再显示，生病时人们一般是去找当地执业医师治疗，只有当病情反复无法治愈时才会怀疑和巫术有关，然后才会寻求魔法治疗。许多小病小痛，人们都是用自然或简单的咒语来解决的，让我们进一步研究这种疗法是如何起作用的。

民间魔法实践

为了更好地理解民间魔法的性质，我们应该考虑魔法是如何操作的，魔法的运用为何如此广泛。在绝大多数人不识字的社会中，关于魔法如何发挥作用的民间记录少之又少。例如，关于抓挠的案件通常认为这种做法是有效的，但很少提及这种做法背后的概念，一份罕见的17世纪中叶约克郡案件记录让我们可见一斑。该案嫌疑人女巫伊丽莎白·兰贝（Elizabeth Lambe）被指控通过魔法从被告理查德·布朗（Richard Brown）的心脏中偷走血液。布朗认为，要治好他的病也必须从她身上抽血，这样才能破解魔咒。这可能反映了体液理论（humoral theory）的概念。当时，许多民间和正统医学都源自古希腊理念，即健康取决于人体中四种物质或体液的平衡：黄胆汁、黑胆汁、血液和黏液。这些物质在数量和质量上不平衡就会导致疾病出现。因此，大家认为巫师咒语的作用是破坏病人的体液平衡。例如，治愈方式可以是自然的，比如可以通过草药或医疗程序来增加或减少一种或多种体液，或者，既然是巫术造成不平衡，同样可以用巫术来反其道而行之。

回头再看约克郡的案子，布朗的理解也可能基于普遍存在的"有限物品"（limited good）原则。这一近乎普适性的民间观点是基于这样一个理念，即一个族群内的所有事物都是有限的，包括财物、庄稼、健康、繁荣、幸运、美貌、生育等。例如，一个女人生了很多婴儿，就造成另一个女人无法受孕。如果这个有限的商品世界出现失衡，原因一定在某人或某事。在布朗的案例中，女巫吸了他的血以自用，要恢复平衡并打破咒语，唯一方法就是减少女巫体内多余的血液，从而通过魔法让血液回到他的心脏里。

民间魔法里还有很多例子清晰说明了有限物品的原则。例如，用魔法盗窃牛奶的罪行。某个社区的牛奶供应有限，如果一个农民的母牛停止泌乳且原因不明，那么某个邻居家母牛的产奶量就会明显增加。因此，大家会怀疑有人使用巫术。波兰的巫师审判中这种情况很普遍。1613年，一位原告说："她（被告）只有一头牛，却有很多黄油。"1688年的一个案例中，一位女巫被指控使用巫术，她的丈夫通过观察后为妻子辩解："我有九头牛，但我连一滴牛奶都没有，我的妻子经常说'即使我得去买奶酪，他们仍然叫我女巫'。"在俄罗斯近代早期的一些案件中，一些酒馆老板也指责他们的竞争对手使用巫术，因为自己的酒馆生意日渐萧条，而对手的生意却日渐兴隆。以上所有案例中，司法起诉或者非对抗性的反魔法方式可以纠正原告所述有失公平的情况。因此，如果有人相信女巫是清晨从田地里收集露水以减少邻居奶牛的产奶量，那么邻居可以在牛身上或田地上洒上圣水来补充水分，或者在日出时用水车上的水来清洗奶牛，让牛恢复平衡。

很多魔法广为流行，在几代人和邻里之间口口相传，而且谁都可以操作，不需要专门知识、材料或特殊力量，所需材料无论是自然界还是家里都唾手可得。例如治疗疣的方法是用一些潮湿的自然材料（例如一块牛排或一只蜗牛）反复摩擦疣体，然后将其置于这些材料会腐烂和皱缩的环境下。我们来重点分析蜗牛这种微小的软体动物。比如，它被摁在疣上摩擦后会被钉在一棵长满刺的树上。然后，通过"交感魔法"（sympathetic magic），随着蜗牛萎缩，疣体也会逐渐缩小。"交感法则"认为，任何两件或多件事物通过彼此接触会产生持久的、看不见的影响，魔法可以检测出这种影响并加以控制。同样，两种截然不同的物质如果具有相近或相似性，就会产生神秘的或隐蔽性的交感效应。曼陀罗的根部有时很像人形，经雕刻后更加相似，因此逐渐产生了大量的魔法传说。人们在家里存放曼陀罗，它象征好运，被赋予占卜的神力，用于爱情魔法仪式，增加诉讼胜算，作为草药也有多种用途。

检测巫术和女巫身份的各种仪式都用到受害者体液之间的交感效应，如果是人类就取尿液，如果是奶牛就取牛奶。法国东部的一份审判记录曾记述，将尿液倒在热铁上，如果尿液蒸发，说明一切正常，如果尿液有残留，就说明是巫术。在荷兰，如果尿液或牛奶在火上加热时没有沸腾，则可断定被施了魔法。

17世纪末的占星学家、物理学家约瑟夫·布拉格拉夫（Joseph Blagrave）解释说，体液里含有"女巫的生命力"，因为撒旦不会"忍受女巫将有毒物质单独注入人或野兽体内，而没有和女巫自己的鲜血混在一起"。历史上的英国女巫瓶就是这类交感魔法最有力的例子之一。女巫瓶从17世纪中叶开始广为流行，约瑟夫·布拉格拉夫这样解释其程序和效果：

将患者尿液留在瓶中，扣紧瓶盖，然后将三个指甲、大头
钉或针与一点白盐放入其中，使尿液始终保持温热。如果尿液
长时间在瓶子中保留，将危及女巫的生命：因为我的经验是，
她们小便时将极其痛苦，甚至完全无法排尿。

因此，在该仪式中有两个交感魔法操作。一个涉及女巫和受害者之间
的关系，另一个和尿液容器有关，它代表女巫的膀胱。考古发现表明实施
魔法的细节有所不同。有些瓶子没有加热，只是被掩埋起来，表明它们并
非用于占卜或攻击性魔法，而是起着保护家庭的作用。

交感魔法最明显的举动是将尖锐的物体刺在图像和相似物上。如第
一章所述，这一做法源自远古时期。众所周知，在如今巫毒教的玩偶中
这很常见。还有其他一些不同的做法。在英格兰，翻新或拆除建筑物时
偶尔会发现一些被许多针和刺穿透、缩成一团的心。如果猪、牛、马或
羊死了，有可能是巫术所致，有一种反魔法的方法就是从它们的尸体上
取下心脏并刺穿。

女巫和受害者之间的交感关系意味着，如果用尖锐的物体刺穿心脏
然后缓慢地烘烤，女巫的心脏将会持久剧痛。从多份现代早期西班牙的审
判记录中可以看出，类似的仪式是用来激发爱欲的。有人谈到女巫指示她
"取橙子……并放在燃烧的余烬中，口中应该说'让他的心对我燃起爱
意，如同这只燃烧的橙子一样'"。另一起案件中，一名证人说："这样
一来某些人就会陷入爱河……她把鸡蛋扔进火里，鸡蛋迸裂。据说她们所
钟情之人的心脏会像鸡蛋一样燃烧。"

交感魔法的一个特质是"转移"（transference），通过不知情的接触
将疾病或痛苦传递给另一个活物，从而消除某人的疾病或痛苦。

在大众了解细菌学理论之前，人们普遍认为某些疾病无法根除，要想
减轻病症就必须传给其他人，因此会用卵石或豆子摩擦疣体，然后将卵石
或豆子放在袋中从肩膀上向后扔去。有人也许以为里面有钱，出于好奇拾

起袋子，就会患上疣，而原来病人身上的疣则会消失。疾病也可以通过类似方式转移到尸体上，德国就有一种习俗，将病者的衣服和物品放在死者的坟墓中，然后再进行安葬仪式。有些人不忍伤害其他活物，则可按照惯例将疾病放逐到流水中。17世纪初，有人怀疑苏格兰女术士伊索贝尔·霍尔丹（Isobel Haldane）是女巫，她在治疗一位儿童的过程中就曾试图通过洗衣服的方式召唤圣三位一体，之后她将水和衬衫放入溪流中。然而，途中水溅出去了一些，她担心如果有人踩到水的话，孩子的病就会加重，而无法被溪水冲走。

民间的一些魔法以象征的方式进行疗愈，最常见的一种仪式是用"爬行通过"（passing through）祛除病痛。有无数种传统可以佐证这一魔法，它们都需要从有孔的石头中或者石头之间的狭窄缝隙中爬行而过，从而祛病。这些石头有的是自然形成的，有的是史前石碑的遗迹。最有名的是康沃尔郡（Cornwall）的青铜时代巨石群。直到19世纪，康沃尔郡人一直相信，如果膝盖不触地爬行穿过巨石中央的洞孔就能治愈风湿病、佝偻病和其他疾病。瑞典人有一种更复杂的爬行仪式，其中包括smöjträ。smöjträ是树枝自然形成的一个环。瑞典博物馆馆藏的两个smöjträ所刻日期分别为1696年和1787年。1787年的smöjträ上还刻有五角星、万字饰、半月形和其他魔法符号。患有佝偻病的儿童要爬行穿过smöjträ。在欧洲各国，作为一种仪式，疝气患者爬行通过小树劈开的树干，其后痊愈。这一疗法也包含交感魔法，因为只有等劈开的树干被黏合且自愈后疝气才会消失。

有一个象征性过程与此相关，包括环绕（encircling）或环行（circumambulation）动作——我们在第一章中看到这一魔法行为在古埃及十分重要。这可能是一种遏制行为，一种限制疾病、状况或恶性影响蔓延的仪式，也可能是一种保护措施，将不好的东西拒之门外。关键是划定必要的界限。因此，去疣的魔法师通常会一边念咒语一边绕着疣体画圈。17世纪苏格兰教会法院的记录中还记载有一些其他例子。一个叫作乔治·贝尔（George Beir）的人患有瘰疬（导致颈部肿胀），其自我治疗方式是在患处缠绕两根黑色丝线。其他一些案例中，魔法师要求患者在午夜时分绕着房子走动。测量行为也是遏制疾病发展的一种体现，从中世纪至今有许多例子记录在案。疾病一经测量后就无法传播，之后魔法师根据传染性和交感性原则进行治疗，将测量棒或测量线掩埋或割断。

占星术在近代早期和现代的民间魔法中仍然非常重要。要理解草药在治疗和魔法中的作用就必须了解行星的影响。17世纪威廉·库尔佩珀（William Culpeper）所著的草药书籍影响深远，两百年后仍在印刷。他认为在水星的影响下，欧白英（woody nightshade）"对于破解巫术非常有用，对人、兽以及所有突发疾病都有效"。这位治疗师不识字，无法读懂草药文献中所述不同植物与行星之间的关系，但他深知采摘草药必须只能在某些特定的时段进行。大部分的民间传说都与月球周期有关。最重要的原则是在月亮逐渐变圆时采集草药，因为随着月球的变大，药用或魔法草药的功效也会随之增强。同理，一些仪式必须在朔月时进行，尤其是一些消肿的疗法。一位早期的现代德国治疗师汉斯·罗克林（Hans Röcklin）有一块神奇的疗愈石，他在"月圆之后连续三天"将其用于患者身体上以减轻疼痛，同时念咒语，让患病的部位"像月亮一样逐渐缩小"。

这些核心的魔法过程通常会产生其他仪式，这些仪式虽然不那么重要，却必不可少，例如重复某些动作或者念咒达一定次数，其中最常见的是重复三次。据报道，17世纪的苏格兰一位名叫艾格尼丝·安德森（Agnes Anderson）的治疗师治疗婴儿呕吐的方法是在谷仓门之间把患儿头朝下倒挂三次。一条法语的咒语是这样说的：

> 圣约翰经过圣布莱斯街时对我们的主说："主，这是一个自焚的孩子。"圣约翰对这孩子吹了三下气，说以圣父和圣子的名义，孩子的病将会治愈。

通常用蜗牛疗法治愈疣必须用同一只蜗牛治疗九次，而且应用以上咒语的传统疗法常常需要异性之间的传导才能治愈。因此，瑞典人治疗蛇咬的咒语只有女性念给男性时才有效，反之亦然。在英格兰，治疗身体肿胀需要用刚刚去世的人尚有余温的手去触摸，而且通常认为只有通过不同性别的传导才能治愈。有些仪式必须在一天的特定时刻（例如日落、黎明和午夜）进行，换言之，一天时间变化周期的阈限或边界时刻。所有这些仪式的规定并非通行法则，也并非严格规定，但流传甚广。

施魔法的方式还和地点有关。尽管流传最广的魔法并不限于某些特定的地点，但有些地点的确具有特殊意义，最典型的例子就是墓地。1775年，为了治疗风湿病，一名年轻人被人埋在英格兰一个教堂的墓地里，全身赤裸，只露出头，历时两个小时。目前尚不清楚为什么有人会相信这种疗法，但估计是大家相信这样病痛就会转移到墓地里死者的身上。墓地的土也有魔力，可以治疗疾病。很多魔法仪式原本就是在教堂举行的。17世纪末，耶稣会传教士发现德国的恩特格龙巴赫镇（Untergrombach）有一种疗愈仪式，要求患者赤身绕着祭坛行走，这让他们大为震惊。我们在芬兰发现了19世纪的秘密疗法，路德宗教堂中有一种装有青蛙的微型棺材，这一习俗似乎主要是用来破解巫术的。还有很多仪式举行的地点是在一些地理边界和交叉点（例如桥梁和河流），它们也有象征性和超自然的意义。通常人们认为史前的纪念碑和墓葬是仙女的住所，或是通向她们世界的门户，寻宝探险和其所需魔法仪式也常常在这些地方进行。1825年丹麦举行了一次审判，起因是有人挖掘古老墓葬，据说该仪式用了面包、缝纫线和一棵柳树。十字路口是另一个特别的人造景观，代表凡尘俗世与灵性世界的交集。自杀者会埋在十字路口，所以死者的灵魂很可能会出现在这里。显然，十字路口是进行"转移"魔法最理想的地点。在疣上摩擦过的石头最好留在这里！意大利民间魔法中如果有人患肝炎、足弓痛（mal-d'arco）或者"彩虹病"，在装有臭草的锅中小便数夜即可治愈。然后晚上将小便倒在十字路口，同时背诵一个魔法口诀，下一个路过十字路口的行人就会患上相应的疾病。

　　尽管一些实践和概念当时已经广泛存在，并且可以上溯到上古时代，但我们不应该将民间魔法视为一种静态的知识体系，认为它保留着自远古时代一成不变的仪式和咒语。尽管民间魔法的基本知识在整个欧洲广为流传，但由于多种原因仍然存在地区差异。不同的环境、植物和动物决定了是否需要特定的魔法。

　　爱尔兰没有蛇，因此不需要治疗蛇咬的咒语。同样，英国没有关于熊和狼的魔法传说，因为熊和狼分别在公元后的前几个世纪和15世纪灭绝。橄榄油在地中海魔法和医学中非常重要，但在北欧并不常用，原因很明显，但是商业、移民、殖民化和民间文学的传播却起到重要作用。民间魔法中使用的草药、香料和其他稀有或异域物品的长途运输和交易非常活跃。近代早期，牛黄（波斯山羊和其他外来反刍动物在消化道中形成的结石）因其神奇的医用驱毒功效广受赞誉。在近代早期的意大利，麋鹿（北欧的一种哺乳动物）角被商人作为万灵药销售。这些广受欢迎的民间魔法材料和药物大多来自药剂师、化学家和药商。在他们的推动下，龙血（dragon's blood，即血竭）的交易颇受欢迎。这种从多种非欧洲树木中提取的血红色树脂自古以来就是药用物品，但在19世纪的英格兰，通常人们购买龙血是用于爱情魔法。

　　当然，不同的王国奉行不同的宗教信仰。天主教和东正教国家民间魔法中必不可少的有弥撒、祈祷、驱魔、朝圣等大量东正教和天主教仪式，还有圣水、献祭的薄饼、念珠以及圣礼所用的蜡烛和草药等圣物。的确，民间魔法的定义之一就是非神职人员对天主教和东正教实践的不当奉行或亵渎神明，但是人们并不认为自己是在亵渎神明或歪曲宗教。毕竟，宗教的意义不正是为了增进大众的福祉吗？因此，在波兰的复活节弥撒上，人们在煮沸祝颂过的草药或粗棉布时，会将牛奶倒在上面，保护奶制品生产过程不受巫术影响。近代早期在德国的一些地方，弥撒后清洗圣杯的水和酒因其疗愈功能而备受人们青睐。女巫审判年代的法国有多人起诉一些牧羊人，因为他们为了让羊不受狼和女巫的侵害而偷圣饼喂羊。17世纪有一位法国魔法师使用的蜡烛是圣诞日三次大弥撒中燃烧过的，他卖出的爱情药水中含有圣水、食盐、硫黄和熏香，他说他是在耶稣受难像的阴影下调制的，而这一受难像中有耶稣受难时的那个十字架的一小块。某些圣徒日采集的草药，尤其是在圣约翰日前夜采摘的臭草具有神奇的法力。

简单的口头和书面疗愈咒语里常常召唤天主教的各位圣徒。比如有一条消除牙痛的咒语广为流传，在各地有不同版本，但都提到圣阿波罗尼亚（St Apollonia）（3世纪一位牙齿被打掉的女圣人）。其法语版如下：

> 圣阿波罗尼亚坐在大理石上，我们的主路过时问她："阿波罗尼亚，你怎么在这儿？""我在这里是为我的主人，为我的血和我的牙痛。""阿波罗尼亚，回去吧，如果是一滴血，就会落下；如果是蠕虫，就会死去。"

这个故事反映了民间的疗愈方法中伪经有多么重要。伪经故事记录了有关新约中圣徒及其关系的事件，这些事件在《圣经》中并未提到。伪经在基督教开始盛行的几个世纪广为流传，其中的一些以文字记录下来，教父们决定不记入最终的《新约》文本中。其他一些传说以咒语的形式流传至今。这些故事虽然没有记入《圣经》，但其神性仍然赋予它们力量。一位19世纪的英国牧师告诉一位专治牙痛的魔法师："好吧，但是，格雷夫人，我认为我熟读圣经，但我在圣经中没有找到任何类似的经文。"她回答说："是的，牧师，那只是咒语而已。圣经中是有的，但您找不到！"

随着宗教改革的范围扩大，数十万人再也无法请到教士，多数圣礼也无法施行。驱魔是不允许的，但在新教地区人们仍然采用天主教式的疗愈方式，并继续在符咒中沿用天主教的仪式和礼仪。欧洲新教教会法庭宣传这是天主教"迷信"，并且不遗余力试图阻止这些普通信徒继续使用这些方法。在这两种信仰地区接壤的地方，如荷兰或德国的部分地区，人们可以偷偷越过国界和宗教的界限与天主教神父会面。但是，即使在信奉加尔文宗的苏格兰等远离天主教的国家，人们仍继续求助于古老的圣井，祈求圣人护佑，疗愈疾病。

影响欧洲民间魔法的并不限于基督教的各个教派。在中世纪后期的西班牙，摩尔人被打败，民众再次被强迫信仰基督教，而魔法宝库中的伊斯兰魔法元素在其后几百年仍然继续存在。在西班牙南部地区，寻宝者对现存的和传说中的阿拉伯语魔法文本趋之若鹜。1597年，萨拉戈萨法庭调查了一位名为坎迪达·刚姆宝（Cándida Gombal）的摩里斯科人（morisca，改信基督教的西班牙摩尔人女性后裔）。她来自瓦伦西亚（Valencia），被指控"用阿拉伯语并在其他场合（当有目击者听到时）召唤恶魔，她会呼唤巴拉巴斯（Barabbas）、撒旦、别西卜（Beelzebub）和玛门（Maymon）"。玛门是掌管精灵（djinn或genies）的恶魔。被称为"alherces"的护身符包含《古兰经》的经文，在普通民众中也广为流传，这令宗教裁判所十分不满。尽管几个世纪以来欧洲各地的犹太人饱受迫害，但他们也有自己独特的民间魔法和宗教传统。最有代表性的是门框经文盒（mezuzah），这个钉在门柱上的小盒子有护佑的作用，里面装有一卷羊皮纸，纸上写着《申命记》的经文。但是，与"alherces"不同的是，这个经文盒通常只限犹太人使用。19世纪的希伯来学者发现，"如果基督徒手拿一个门框经文盒，人们会觉得这很奇怪，因为犹太人如果知情便不会允许他这样做"。

除了宗教地理的因素之外，影响地方魔法传统的还有一些其他因素。不同的处决习俗也产生了各种不同的疗愈魔法、保护性仪式及咒语。

英格兰一直公开执行绞刑，因此行刑之后马上就有人去找刽子手，用尸体仍然温暖的手去触摸患者身体肿胀的部分，如甲状腺肿和粉瘤。施绞刑的吊绳也被切成小块售出，用于疗愈、保护、给赌博者带去好运。瑞典和一些德意志国家实行斩首，因此人们会想方设法得到尸体颈部喷出的血液，将手帕浸润其中或将血液收集在容器中，让病人喝下以治愈癫痫或其他病，或者用于其他魔法。例如，1843年斯德哥尔摩一位杀人犯亚历山大·布雷特菲尔德（Alexander Breitfeld）被斩首，斧起头落之时，好几个人冲上前去接脖颈处喷出的血。其中一名患有癫痫病，他争着要喝掉犯人脖颈喷出的温热血液，不料突然犯病，差点儿跌入死刑现场旁给杀人犯准备的坟墓里。这类公开处决一直持续到19世纪，后来大多数国家才下令停止。

大众印刷书籍的兴起也促进了不同民族民间魔法的发展。正如前几章中所述，自从文字产生以来，书面咒语、咒法和驱邪咒通过黏土、石头、铅、皮革和纸莎草纸不断传播。中世纪时羊皮纸（由动物皮制成）得到广泛使用，这才有如今我们所使用的有书页和书脊的书。新的奥义魔法文本出现，号称来自所罗门（Solomon）之类的人物，在欧洲各地的学习场所被非法复制、买卖。后来，随着15世纪印刷机的兴起和社会底层民众识字率的提高，魔法文献（literary magic）变得越来越"大众化"，不再专属于神职人员和其他受过大学教育的精英阶层。起初我们看到一些粗通拉丁语的校长和医师使用本地语言的魔法手稿念咒，为自己和付费的民众召灵。后来，德国和瑞士开始印刷科尼利厄斯·阿格里帕（Cornelius Agrippa）之类文艺复兴时期的魔法文本，但到17世纪中叶，这些神秘学书籍的各种地方语言版本在其他地区如雨后春笋般出现。奥义魔法越来越普及，精英魔法与民间魔法之间的界限变得模糊起来。作为一种媒介，术士们重新阐释了奥义魔法仪式和文本，并且根据大众的需求有所调整。他们以印刷版和手写魔法书里的符号、神秘学单词以及咒法为基础，创造了保护家庭和农场的书面符咒。即使购买这种符咒的人识字，他们也不应该阅读其内容。这些符通常被折起来，藏在门窗上方或者埋在地下。

18世纪欧洲不同地区出现了各种类型的魔法书。无论是印刷还是手稿形式，这类民间魔法书都影响着普通民众自己所施的魔法以及魔法师为他们提供的魔法服务。18世纪和19世纪，欧洲大陆对寻宝的关注超过英国，因为欧洲大陆上流行的魔法书里有寻宝的咒法。

我们在斯堪的纳维亚半岛发现了svartbok，即"黑皮书"，通常认为该书作者是16世纪的传奇魔法师浮士德博士，或者传说中安条克的圣西彼廉（St Cyprian of Antioch）。其中一些黑皮书教人们如何与撒旦缔结契约。18世纪丹麦和瑞典有多次审判涉及一些士兵，他们从黑皮书中寻求撒旦承诺，保护他们不被子弹击中。

18世纪和19世纪，法国各地有成千上万本廉价小开本的咒语、护身符和召灵书籍非法印刷、销售。法国的魔法书名称包括《大魔法书》（*Grand Grimoire*）、《教皇何诺流斯魔法书》（*Grimoire du Pape Honorius*）和《红龙》（*Dragon Rouge*），这些魔法书价格适中，用词简单，广为流传，但并非所有人都使用这些书。它们令人感到敬畏，人们普遍认为，只有掌握了魔法或秘术读这些书才有用。直到19世纪初期，地中海宗教裁判所成功地阻止了意大利、西班牙和葡萄牙印制这样的魔法书，但他们无法控制手抄本的广泛流传，而且我们看到有文字记录许多西班牙人和意大利人前往法国南部，唯一的目的就是购买这些书的手抄本。

施民间魔法的是谁？

了解了民间魔法产生的原因及方式之后，我们现在需要更详细地讨论在不同的情况下出于不同原因施魔法的人到底是谁。如前所述，有很多魔法谁都可以施展，但是读者应该已经注意到了有一些其他模式。首先，必须认识到，不是所有人都能获得某些材料或参与某些活动的，有时施民间魔法者的法力正是由此决定。例如，这可能涉及控制身体所产生的某些物质。因此，女性可以将自己的经血和乳汁用于爱情咒语和疾病疗愈。使用经血让男性尤为不安，因为在某些地中海国家的文化中，将经血与食物和饮料混合在一起可以激发爱意，或对有家暴行为的丈夫起到控制作用。还有一些刽子手成为某些民间魔法以及死灵仪式中的核心人物，就是因为他们得以接触死刑犯的尸体和鲜血。大家认为尸体所含脂肪等物质有天然的药用价值，但即使如此，人们仍然怀疑一些刽子手具有魔力。1579年，一位名叫格奥尔格·肖特（Georg Schott）的木匠想找到巴伐利亚雄高（Schongau）的刽子手，因为他想得到一个死人的结肠，将其烧成灰烬并与火药混合，这样他就能变成神枪手。

许多民间魔法与某些特定的职业有关，助产士就是其中之一。在生育过程中以及母婴都需要照顾的围产期，产妇必须和这些女性密切接触，并且要高度依赖她们。

如果婴儿或母亲生病，大家可能会怀疑助产士用了巫术，但这也让大家相信这些助产士是最了解如何保护母婴平安的。在地中海国家，人们普遍认为妓女和皮条客最了解如何操纵爱与性的冲动，因此因爱情魔法而被起诉的人中很大一部分都是这些人。另一个以女性为主的领域是乳制品的加工。黄油和奶酪的制作是最常见的巫术攻击目标，经常有女性举行必要的反咒语和保护性仪式。正是因为女性承担着制作乳品、照顾孩子等家庭责任，19世纪萨默塞特郡以暴力方式抓挠或虐待疑似女巫者的人中有三分之二是女性。

农业地区男性更关注的是与马和牧群有关的魔法。1703年，鲁昂高等法院判处三名牧羊人死刑，理由是他们"晚上破门而入，从教堂的神龛偷走圣餐用的面包及洗礼池的圣水"治疗他们生病的羊。牧民们夏天在高山牧场生活，夜晚和牧群一起露天睡在星空下，大家认为他们了解星象、草药、兽医这些特殊知识。他们和在夜晚漫游的鬼魂有更密切的接触：巴伐利亚牧民康拉德·斯托克林（Conrad Stöckhlin）等人于1586年被逮捕并被严刑拷打。十九年前斯托克林就开始在奥伯斯多夫村放牧了。他懂魔法，会占卜，声名远播，他说是一位守护天使传授给他这些知识的，而且他经常和一群狂野不羁的幽灵猎人一起打猎。欧洲的某些地区刽子手也执行酷刑，人们认为他们熟知人体解剖学知识，因此常常求助于这些刽子手寻找巫师身上的恶魔印记。此外人们经常求助的还有铁匠，因为他们能够转化金属的属性，非常了解马匹。1611年，巴伐利亚发布针对女巫和魔法师的警告，对"农村和城镇里有时会展示、使用奇异技艺的铁匠"也发出告诫。诺曼底近代早期有很多男性被指控使用巫术，其中有很多牧羊人和铁匠。

男性使用魔法的领域还包括渔业和采矿业。这两种职业都有特定的仪式和信仰，大部分是为了避免灾祸。人们普遍认为上船途中看到猪会倒霉，有些渔民会因此拒绝出海。他们甚至避免在船上说"猪"这个词。英国水手们坚信，船上如果有婴儿胎膜（婴儿出生时偶尔残留在头部和面部的羊膜）就不会沉船或失事。有人在报纸上刊登广告向水手出售婴儿胎膜，例如1814年《晨报》上的一则广告："致各位船长和其他人，出售婴儿胎膜，价格30几尼。"当时水手们对婴儿胎膜趋之若鹜，因此用羔羊皮制成的假冒品交易也很活跃。

英国一些采矿地区的超自然人物被称为"敲击者"（knocker），德国矿工称之为"山上的小矮人"（Bergännlein），矿工们根据这些传统创造了自己独有的魔法仪式和理念。

枪支的使用催生了一些男性化的魔法实践。确保好枪法或保护枪支免受巫术干扰的符咒有很多，因狩猎而产生的魔法也有很多，当然其重要性因不同国家的枪支拥有程度而异。在英国，枪支拥有受到严格限制，民间魔法中和枪有关的魔法并不多见。但是在殖民地时期的美国以及后来共和党占优势的地区，霰弹枪被施魔法和使用反魔法咒语的故事广为流传，其中许多传统都源于德国和瑞士的民间魔法。如果要驱除枪支上的巫术，可以将一小块圣餐薄饼放到枪管下，撒上些许盐粒或一粒银弹，或在溪流中举行洗枪仪式，将巫术转移到别处。战争不仅引发对枪法的担忧，而且也让人们担心被敌人枪杀。前文已经提到斯堪的纳维亚半岛的士兵和魔鬼签订契约。俄罗斯人有一条保护咒语如下：

在伏尔加河河口一个宽敞的房间里，一个处女站着，梳

妆打扮，称赞自己是勇敢的平民，为战时功勋荣耀。她右手拿
着铅子弹，左手拿着铜子弹，脚踩铁子弹。美丽的女子啊，请
避开所有部落和敌军的土耳其人、鞑靼人、切尔克斯人、俄国
人、摩尔多瓦人的枪。

18世纪初，俄罗斯的军事法令对这类枪支魔法处以重罚。很多士兵还
佩戴护身符。这些做法通常是带有宗教性质的，尤其是在天主教国家。普
法战争和第一次世界大战期间，人们在死去的天主教徒和新教徒士兵身上
发现了印刷版和手抄本的伪经片段，这种物件在德国被称为"天堂字母"
（Himmelsbriefe），在法国被称为"来自天堂的字母"（Lettres du Ciel）。

这些活动和责任有性别界限，但并非不可逾越、一成不变的，当时的
民间文化中也并非一定要严格遵守。男人会为被施魔法的牛奶寻求破解的
方法；女人会为士兵或水手丈夫购买护身符让他们随身携带；女人在家里
施魔法时会用马蹄铁或马具等男性为主行业的工具；男性也会施爱情魔
法。俄罗斯民间魔法中，为了确保出海时满载而归，渔民会用孕妇在午
夜时分制作的网。而且，女术士和男术士面对的问题几乎是一样的，无
关性别。

术士不同于那些赚取微薄收入或者慷慨助人的魔法师，其有限的魔法
服务是一门生意和手艺，他们在执业过程中采用自己的魔法仪式和祛邪传
统。通常建造房屋时会举行一系列仪式保护房屋及住户。其中一些做法在
书面资料中偶有记述，或者没有留下文字记录，只有通过考古研究或者旧
屋拆除和翻新过程中的发现才能了解到这些仪式的存在。西欧以及澳大利
亚和北美的前英国殖民地有一种魔法非常普遍，将旧鞋子或穿破的鞋子放
到墙壁上的洞中，通常一个地点放一只，有时成对或成组放置。主要是放
在烟囱里，但也有放在门窗上方、地板下面和顶棚里的。这很有可能是有
人故意将它们藏起来的，目的是防范入侵者，有时还和一些其他东西放在
一起，比如衣服和动物骨头。盖房子砌砖或抹灰时也会把猫嵌在房屋结构

中，有时猫大张着嘴，个别情况下甚至和死老鼠、大鼠或鸟摆在一起。这似乎是一种交感魔法，因为木乃伊猫可以保护房屋免受啮齿动物和其他害虫的破坏。

在欧洲各国，有一些种族或"外来"者因为掌握有益或有害魔法的知识而声誉日隆。关于有害魔法也许完全没有真凭实据，正如屡遭迫害的犹太人被指控罪大恶极，其实都是莫须有的罪名，而其他族裔的名声则更是众说纷纭，难以确指。近代早期瑞典人认为芬兰人和萨米人是懂魔法的"他者"，既从善又作恶。18世纪20年代，瑞典女子玛丽亚·珀斯杜特·林德（Maria Persdotter Lind）因魔法疗愈而被起诉，她承认告诉顾客自己是萨米人以招徕生意。西班牙人认为摩里斯科人拥有古老的摩尔人知识，这些知识其他西班牙人无从获得。塞维利亚的宗教裁判所曾调查过一名摩里斯科妇女，她声称一个摩尔人给了她一本书，书里有"治她病的方法……这些方法可以让她恢复健康而且让所有疾病消失"。海外征服和扩张导致与新的土著"他者"产生交集。例如，我们发现18世纪非洲和南美的传统魔法通过奴隶和仆人进入了葡萄牙人的家庭生活。通常大家对"外国人"更感兴趣，也更容易起疑心。

许多寻宝魔法师被称为"异族人"，而一些骗子魔法师也假借这一名头大行其道。因此，一位17世纪的德国寻宝者声称从土耳其来到德国，另一位寻宝者则称自己从巴尔干半岛来到德国。然而谈到有益魔法和有害魔法，过去若干年里最出名的族裔还是吉卜赛人，又称"撒拉肯人""波希米亚人"。

1679年，意大利奥特朗托（Otranto）主教会议向世俗民众发出警告，称吉卜赛人"通过幻觉和占卜轻而易举地欺骗单纯而粗心的人"。多年以来，吉卜赛人是英国流浪法主要针对的人群，该法有一节谈到他们著名的占卜法力。18世纪中叶的流浪法案涵盖了"所有假装是吉卜赛人，以埃及人的习惯或形式流浪的人，假装会相面术、手相术或其他类似技能，假装算命，或使用一切伎俩欺骗和强迫陛下子民的人"。"人们认为他们不仅是积习难改的骗子，而且还逾越基督徒的规范，不受宗教传统的约束。17世纪的西班牙作家曾抱怨道：'他们不知道什么是教会，除了献祭之外从不去教堂。他们一句祈祷文都不知道……他们每天都吃肉，从不遵守星期五小斋或四旬斋的传统。'"他们是边缘人，或者说他们似乎生活在秩序与混乱、信仰与无信仰、世俗与神秘世界的边界上。从更现实的角度来说，这种边缘化和流浪的生活方式使他们比许多长居一处的伪魔法师更具欺骗性，更容易蛊惑人心。

在西班牙，众所周知吉卜赛人能找到摩尔人的宝藏，而有关发财致富的典型吉卜赛人魔法欺诈行为之一就是"hokkano baro"或者"大花招"。吉卜赛魔法师会告诉顾客通过简单的仪式即可获得大量财富，引发顾客的贪欲，顾客必须拿出他们的贵重物品或存款并放在某个地方，然后魔法师进行魔法仪式——所谓"金召金，银召银"。然后顾客被告知必须在一段时间后返回，他们会发现这些贵重物品成倍增加。与此同时，吉卜赛人会卷走这些贵重物品并逃之夭夭。1762年，一位牛津郡的绅士被骗了11几尼，吉卜赛人承诺他，交出现金两晚后，三只白鸽将会把200几尼放于他枕下。咨询吉卜赛人不仅会损失财产，还会让人们怀疑自己的意图。毕竟，吉卜赛人的诅咒和占卜一样有名。1612年，一位名叫菲丽希塔·格雷卡（Felicità Greca）的威尼斯女人付钱请一位吉卜赛女人用扔蚕豆的方法预测命运。吉卜赛人和她一起被推倒或摔倒在地上，然后通过在地上形成的痕迹来占卜。格雷卡的一位邻居、她以前的朋友曾经认为她母亲的残疾是巫术所致，在目睹了两人的这一仪式之后她猛冲过来，并在证词中说："我开始大声疾呼，这样做是不对的，因为我怀疑那坏魔法曾加害于她母亲。"

术士

前几章多处都提到了术士（cunning folk），他们究竟是谁？这个词显然来自英语，并且是同一类民间施魔法者的几个常见名称之一，其他名称还有"召灵师"（conjuror）、"男智者"（wise-man）和"女智者"（wise-woman）以及"巫师"（wizard）。整个欧洲都可以找到类似的人，名称不同，在西班牙被称为"治疗师"（curanderos），在丹麦被称为"聪明人"（kloge folk），在法国被称为"驱魔师"（désenvoûteurs）。他们不只是比邻人稍微更了解一种或多种魔法知识，而且能提供一系列的魔法和医疗服务，包括草药、占星术、爱情魔法、盗窃魔法、算命、写符咒等，最重要的是保护人免遭巫术侵害，或者用巫术治愈疾病。从现代早期一直到20世纪，术士一直是民间魔法界辨识度很高的重要人物。

术士大多为男性，但女性也并不鲜见。他们以各种方式施展魔力，声誉日隆。如前所述，术士的外国身份和某些种族身份——无论是否真实——使他们更容易树立声望。有一些术士出名是因为身世特别，例如是某人七个儿子中的七儿子或七个女儿中的七女儿，或者出生时带有胎膜，或者像一些匈牙利术士一样，一出生就有牙齿或者多一根手指。17世纪法国几位女术士声称她们拥有法力是因为出生在耶稣受难日。法力不只是生来就有的，也可以通过学习获得。在现代法国和英国早期的一些案例中，一些女性术士声名鹊起是因为（至少她们是这么说的）她们是执业医师和著名占星家的妻子或仆人，甚至是天主教神父的情妇。如果一位有抱负的术士父母就是有名的魔法师，那么子承父业或子承母业成功的概率肯定更大。此外，拥有魔法书而且识字对术士也大有裨益。要知道，直到19世纪，欧洲大部分地区的文盲率仍然很高，尤其是天主教地中海国家的妇女。如前所述，术士搜寻到神秘学书籍，为客户书写符咒，但同时也用魔法书籍装点门面，让客户对魔法的来源赞叹不已。一些术士声称他们通过与仙女、鬼魂和天使的接触获得特殊的魔法知识或力量。这可以通过魔法书中的仪式实现，但是许多术士，特别是女性，声称自己是被仙女拣选才懂得这些神秘事物的。17世纪中叶英格兰北部一位术士的活动和审判记录如下：

> 这个人号称是从仙女那里得到的白色粉末，然后去了一座山丘，他敲了三下，山丘开了，于是他见到一个肉眼可见的人，并与他交谈；他提出，如果在场的哪位绅士亲自和他一起去或者派仆人去，他将带他们去一个地方去见传授他这一技能的人。

术士出名很重要的一个原因是识字，因此魔法行业中的许多人来自各专业领域、行业，这并不奇怪。从16世纪起，这些人是最有可能接受过类似教育的。从事这些平淡无奇工作的人很自然地从事起了非法魔法活动，因为比起他们的本职工作，从事魔法的收入要高得多。

人们常常是迫不得已才去找术士，尤其是在相信因为中邪才生病的情况下。第一步是去找执业医生治疗，如果不满意再去找术士。一些医生认为自然疾病是女巫造成的，并提出用天然疗法治愈疾病。17世纪的英国医生威廉·德拉格（William Drage）就这一问题写了《大魔咒》（*Daimonomageia*，1665年）一书，其中提出七种治疗巫术疾病的方法：

1. 惩罚女巫，有两种途径：她的身体，或者中蛊的东西。
2. 祈求上帝。
3. 使用撒旦厌恶的特殊药物——如果有的话。
4. 进行——或让女巫进行——驱病的仪式。
5. 如果女巫的方法不奏效，让疾病转到女巫身上，或转移到狗或者其他动物身上。

6. 搜寻房屋周围是否有符咒或者像患者的东西。

7. 如果女巫被监禁，她不会受到伤害，撒旦也会离开她。

然而，和德拉格同时代的许多人对他的观点表示怀疑，并抗拒用超自然的因果关系做诊断。因此，接受正规医疗后仍不见好转或恶化时，人们求助于那些相信疾病是巫术所致的人，从而接受德拉格列出的全部治疗措施。在天主教国家，如果被巫术侵害，人们会向牧师求助，而不会向术士求助。例如，1723年意大利南部一位叫作安娜·萨纳西（Anna Sanasi）的女子忧心忡忡，认为她新婚儿子的性无能显然是由一个结扎咒语所致，因此寻找了一位圣方济各会托钵僧，多次对这对饱受折磨的夫妻宣读福音。福音不奏效，他们就去找当地的术士。一些神职人员嘲笑教区中的术士活动，认为他们在抢夺当地精神权威的位置，而某些神职人员出于各种意图和目的，本身就从事术士活动。天主教和东正教的教士拥有其他所有人都没有的优势，凭借圣职的权力和权威，能够主持圣礼和仪式并祛邪，维护人民的福祉。无论在哪个社区，低阶的神职人员都是当地学识最渊博的人，但他们的报酬微薄。因此，有些教士借机提供超出其神职范围的服务来增加收入，也就不足为奇了。有时他们的服务主要限于祝福或驱魔，但当服务范围拓展到占星术、草药学和寻宝时，教士和术士就没有太大区别了……至少在普通信徒看来没有什么区别。

如前所述，术士在19世纪的欧洲和16世纪一样受欢迎。犯罪记录和民俗学家的工作中都有记载。17世纪末到19世纪初，整个欧洲废除了反对巫术的法律，但以营利为目的的民间魔法仍然构成刑事犯罪，其定义不是有罪的"迷信"，而是欺诈活动。

法国国王路易十四（Louis XIV）于1682年发布了针对"占卜师、魔法师和附魔师"所谓"魔法"的一项皇家法令。在拿破仑时代，如果有人说服他人相信"虚假的担保、某种力量或者想象的威力存在"，根据打击欺诈行为的刑法第405条将受到严惩。如果有人"假装施行或使用任何一种巫术、邪术、咒语、召灵术，预测命运，或假装以自己的神秘学或法术知识或技能找到可能被盗或丢失的物品或财产"，将被英国1736年的《巫术和召灵术法》惩处。但是，这些法律对术士和算命从业者数量的影响微不足道。每隔一段时间就有巫师被起诉，和女巫审判时期针对这一行业更严苛的法律一样，这成了行业的可预知风险。19世纪英国的一些术士多次被判入狱，服刑时间累计数年之久，但每次一出狱便重操旧业。

民间魔法仍然流传甚广，原因之一是对巫师的恐惧仍然普遍存在。废除反对巫术的法律意味着国家不再提供惩罚或消灭巫师的法律机制。人们必须完全依靠术士或者自己想办法反制巫师。18世纪和19世纪，每隔一段时间就发生针对可疑女巫的暴民审判事件。在英格兰南部、荷兰、德国北部和波兰等地区，有时暴民们会对疑似巫师者施浸水刑：如果巫师浮在水面就是有罪的，沉入水中就是无辜的，根据神的洗礼水接受还是拒绝嫌疑人来判断。浸水刑本来是对罪人的神性考验，却成为惩罚和排斥疑似巫师者的一种方式。在英格兰，一位名叫托马斯·科莱特（Thomas Collet）的扫烟囱工人策划了疑似巫师者露丝（Ruth）和约翰·奥斯本（John Osborne）的浸水刑，后导致露丝死亡。成千上万的人目睹奥斯本夫妇被浸入水中。八十多年后，数百人在但泽附近的赫拉（Hela）目睹一位六个孩子的母亲克里斯蒂娜·塞诺瓦（Christina Ceinowa）遭到殴打并在浸水刑中溺死。19世纪欧洲和美国的这种集体民间司法行为越来越少见，但是发生了数百起袭击、谋杀、诽谤、放逐疑似女巫者的案例，一直持续到20世纪中期。此外，工业时代对巫术的指责、怀疑和反巫术行为在各个乡村、城镇数不胜数，上述以暴力形式表达的巫术信仰行为仅是沧海一粟。巫术和魔法的历史离我们并不遥远。

| 第七章 |

现代魔法的兴起

欧文·戴维斯

从18世纪下半叶到19世纪，魔法实践一直存在，在西方它被描述为专属于欧洲农村穷人或者被殖民者，后者常常被传教士、官员和早期人类学家称为"异教徒""野蛮人""原始人"。巫师审判结束几十年后，人们普遍认为巫术和魔法是很久以前的事，或者只和"落后"的种族有关。18世纪晚期，越来越多的文献认为巫师审判不是16世纪和17世纪的事情，而是中世纪一段黑暗的历史。天主教时代是一个以迷信和迫害著称的蒙昧时代，当时流行的哥特文学让这一观点更加深入人心。西方的祛魅（disenchantment）是启蒙运动的结果，而且受过教育的人早就不相信魔法，距离效应强化了这一观念。在社会学家马克斯·韦伯（Max Weber，1864—1920年）的理论影响下，20世纪的历史学家让祛魅的西方这一概念得以延续。马克斯·韦伯从理论角度论述了新教改革带来的知识、社会、宗教变革严重破坏了"魔法时代"。社会越来越世俗化，教会被迫变得更加宽容，科学获得解放，大家公认的世界观受到质疑。诚然，欧洲社会在发生变化，但并非简单的、势不可当的变化；不能也不应该把它定义为

"进步"。信仰魔法并不是人类进化过程的一个阶段。

在整个巫师审判时代，魔法仍然是探索隐秘或神秘世界的一种重要的具有宗教性、科学性的方法。随着识字率的提高和印刷术的兴起，作为中世纪和文艺复兴时期魔法师的工具，魔法书的传播范围不仅限于中世纪时期的修道院图书馆。德国文艺复兴时期神秘哲学家海因里希·科尼利厄斯·阿格里帕·冯·内特斯海姆（1486—1535年）《神秘哲学三书》的印刷版与手抄本广泛流传，成为近代早期最重要的魔法书之一，为现代西方神秘主义的发展奠定了基础。这一著作影响深远，主要体现在以下几个方面。首先，《神秘哲学三书》促进了基督教对卡巴拉（Kabbalah）的理解。卡巴拉是中世纪的犹太神秘哲学，其现实意义体现在它和希伯来字母及其数值的神秘力量相辅相成。它们像是上帝建造宇宙用的积木，理解了它们就理解了神的智慧。

其次，对于文艺复兴时期魔法的另一个分支赫耳墨斯神智学（Hermeticism），阿格里帕的著作也起到了重要的传播作用。如第二章所述，赫耳墨斯神智学也是中世纪魔法很重要的一部分。赫耳墨斯神智学号称来源于传说中的神赫耳墨斯·特里斯墨吉斯忒斯的神秘智慧，他被认为是埃及智慧之神托特、希腊的赫耳墨斯神以及《圣经》中的亚伯拉罕之子以诺（Enoch）。据称他写了几千部宗教、魔法和哲学作品，被中世纪许多魔法书籍多次引用，但直到15世纪，赫耳墨斯神智学才对西欧神秘主义产生重要影响，因为第二章末介绍的意大利魔法师马尔西利奥·费奇诺（1433—1499年）发表了拉丁文版的希腊文手稿《秘义集成》（*Corpus Hermeticum*，又译《赫耳墨斯文集》），据称书稿体现了赫耳墨斯的伟大智慧。阿格里帕读了费奇诺的书，认为赫耳墨斯神是最早的魔法大师之一。赫耳墨斯的著作被费奇诺作为探索宗教神秘性的一种方式呈现，通过微观世界（人类有机体）和宏观世界（宇宙）之间的紧密关系，使身体和心灵在精神方面获益。一本伪造的《神秘哲学第四卷》（*Fourth Book of Occult Philosophy*）印刷品和手稿利用阿格里帕伟大魔法师的声誉广为传播，后来成为研究探地术（geomancy）的重要手册；换言之，探地术赋予看似掷骰子一样随机生成的点或标记神圣的意义。更重要的是，《神秘哲学第四卷》中还有一些非常重要的信息，即拥有至高法力神灵的实质究竟如何，以及如何召唤它们。

这一时期对后来西方神秘思想产生深远影响的主要人物并非只有费奇诺和阿格里帕。另一位有影响力的人物是吉安巴蒂斯塔·德拉·波尔塔（Giambattista della Porta），他以《自然魔法》（*Magia naturalis*，1558年）一书闻名于世。如标题所示，该书的主要内容并非召灵和咒语指南，而是自然魔法，但是意大利宗教裁判所并没有因此而放过他。《自然魔法》以费奇诺和阿格里帕的著作为理论基础，试图通过镜子、草药、幻觉等科学实验解释通常所谓"超自然的现象"，实属难能可贵。他说"魔法无非是对整个自然全部过程的考察"。波尔塔的《自然魔法》非常重要，它是理性的科学文本，也是新柏拉图主义关于世界的著作的范例，换言之，万事万物紧密相连、互相关联。例如，书中论及"天空、星辰、元素，它们如何被移动，被改变"所带来的广泛影响。他写道："'世界'这个巨大生物的所有部分和所有成员，或者说，其中所有的一切都如同以往一样睦邻而居，彼此借和还的都是同一个自然。""它们是有共同联系的，所以有共同的爱；这种共同的爱的力量造就了一种共同的吸引力……这的确是魔法。"

瑞士炼金术士、医生和神秘学家帕拉塞尔苏斯（Paracelsus，1493—1541年）则通过另一种方法实践赫耳墨斯主义和新柏拉图主义。和波尔塔一样，他也非常相信形象学和交感律（laws of signatures and sympathy），我们知道这是许多民间魔法的指导原则。更重要的是，帕拉塞尔苏斯制作了一套用于治疗和护身的占星术幸运符拉门（lamens），随后的几个世纪里，后人一再模仿他的创意。某些行星的不良影响也许会引起疾病，同样占星术也可以治愈疾病。这些元素也受元素神灵的支配。把行星符号和神秘的标志在某些特定的星象学时段刻在某些金属物品上，拉门就做好了，戴拉门可以疗愈疾病，并保护佩戴者不会突发癫痫，或被巫术侵害。正如帕拉塞尔苏斯所言："字、字母和符号有几个特点和操作方式，而金属的本质，天堂的状况，行星的影响，它们的运行、意义和性质也一样……谁能反对说这些符号和封印没有特点，没有自己的运行过程呢？"

启蒙时代的神秘学

18世纪末期，学界仍然十分关注能否借助魔法揭示物质世界和精神世界的秘密。古老的中世纪及近代早期神秘哲学家的理论由博学之士薪火相传，广大民众对此知之甚少。一些人执着于占星术，探寻17世纪科学家求之不得的炼金术秘法；一些人投身研究各种秘密文字和符号不为人知的效力；还有一些人试图与天使和其他星灵交流。简而言之，他们继续以新柏拉图式的方式思考。动物磁性等新的伪科学"发现"让大家意识到，其实古老的神秘哲学家从未销声匿迹。

动物磁性（animal magnetism）源自由奥地利医生弗朗兹·安东·梅斯梅尔（Franz Anton Mesmer，1734—1815年）创立的隐形生命力理论，后来以其姓氏命名（mesmerism）而广为人知。他的博士医学论文用牛顿引力概念来理解恒星对人体的影响，从而得出"动物引力"的概念。18世纪70年代，梅斯梅尔做了一系列实验研究磁铁对人体健康的影响，后来据一些患者称，他们感觉到治疗过程中有一种液体状物质在身体各个部位流动。他认为磁铁散发并引导着一种无形流体，这种流体由火、空气和精神组成，将所有物质联结在一起。进一步思考，结论是人体是最终的磁体，因此经过训练后，包括梅斯梅尔在内的某些人可以通过触摸和集中意念引导这种磁性流体流入他人体内。这种治疗的方式显然效果惊人。梅斯梅尔的研究成果举世瞩目，有人认为动物磁性在科学上是一个巨大突破。

事实并非如此，但它成了一种有生命力的理论和实践，其影响远远超出了梅斯梅尔所谓"磁性流体"的概念和用途本身。

新柏拉图主义认为整个世界在灵性层面相互关联,梅斯梅尔的思想与之呼应。有人用他的思想解释魔法的存在和早前巫师审判供词中一些神奇的超自然现象。19世纪40年代曾有人建议,可以认为动物磁性是一种"迷信哲学;其目的是探求一些现象的自然原因——迄今为止,尽管有翔实的证据,人们仍然对这些现象全然不信,或者认为出现这些现象的原因是超自然媒介"。动物磁性也被用作一种技巧,使人们进入恍惚出神的状态并诱导超感官能力的出现。因此,催眠研究的重点从动物磁力在生理层面的作用转向其精神和心理作用。

当科学界不断提出各种神秘学新观点时,宗教界也十分活跃。与此同时,作为教会威权统治的力量,宗教的影响日渐式微,尤其是在新教盛行的一些地方。面对严肃、保守和理性的教会,出现了各类不同形式的基督教信仰,它们重新引入了17世纪灵性和神学中有关神秘学和魔法的内容,这表现在小范围内对先知和预言者的狂热追捧。其中一位预言者是瑞典科学家、神学家伊曼纽·斯韦登堡(Emanuel Swedenborg,1688—1772年)。从1744年开始,他经历了一系列幻象和梦境,他认为这是与神的交流。他确信上帝让他与天使、魔鬼以及亡灵交流,以帮助他完成改革基督教的使命。他认为在出神状态中他去过天堂和地狱。很多基于斯韦登堡与灵性世界对话的书纷纷面世,这些书备受讥讽,但也引起了几位著名哲学家的高度关注,特别是伊曼纽尔·康德(Immanuel Kant)和艺术家威廉·布莱克(William Blake)。斯韦登堡在英格兰去世大约十五年后,英国和美国出现了一些信奉其思想和学说的教会。

与之相反的是另一些预言者,他们的秘术、言论和感召力并非源自复杂的神学,而是民间草根文化,例如乔安娜·索斯科特(Joanna Southcott,1750—1814年)。索斯科特是德文郡一位农夫的女儿,在虔诚的宗教氛围中长大,尽管这种宗教氛围深深根植于当地的民间文化和信仰。她想了解自己和熟人做的梦有什么意义。她相信占星学的影响,认为撒旦住在月球上，却谴责那些赞同《圣经》里制裁预言者的占星师。至于巫术，她说："我确信这是与撒旦结盟的魔鬼和恶人所为。"1792年她开始经历一系列和神有关的幻象，和神灵对话，与撒旦斗争。她开始相信她是《启示录》67：12中所提及的女子，是天堂的奇妙标志："一个穿着太阳的女人，脚踩月亮，头上戴着十二颗星冠。"

基督荣归人间时，她将成为基督的新娘。具体而言，她准确预言了1792年当地一位主教去世和1800年的歉收。虽然她仍然住在德文郡，但她的预言让大家认为她有非凡的治愈和佑护能力。一位当地农民因巫术一再丢失牲畜，她施以援手。她和神灵导师交谈，导师让她在一张羊皮纸上写下"圣洁归我主"，然后把羊皮纸放在马的笼头和缰绳里。

但是，对预言和神秘学的兴趣也使得宗教的发展更长久、影响更深远。在德国新教徒聚集的地区，被称为"虔敬主义"的路德派运动再次强调了个人虔诚的重要性和基督教的情感表达；在虔敬主义的影响下，各种受到神秘学启发的群体应运而生。17世纪早期神学家雅各布·伯梅（Jacob Boehme，1575—1624年）的著作对18世纪新教神秘主义的影响尤为重要。他的基督教宇宙论观点与炼金术、卡巴拉主义和新柏拉图思想交织在一起，这些思想源自文艺复兴时期的神秘哲学家帕拉塞尔苏斯和科尼利厄斯·阿格里帕等人。神秘基督教的这些思想认为通过神示、与神灵交流、符号就可以解锁基督教的神圣秘密，有时这会激发人们的兴趣，寻找神秘思想与魔法实践之间的模糊区别。英国伯克郡牧师约翰·波德基（John Pordage，1607—1681年）和天使通灵的经历让费城学会的一些成员激动不已，他们对实用的仪式魔法也感兴趣。从德国流亡到美国的虔敬派教徒中也有类似群体。18世纪初的几十年里，住在费城德国城的神秘学家约翰内斯·卡尔皮尔斯（Johannes Kelpius，1708年卒）吸引了很多对卡巴拉、预言和占星学感兴趣的人。他的追随者之一，英国医生和神秘学家克里斯托弗·威特（Christopher Witt）就藏有自然魔法的书籍。宾夕法尼亚州另一个神秘学中心是埃弗拉塔（Ephrata），由虔敬派教徒康拉德·贝索尔（Conrad Beissel）创立。他的门徒康拉德·威瑟（Conrad Weiser）出售欧洲进口的炼金药品。18世纪后期，基督教神秘主义和民间魔法的融合催生了美国本土宗教摩门教。摩门教创始人约瑟夫·史密斯（1805—1844年）显然对古代英国神秘文学中的魔法有所了解，他曾用所谓的"赛尔石"或"窥视石"进行宝藏占卜。

18世纪，英国圣公会牧师约翰·卫斯理（John Wesley）受到虔敬主义神学影响，与他人在英格兰共同创立了福音派卫理公会运动，他始终如一地相信巫术和魔法，后来成为这一领域英国最著名的人物。卫斯理对探索基督教启蒙的神秘路径并不感兴趣，但他对世界的理解却和奇迹、神灵息息相关；天使和魔鬼介入了人们的日常生活。卫斯理认为巫师就是撒旦式的阴谋家，一直是基督教世界的威胁。他和巫师审判时代的恶魔学家观点一致，认为魔法是有罪的，无论其是为了让他人受苦还是如巫师所言为了行善。在神谕的世界里，有无数例子证明只要信上帝就能逆转不幸，对抗邪恶，不用求助术士和占星家。

尽管卫斯理经常被描绘为面对启蒙运动独自哭泣的声音，但是许多受过教育的人都拥护他所表达的信念，只不过都不是在公开场合。这一时期，普通民众一直相信超自然的力量，卫斯理对巫术、魔法和鬼魂的信仰得到这些民众的呼应，但圣公会的神职人员却指责这些教民相信迷信。

神秘学的实践者

占星术是影响力最大、最持久的神秘学领域。占星历书一直非常受欢迎。18世纪中期，《摩尔年历》（Moore's Almanac）在英国的销量超过十万本，随着人口增长，年历的销售也在增长。对于想要从事占星术的人来说，威廉·利里（William Lilly）和约翰·加德伯里（John Gadbury）以及其他17世纪占星家的众多学习手册仍然具有相当重要的间接意义。虽然占星术通常是医生工作内容的一部分，有助于预测和确保治疗效果，但一些人也因此介入了神秘学的其他相关领域。

埃比尼泽·西布利（Ebenezer Sibly，1751—约1799年）是英国最有影响力的神秘学公开从业者，还出版了神秘学著作。他是共济会成员和占星家，认同斯韦登堡的学说，19世纪80年代他的《新编完整插图版天体占星学》（*A New and Complete Illustration of the Celestial Science of Astrology*）面世，1792年《物理和神秘科学津要》（*Key to Physic and the Occult Sciences*）出版。《新编完整插图版天体占星学》卷帙浩繁，多次再版。它不仅讲了占星术如何操作，还对17世纪中期出版的大量占星术和神秘学书籍里记载的魔法实践从不同方面进行了探讨。西布利的目标之一是证明新柏拉图式的思想和实践与最新的科学、宗教思想并不互相排斥。最终，动物磁性学说证明了一个充满尤形生命力世界的存在，因此被大书特书。作为一名占星术治疗师，西布利赞同自然魔法，探寻动物、植物和矿物的神秘属性，特别是行星对它们的影响。他指出：

> 某一行星运行时，草药会最大限度地吸收行星的能量和特质，因此有些时候在专业人士都手足无措的情况下，即使是没有受过教育也没有经验的老年妇女，只要在这一时间采一种简单草药，治疗效果也惊人。

虽然西布利避开仪式魔法，并宣称自己反对召灵，但他详细解释了星际灵界、地狱精灵和鬼魂的本质。《新编完整插图版天体占星学》的第四部分包括"供养和求教精灵的方法"，其中列举了各类精灵和邪恶凡人之间的契约。

无论西布利对仪式魔法持什么观点，书中描述的地狱或亵渎神灵的做法都足以让读者感兴趣继而去研究。有确凿证据表明，他激发了弗朗西斯·巴雷特（Francis Barrett）的兴趣，后者是一位微型画家，也是一位激情四溢的热气球飞行家。

1801年，巴雷特的神秘学指南《魔法师：或占星术士》（*The Magus: Or Celestial Intelligencer*）付梓。该书深受西布利著作的影响，内容基于同一套早先出版的书，特别是阿格里帕《神秘哲学三书》、伪作《神秘哲学第四卷》和波尔塔《自然魔法》的英文译本。然而，巴雷特对占星术并不怎么感兴趣，他的兴趣主要在于自然魔法、护身符的制作以及"卡巴拉魔法，或者仪式魔法"的程序。虽然巴雷特更喜欢"神秘"一词，但他为从事魔法感到骄傲。他说，仪式魔法鼓励纯洁和有节制的生活，他的目标是"为魔法正名；这个词原本就没有任何邪恶意义，而是意味着有益的科学，值得赞颂，比如，一个人可能会受益于魔法，变得聪明、快乐"。但是，尽管巴雷特提到了召灵的好处，他也对世人提出警示。他的操作方法叫作"通过画圈来供养邪灵或魔宠"，他写道，如果要离开圆圈就应该遵照必要的仪式程序，因为曾经出现过操作者猝死的情况。与西布利的著作相比，巴雷特的书销量平平，但它潜移默化地影响了之后两个世纪现代仪式魔法的发展。

巴雷特还提供魔法学私人培训，至少有一位来自乡下的术士称他教学有方。但是之前已经有过几个神秘学和魔法学的兄弟会了，当时也有。兄弟会虽然没有仪式魔法课程，但是给有抱负的魔法师提供了环境和学习资源，鼓励他们精进。其中很重要的一个就是玫瑰十字会。巴雷特曾声称他参加过一个类似的组织。玫瑰十字会最早出现于17世纪初，当时流传的几本册子详细描述了德国骑士克里斯蒂安·罗森克鲁兹（Christian Rosenkreutz, Rosycross）领导下兄弟会的历史和教义，据说该兄弟会成立于15世纪，善于通过神秘学的方法治病。玫瑰十字勋章是后人编造的，但人们相信这个兄弟会的故事，而且其理念融合了占星术、灵性炼金术和神秘主义，吸引了众多17世纪的神秘学哲学家和自然魔法师。18世纪的德国，人们重新燃起了对玫瑰十字会新教义的兴趣。新教义更加注重炼金术知识，更侧重于基督教神秘主义。18世纪下半叶，德国玫瑰十字会运动采用共济会的结构和形式，创立了级别体系和仪式，同时成为政治保守主义和社会保守主义的飞地。

18世纪初，共济会受到政治和宗教启蒙原则的启发后改制，1717年伦敦总会成立，随后美国分会成立。但是，仅仅几十年后，共济会法国和英国新的分会中就出现了神秘学分支。

其中一支就受到安德鲁·迈克尔·拉姆塞（Andrew Michael Ramsey，1743年卒）的影响。他从苏格兰流亡至法国，转信天主教前曾与多个神秘新教团体有交集，1729年加入共济会。他为共济会制定了谱系，其中包括古代共济会教义的传承，古代共济会也许起源于前基督教时期，通过中世纪的十字军兵团传播教义，据说这些兵团在圣地期间发现了古代共济会的秘密。拉姆塞和其他人暗指的是共济会起源于一种可以上溯至旧约时期的神秘传统智慧，传播者或许是古埃及金字塔的建造者，或许是建造圣殿的所罗门王和泥瓦匠们。关于共济会的起源也有其他说法，比如共济会的成员是德鲁伊特（druids，古代凯尔特人祭司）的后裔，当时人们认为巨石阵就是德鲁伊特建造的。在这些虚构历史的启发下各个共济会兄弟会才有了后来的符号和仪式。一些相信神秘学的共济会成员确信，共济会中传下来的各种隐晦术语均起源于卡巴拉。

18世纪后半叶法国先后出现了许多神秘主义者，其中最引人注目的是宇宙天选祭司美生骑士团（Ordre des Chevaliers Maçons Élus Cohen de L'Univers）。该骑士团由雅克·马丁内斯·帕斯夸利（Jacques Martinès de Pasqually，1727—1774年）创立，在马赛、波尔多、图卢兹和巴黎都有分会。它最高级别的仪式源于卡巴拉和神通术（召唤神灵并和神灵合为一体）。这使得骑士团的"祭司"能和天使沟通，进行驱魔仪式并控制邪灵。它最终的目标是见到荣福直观（beatific vision of Christ，又译为见主荣面）。帕斯夸利去世之后，该骑士团由路易-克劳德·圣-马丁（Louis-Claude de Saint-Martin，1743—1803年）领导。他曾试图减少对仪式魔法的倚重，使骑士团基于一个更传统的基督教神秘主义框架。随后骑士团很快分崩离析，日渐衰微，法国大革命也从根本上动摇了共济会运动的根基。

卡廖斯特罗伯爵（Count Cagliostro）臭名昭著的魔法术可能是18世纪共济会最明目张胆、离经叛道的表达方式。卡廖斯特罗的真名是朱塞佩·巴尔萨莫（Giuseppe Balsamo），他是一个目中无人、心术不正的骗子、江湖医生，对于魔法和炼金术略通一二，靠着一张如簧巧舌招摇撞骗，混入欧洲各地的上流社会和皇室。18世纪70年代和80年代，他和妻子塞拉菲娜在伦敦的几个场合多次出现。卡廖斯特罗声称他发现了一份独特的手稿，其中写到共济会的起源可以追溯到一位埃及高级祭司的仪式，他的名字叫作大科普特（Great Copt），曾受到先知以诺和以利亚（Elias）的启迪。卡廖斯特罗说，有人曾让他恢复埃及共济会原来仪式的纯洁性。他自封"大科普特"，并招募追随者参加自己的分会，该分会成员背景多元，其中包括女性成员，卡廖斯特罗的妻子负责领导她们。卡廖斯特罗共济会的核心是"埃及仪式"，他自己设计仪式，在自己出神的状态下，通过一位儿童占星师或灵媒与天使及逝者的灵魂交流。举行仪式的房间里装饰有蜡烛、象形文字、埃及众神的雕像以及其他仪式魔法用具。

1786年"大科普特"访问伦敦，其间曾试图吸引一些斯韦登堡教徒对他的埃及仪式产生兴趣。他和几位法国助手一起参加了共济会最古老的分会之一"上古分会"（Lodge of Antiquity）的一次会议，向各位与会者介绍他的"埃及仪式"，显然是为了接管该分会的领导权。然而，卡廖斯特罗当晚的言行却被在场的一个人奚落嘲笑，风头大挫。后来著名讽刺漫画家詹姆斯·吉尔瑞（James Gillray）以这次会议作为背景画了一幅画嘲讽他。回到欧洲大陆不久，卡廖斯特罗就被罗马宗教裁判所逮捕并判处死刑，罪名是传播共济会的异端邪说，后被改判终身监禁。1795年，"大科普特"在狱中死于中风。

然而，如前所述，18世纪和19世纪绘画中的巫师形象的确体现了讽刺、喜剧和奇思妙想的结合，但是艺术家对神秘主义和史前魔法仪式的兴趣是发自内心的。路易-克劳德·圣-马丁对艺术和艺术家的角色热衷有加，后来影响到法国文学浪漫主义中的象征主义。他对共济会、玫瑰十字会和魔法书的热衷也启发了歌德一些作品的创作。

英国柏拉图主义者托马斯·泰勒（Thomas Taylor，1758—1835年）的名字并不尽人皆知，但他译自希腊语的作品《亚姆比丘斯：埃及人、迦勒底人和亚述人的奥秘》（*Iamblichus on the Mysteries of the Egyptians, Chaldeans and Assyrians*，1821年）以及其他译自古代神秘主义著作的译本影响了济慈、华兹华斯（Wordsworth）、雪莱、柯勒律治（Coleridge）和威廉·布莱克等那一时期最伟大的作家。亚姆比丘斯（Iamblichus）是3、4世纪叙利亚的新柏拉图主义哲学家，他的著作尤其深受浪漫主义者的喜爱。他在关于神通术的论述中谈到，个体灵魂超越堕落的物质世界不仅是通过虔诚的内在默祷，还是通过仪式、仪规和身体的表达，达到神圣的精神统一。济慈和雪莱等人原本就对古典宗教有浓厚兴趣，现在更是被异教神灵和举行罗马和希腊传统仪式的乡村自然环境吸引。和传统宗教的清醒无趣相比，这一切显得有血有肉，生机勃勃。威廉·布莱克在他莎士比亚式的作品《奥布朗、提泰妮娅和帕克与仙女共舞》（*Oberon, Titania and Puck with Fairies Dancing*）中描绘了这种获得自由的感觉。

新的黄金时代

19世纪的前几十年里，动物磁性学说、共济会和基督教神秘主义在西方的科学和宗教边缘盘桓，为新的神秘学和魔法的出现提供了肥沃的土壤。19世纪20年代到40年代，伦敦占星家和神秘学家有一个不算严密的组织，他们之间的交流都记录在一些信件、广告和用过即弃的物件里，贴在一本剪贴簿上。这本剪贴簿流传至今，叫作《神奇的魔法剪贴簿》（*Wonderful Magical Scrapbook*）。该组织三位最重要的人物是书商约翰·丹利（John Denley）、占星家罗伯特·克罗斯·史密斯（Robert Cross Smith, 1795—1832年）和弗雷德里克·霍克利（Frederick Hockley, 1809—1885年）。丹利在考文特花园的书店里藏有一些珍贵的魔法古书和手稿。弗朗西斯·巴雷特无疑要向丹利深深致谢，因为他的《魔法师：或占星术士》借鉴了丹利的收藏。有一次柯勒律治也曾向丹利书店借了一些神秘学书籍。丹利还出版了罗伯特·克罗斯·史密斯的《哲学的梅林》（*The Philosophical Merlin*），据说这本书译自拿破仑曾用过的神秘探地学手稿，但显然大量借鉴了《巫术师》的内容。这本书是献给著名的法国占卜师勒诺尔茫小姐（Mademoiselle Le Normand）的。之后，史密斯写了一部主题更鲜明的魔法专著，名为《19世纪的占星家》（*The Astrologer of the Nineteenth Century*），其中包含了一些魔法幸运物、咒语和召唤，他声称出自一个地下魔法组织的手稿，该组织叫作墨丘利（Mercurli）。弗雷德里克·霍克利是这些作家中最重要的一位。年轻时他曾在约翰·丹利手下工作，制作旧魔法文本、幸运物和护身符的复制品和汇编本，销往全国各地。霍克利晚年还在不断丰富自己魔法文献库的藏书，除此之外大部分时间他都在借助水晶球、镜子和出神与天使通灵。

这一时期魔法在美国的发展如火如荼，许多预言邪教和幻想团体如雨后春笋般出现，还有一些比较成熟的宗派，比如震教（Shakers, 鼓励幻想和出神）和普世主义（宣扬救赎天下），它们为更激进的神秘主义者提供了一个驿站。"波基普西预言家"（Poughkeepsie Seer）安德鲁·杰克逊·戴维斯（Andrew Jackson Davis, 1826—1910年）就是其中之一。他成年后不久就对浸礼会的先知威廉·米勒（William Miller）很感兴趣。他还作为动物磁性的灵媒，在出神状态下诊断疾病并提出治疗建议。后来他成为普世主义的重要人物，并多次进行动物磁性通灵，其中最出名的是与伊曼纽·斯韦登堡灵魂的对话。这些出神状态下的交流被记录下来并出版，书名为《自然的原则，她的神启及人类的声音》（*Principles of Nature, her Divine Revelation, and a Voice of Mankind*, 1847年）。戴维斯写道，一个新的灵性时代就要来到：

> 两个灵魂彼此沟通，一个在身体里，另一个在更高层级，这是事实；如果身体中的人没有意识到这一沟通，就无法相信这一切正在发生，这也是事实；而且这一事实不久将成为一种鲜活的证明。如果新的时代来临，打开人类的内心，建立灵性沟通，整个世界将为之欢欣鼓舞。

戴维斯等人也许会否认他们从事的一切和魔法有关。但是我们知道，灵性沟通的目的和灵感跨越了福音派、基督教神秘学和仪式魔法之间的模糊边界。几个世纪以来，决定这种实践"对与错"的关键因素就在于这种沟通的仪式性。与戴维斯同时代的一些人比他更有名，其中的一位出神灵媒是非洲裔混血美国人贝弗利·兰道夫（Beverly Randolph，1825—1875年），他开始用魔镜练习通灵之初就跨越了这一界限。这些精神交流全部都依靠最高级的天眼透视能力，这是他在近东旅行时学到的一个"神秘过程"，他只向他的邮购订户和他在美国建立的"玫瑰十字兄弟会"（Fraternitas Rosae Crucis）透露了这个秘密。这些珍贵的镜子需要通过仪式保养和维护，他建议用"古龙水、新鲜啤酒或从口中喷出的酒"清洗。然而，兰道夫对现代魔法做出的影响最深远的贡献是，他把仪式性自慰和异性性交作为一种魔法圣礼，目的是达到更高的灵性意识水平。他写道："真正的性能力是上帝的力量。"

19世纪中叶，许多对神秘学感兴趣的人纷纷前往巴黎，拜见当时最具影响力的魔法师埃利法斯·列维（Éliphas Lévi，1810—1875年）。此人原名阿尔方斯·路易斯·康斯坦特（Alphonse Louis Constant），年轻时曾学习天主教课程，原本会成为一名神父，但从未被任命。后来他虽然对教会多有微词，但对天主教却始终深信不疑。这一信仰深深影响了他对魔法实践及其目的的看法。他深入研读相关的历史和文献，阅读文艺复兴时期神秘学哲学家的著作，深入了解炼金术和玫瑰十字会，钻研18世纪的魔法书，并且研究动物磁性。

他读过许多魔法书，因此痛恨"黑魔法的恶魔召灵和魔法实践"。他说，他把这些黑魔法写出来"不是要让大家用，而是要让大家了解、评判，这样的疯狂行径可以休矣"。《高级魔法教理与仪式》（*Dogme et rituel de la haute magie*，1856年）是列维的处女作，其后他的多部著作均影响深远，他认为正确的魔法实践概念有两个主要元素：卡巴拉和塔罗。的确，塔罗是最关键的一步。他说，如果没有塔罗，"古代的魔法就是一本合上的书，就不可能理解卡巴拉伟大的奥秘"。列维的观点受到了18世纪后期法国共济会成员、考古学家安托万·库尔·德·热伯兰（Antoine Court de Gébelin，1725—1784年）的启发，热伯兰认为塔罗牌起源于古埃及。而且，塔罗牌上的人像都来自埃及祭司的智慧之书，至少热伯兰是这么说的。列维的一位追随者巴蒂斯特·阿利耶特（Baptiste Alliette，1738—1791年）详细阐述了这一点，他强调塔罗牌衍生自长着鹮头的埃及魔法及炼金术之神托特的作品。通常认为托特就是传说中的赫耳墨斯·特里斯墨吉斯忒斯，因此这一说法巧妙地将塔罗纳入了赫耳墨斯的传统。列维把塔罗牌和卡巴拉联系起来，这也许是他对现代魔法实践发展做出的最重要的贡献。

后来唯灵论（spiritualist）运动兴起，基督教神秘主义广为传播，列维遂声名鹊起。在纽约州一个简陋的农舍里，信奉唯灵论者围坐在桌旁，敲击桌面，和亡灵沟通，唯灵论就从这里走向了整个西方世界。1848年，纽约州名为玛吉（Maggie）和凯特·福克斯（Kate Fox）的两位少女声称，她们曾与一个被谋杀小贩的冤魂对话。她们不断敲击桌面，问了很多问题，小贩的游魂一一作答。显然双方之间建立了一种类似电报的灵性沟通。不久以后有人通过敲桌、移桌出神，轰轰烈烈的灵媒时代到来了。我们知道，几个世纪以来，灵媒和亡灵的沟通一直是魔法实践和神秘主义不可或缺的一部分。现代唯灵论把灵魂沟通变成一种主流的公开活动，也在传统宗教与其被诅咒的古老神秘分支之间重新建立了联系。一些神职人员担心唯灵论是一种新形式的通灵撒旦崇拜，其他人则认为它一派胡言，但也有许多人认为它揭示并且以科学的形式证明了死后生命的存在，因此是从根本上肯定了基督教。

唯灵论也使得人们更容易接受并实践全球其他宗教的神秘内容，主要是欧洲东部各帝国的宗教。其中1875年在纽约创立的"神智学会"（Theosophical Society）影响范围最广。神智学会的共同创始人及主要创立者是赫勒娜·彼得罗夫娜·布拉瓦茨基（Helena Petrovna Blavatsky，1831—1891年），她从俄国移民至美国，极具个人魅力。她声称她与一些圣贤建立了特殊的关系，而正是这些人掌握着打开古人秘密智慧的钥匙。无论她身在何处，他们都在精神上与她交流，传给她奥术智慧。她说她将他们的奥术智慧写入了自己的神智学巨著《揭开面纱的伊希斯女神》（Isis Unveiled，1877年）中。

然而，许多人指出，列维的著作对布拉瓦茨基这本书的影响远远大于东方的"神秘佛教"。事实证明，神智学会培养的正是想研究神秘学并且希望受人尊重的人。布拉瓦茨基也是现代神秘主义第一位重要的女性"领袖"，在共济会的男性世界之外占有一席之地，她的这一地位和女性在唯灵论中的突出地位无疑激励着其他女性进一步研究仪式魔法。

正是有了共济会运动的仪式架构和主流神秘主义、唯灵论、神智学的融合，再加上几位英国共济会成员对神秘主义的兴趣，才有了第一个致力于仪式魔法实践的现代组织。在1865—1866年，两位对神秘学同样感兴趣的资深英国共济会成员罗伯特·温特沃思·利特（Robert Wentworth Little）和语言学家肯尼斯·麦肯齐（Kenneth Mackenzie）共同创立了英吉利玫瑰十字会（Societas Rosicucracsana in Anglia，SRA），实际上它是一个新的共济会分会，利特自封为"魔法大师"（Master Magus）。麦肯齐声称他早年在奥地利生活时就开始接触玫瑰十字会运动。玫瑰十字会活动的具体内容并没有详细记载，但不外乎年度晚餐和季度会议，其时与会成员就神秘学主题发表演讲，也会举行简单的仪式。有一份名为《玫瑰十字会》（The Rosicrucian）的期刊，编辑是该会早期成员威廉·罗伯特·伍德曼（William Robert Woodman，1828—1891年），他是一位外科医生，利特死后他成为"至高无上的魔法师"（Supreme Magus）。然而，这些活动的主要目的并非表演和发展神秘学的仪式，而是探索共济会的起源及其与玫瑰十字会的联系，这也是早期德国玫瑰十字会运动的主张。伦敦验尸官威廉·韦恩·韦斯科特（William Wynn Westcott）于1880年入会，他在一次题为"玫瑰十字会：过去和现在，国内和国外"的演讲中解释道："当前，玫瑰十字会的研究又一次方兴未艾，我们学会在过去十年里成就斐然。对神秘学和神秘主题的热潮似乎每隔一段时间就会席卷一个国家，这很有意思。"韦斯科特认为，玫瑰十字会是迦勒底教士、埃及祭司、古代新柏拉图主义者和赫耳墨斯主义者以及中世纪犹太和基督教卡比主义者的"嫡系真传"。但是，基督教并不是古代异教，而是最核心的原则。

英格兰玫瑰十字会对于现代魔法史最重要的意义在于，在它的基础上才有了日后第一个专注仪式魔法实践的现代组织——黄金黎明协会（The Hermetic Order of the Golden Dawn）。该协会和魔法学校是由伍德曼、韦斯科特和另一位英吉利玫瑰十字会成员塞缪尔·利德尔·马瑟斯（Samuel Liddell Mathers）共同创立的。那时马瑟斯加入玫瑰十字会不久，他是一位素食主义者。很多年后韦斯科特曾谈到，创立黄金黎明协会是为了"教授中世纪的神秘科学"，但是后来它的意义远不止于此。三位创始人中伍德曼最为年长，似乎一直扮演着神秘导师的角色，将神秘学介绍给更多的人。同时他也是19世纪上半叶伦敦神秘学家兄弟会的传承者。

霍克利去世前加入了英格兰玫瑰十字会，事实证明，霍克利的手稿对黄金黎明协会最初打下的魔法基础至关重要。伍德曼于1891年去世，其后近十年里，黄金黎明协会在他的联合创始人的领导下得到发展，后又分裂。看到画中他穿着共济会礼服一脸严肃的样子，我们不禁好奇，如果他知道这一切会作何感想。

黄金黎明协会的第一个分会伊西丝-乌拉尼亚神殿（Isis-Urania temple）于1888年在伦敦成立。另外四个分会在英国各地成立，1896年黄金黎明协会的成员超过300名。黄金黎明协会受到神智学会性别平等的影响，与卡廖斯特罗的埃及共济会一样欢迎女性加入，在协会运动和仪式发展方面，其中几位女性成员成为重要人物。因此，女魔法师获得了和传统的男魔法师一样的地位，有史以来第一次担纲奥义仪式魔法。女演员佛罗伦丝·法尔（Florence Farr）和艺术家莫伊娜·柏格森（Moina Bergson，马瑟斯的妻子）是黄金黎明协会的两位主要女性成员，她们把大量埃及元素融入了黄金黎明协会的仪式和象征手法中。原因之一是那段时间考古发现层出不穷，这些发现为理解古埃及人的信仰和（魔法）实践提供了新的重要思路。在这一过程中，她们也进一步强化了协会仪式中的戏剧化效果。这一趋势在马瑟斯于1899年迁居巴黎后达到了巅峰，伊西丝女神仪式的戏剧表演让神秘学界以外的其他人也饶有兴趣。莫伊娜穿着戏服，扮演女大祭司安娜瑞（Anari），她的丈夫扮演男大祭司拉美西斯（Rameses）。

当时美国某期刊报道：

> 女大祭司安娜瑞召唤女神的声音充满激情，而且具有穿透力。之后一位穿着白色长袍的年轻巴黎女子朗诵歌颂伊西丝的诗句，又跳了一个"四元素舞"……在场的巴黎观众衣着入时，大部分女士都献上鲜花，先生们则把麦子撒到祭坛上。整个仪式的艺术性可谓登峰造极。

而此时黄金黎明协会在英格兰却分裂成几个派别，这一动荡局面的始作俑者是亚瑟·爱德华·韦特（Arthur Edward Waite，1857—1942年）。他是伦敦人，出生在美国，于1891年加入黄金黎明协会。韦特关于神秘主义、塔罗、魔法和共济会的著述颇丰，其中包括埃利法斯·列维作品的摘要（1886年），后来他编译了列维的《高级魔法教理与仪式》，后以《超验魔法》（*Transcendental Magic*）的书名出版。这本书流传至今，仍在出版。与之前的手稿和魔法书相比，韦特编纂的《黑魔法与契约之书》（*Book of Black Magic and of Pacts*）一书中关于仪式、护身符和咒语的内容少了很多，这也是他和黄金黎明协会分道扬镳的关键原因之一。韦特出版这本书是为了说明，他和早前的列维一样，都认为大部分魔法书中的仪式魔法无用且无益。明眼人也能看出这是对马瑟斯含蓄的批评。在此之前他已经翻译了两本历史性的魔法书，就是为了让大众了解魔法仪式的发展。那么韦特为何要参加黄金黎明协会呢？他于1901年加入了共济会，并于次年加入英吉利玫瑰十字会，这算是一个线索。简言之，韦特感兴趣的是基督教神秘主义，而不是古老的魔法仪式实践，因此他试图将黄金黎明协会的发展方向导向他熟悉的玫瑰十字会。相反，马瑟斯及其追随者正沉浸在他们对古代"异教"埃及宗教和魔法的想象中。这两种思想在同一个协会里越来越难以相容。

虽然马瑟斯和韦特意见不合，但20世纪初黄金黎明协会内部最为激烈、最广为人知的还是马瑟斯和阿莱斯特·克劳利（Aleister Crowley，1875—1947年）之间的矛盾。阿莱斯特·克劳利是一位年轻成员，于1898年加入协会。克劳利家境富裕，父亲是原教旨主义普利茅斯弟兄会（Plymouth Brethren）教堂一位非正式的讲道人。克劳利对仪式魔法有兴趣，对埃利法斯·列维的著述和韦特的《黑魔法与契约之书》却十分厌恶，当然也许他并没有听从韦特的建议去读《黑魔法与契约之书》。克劳利渴望了解仪式魔法的实用知识，起初马瑟斯对他爱护有加。然而几年之后他们却反目成仇，克劳利指责马瑟斯用黑魔法对付他。

1904年，克劳利声称埃及神荷鲁斯的使者拜访了他，说他将会成为一个新时代的先知。克劳利将这些灵性沟通的内容记录成书，取名《律法之书》（*The Book of the Law*）。这为他后来创立泰勒玛教（Thelemic religion）奠定了基础，原则如下："行汝意志，即为全法。"克劳利不想做学生，他渴望成为上师，1907年他创立了自己的魔法组织"银星修道会"（Astrum Argentum，A∴A∴），将佛教、瑜伽技巧与卡巴拉和西方仪式魔法结合起来。他照例宣称银星会的秘史令人肃然起敬。

银星会的期刊《昼夜平分点》（*The Equinox*）的宗旨是"科学的方法，宗教的目标"，其第一卷的引言中堂而皇之地写道："本期刊的出版标志着人类历史上一次全新的探索。"后来克劳利使用魔法（Magic）的不同拼写"Magick"以区别一般意义上的舞台魔术和当代所谓的"仪式魔法"，他后来所著的《魔法理论与实践》（*Magick in Theory and Practice*，1929年）采用的就是这一拼写。这是"魔法"（Magic）的古老的变体拼写，采用这一拼写最著名的是波尔塔的《自然魔法》（*Magia Naturalis-Natural Magick*，1658年）英文版和丹尼尔·笛福（Daniel Defoe）的《魔法体系》（*A System of Magick*，1727年）。19世纪的非神秘文学中曾偶尔出现这一拼写，但大众热衷于克劳利的作品，因此"Magick"后来成为战后仪式魔法师普遍采用的术语。

第一次世界大战之前几年，克劳利也成为德国魔法兄弟会组织东方神殿教（Ordo Templi Orientis，OTO）的英国分会负责人。与此同时，克劳利声称他在一系列出神的状态中得到神启，他就是魔法史上两位臭名昭著的人物——卡廖斯特罗和列维复活的化身。克劳利掌控了几个小型神秘团体之后，用毒品、虐恋和性施魔法，达到其现实的目的。正是这类魔法行为使他恶名远播，而他却对此津津乐道。他喜欢他的别名"野兽666"。克劳利很注重打造自己的形象，并且创造自己的神话。他精心策划，以编导式摄影的方式摆拍了许多照片，展现他的仪式活动和礼服。他是第一位被报界广泛认可的现代魔法师，成名的原因之一就是他本人照片的媒体曝光度，其中有一张在国际媒体上广为传播。照片中他用手掌托住脸颊，刻意强调他犀利的"巴西利斯克蛇怪"式凝视，或者说，动物磁性催眠师的眼神。他头戴银星（Astrum Argentum）连帽长袍的帽子，上面有发光金字塔的图案。他旁边有本书，封面上有一个五角星，书脊上写着"忍受到最后的魔导师"（"Perdurabo magister"）。这两个词分别意味着拉丁文中的"导师"和座右铭"我要忍受到最后"，这也是克劳利给自己设定的魔法人格。

现代魔法史上最为人瞩目的当属黄金黎明协会，它对魔法的发展影响也最持久，但它并不是当时唯一的神秘组织。在美国，卢克索黄金黎明协会兄弟会成立于1884年，尽管它之前的历史源远流长。其成立的原因之一是受到布拉瓦茨基笔下神秘的东方"卢克索兄弟会"（Brotherhood of Luxor）的启发，但卢克索黄金黎明协会兄弟会宣称它得到的是古代神秘学启蒙的真传，而他们看不上的远东"佛教"走的则是神智学协会的路线。除了通常的神秘学历史和理论研究之外，卢克索黄金黎明协会兄弟会还研究"实用的神秘主义"，其所用资料现代欧洲赫耳墨斯主义者很熟悉，但同时也借鉴了贝弗利·兰道夫的理念。

法国的神秘学活动主要是马丁教派门徒会（Martinist Order），由巴黎医生热拉尔·昂科斯（Gérard Encausse，1865—1916年）和他人共同创立，后来他以"帕浦斯"（Papus）之名获得社会各界的认可。

他曾短暂加入神智学协会，但他更喜欢西方的神秘主义传统，加入了各种小型赫耳墨斯小组，想打造一个清晰的神秘主义形象。马丁教派门徒会声称其组织架构和仪式都是基于帕斯夸利的著作，而帕浦斯则声称是他发现了这些原始文件，这一说法难以令人信服，再说虽然帕浦斯崇拜列维，但他比大师列维对实用的实验更感兴趣，读了很多写卡巴拉和护身符魔法的书。帕浦斯和其他同时期神秘主义者的最大区别在于，他们没有（也不想）和大众意义上的民间魔法产生关联，而帕浦斯做到了。这归功于他的《实用魔法教程》（Traité méthodique de magie pratique，1893年），这本书广受欢迎，在他生前多次再版。该书用大量篇幅讲述如何使用护身符、咒语和咒法，选自古老的法国魔法书和《神秘哲学第四卷》，还有图解，读者可以跳过理论部分直接读。书中还专门介绍了建"魔法实验室"所需的器具和材料，如何覆盖实验室的墙壁，应该有哪些家具。帕浦斯在引言中说，这本书"对独立研究人员很有用，可以节省大量的时间和金钱"。

这一时期，神秘主义思想的各个流派在德国继续发展。共济会成员、药剂师、记者西奥多·罗伊斯（Theodore Reuss，1855—1923年）和他人共同创建了前文提到的东方神殿教。此前几十年，他一直是其他几个神秘学和魔法组织的核心人物，包括马丁教派门徒会的一个分会以及德国的神智学会。

罗伊斯积极支持女性参与东方神殿教，原因之一是他认为该教的"存在意义"是："我们的协会拥有打开共济会和赫耳墨斯全部秘密的钥匙，即性魔法学说，包括大自然的秘密、共济会的一切象征意义和所有宗教体系的全部秘密都可以用这一学说解释，无一例外。"在其他地方，神秘主义和德国民族主义逐渐兴起，大家开始对如尼符文（runes）的神秘和魔法力量感兴趣。神秘主义研究从埃及和古代东方转向前基督教时期的条顿神话和象征主义，这一转向的标志就是奥地利剧作家和商人圭多·冯·李斯特（Guido von List，1848—1919年）和其追随者于1908年创办的圭多·冯·李斯特协会（Guido von List Society）。他的追随者之一齐格弗里德·阿道夫·库默（Siegfried Adolf Kummer）于1927年创办了如尼符文魔法暑期学校，他相信如尼符文驾驭并控制了缥缈的宇宙波。老师教学生在刻有日耳曼诸神名字的地板上画出保护性魔圈，在魔圈内练习用约德尔调唱诵如尼文并进行冥想，冥想时用手和手指比出如尼符文的形状。

19世纪后期涌现出各种神秘会和兄弟会，到第一次世界大战爆发时，这些组织的成员已经出版了数百本书，内容从催眠术到塔罗牌，从魔法到瑜伽，不一而足。各类相关的期刊也进一步引发了大众对仪式魔法和神秘学的兴趣。始创于1905年的英国期刊《神秘学评论》（Occult Review）就发表了大量相关文章，涉及鬼魂、唯灵论和梦境等不同内容。这些文章包括佛罗伦丝·法尔的《神奇的易位（搬运生命的人）》《虚假的狂喜和仪式魔法》，以及《符号的魔力》。德国有一个"关于实用形而上学、心理学、东方哲学和一般神秘主义研究的月刊"叫作《形而上学杂志》（*Metaphysische Rundschau*），魔法主题的文章通常刊登在这一类期刊上。

1920年，苏格兰记者刘易斯·斯宾塞（Lewis Spence）出版了《神秘主义百科全书》（*Encyclopædia of Occultism*）一书，当时他正在学习神话学，书中他对"现代魔法"总结如下："不能说列维之后魔法专家后继无人，因为纵观世界历史，无论何时这些大师都不为庸众所知；但或许可以确定的是，在不为人知的地方，有人一如既往、孜孜不倦地实践着这门伟大的艺术。"如果说此前斯宾塞对克劳利有所耳闻的话，那么这里他故意无视了克劳利的存在。20世纪20年代和30年代，"野兽之王"成为臭名昭著的国际名人。大部分民众对现代魔法印象不好，主要是缘于克劳利的所作所为及其声誉在大众媒体上的呈现。

第一次世界大战期间，帕浦斯在一所军队医院饱受病痛折磨，1916年10月死于肺结核。战争期间克劳利一直在美国，他在绘画作品中描绘了逝者的灵魂，而且整个创作过程中他双目紧闭，这些作品偶有几幅见诸报端。20世纪20年代早期，他带着一些追随者住在西西里岛上的"泰勒玛修道院"（Abbey of Thelema），曝出不少丑闻。1923年，一位心怀不满的成员指控修道院里的各种魔法行为，证词令人毛骨悚然。国际媒体报道之后，当时的意大利法西斯政府将克劳利驱逐出境。克劳利最初对成为公众人物津津乐道，但接下来的几年里，他开始品尝盛名背后的苦果。

1929年，克劳利返回巴黎，多家美国报纸整版图文并茂地报道了这一消息。其中一篇特写这样写道："阿莱斯特·克劳利又回来了，胖了，老了，头发少了，意志消沉，但显然没有增长智慧。"还有："'天启之兽'所能想到最惨的事发生了……他过时了，人们不再害怕他了。"1930年，克劳利原定在牛津大学诗歌协会举办黑魔法讲座，后因牛津大学罗马天主教教堂牧师介入而取消，英国一家报纸的《简明新闻》栏目报道了此事。然而，牛津大学却竭力表示校方不会进行此类干预，也不会对此事负责。1932年10月英国报界再次报道，克劳利在英国国家精神研究实验室发表演讲，该实验室负责人为哈里·普莱斯（Harry Price），其专业为演艺人员精神研究。媒体称克劳利为"'著名'魔法师"、神秘主义者、神秘的"大师信仰组织"成员，克劳利在演讲中谈到，他在用一种神奇的灵药做实验，这种药可以逆转衰老过程。

两年后，克劳利以诽谤罪名起诉旧日好友尼娜·哈姆内特（Nina Hamnett），起因是这位性格张扬的艺术家在《大笑的躯干》（*The Laughing Torso*）一书中暗示克劳利使用黑魔法。法庭判克劳利败诉，此事再次登上全国报纸头条。这次审判使他成为公众的笑柄，一时间让他狼狈不堪。这一过程中有一些十分尴尬的对话，比如辩护律师提出要求："你说过你曾经成功隐身，能否请你现在隐身，如果不能，我是否就可以宣布你欺诈？"还有："请在我知识渊博的朋友身上施展你的魔法吧。"克劳利答道："我不会攻击任何人的，我坚决拒绝。"这一事件发生后，克劳利的经济状况、影响力和声誉一落千丈。1937年，一位评论家见到他后对他嗤之以鼻，他说这位昔日的"野兽之王"现在是一个"穿着苏格兰式短裙的糟老头，嗜酒如命，喋喋不休地讲着五角星形和元素精灵"。1947年，克劳利在贫病交加中辞世，但他创立并领导了多个魔法组织，对现代魔法的影响长留身后，一些最初没有公开出版的书籍和期刊后来也重新出版。

现代巫术

克劳利这颗明星陨落了，另一颗明星在魔法的苍穹中冉冉升起。杰拉尔德·加德纳（Gerald Gardner，1884—1964年）职业生涯的大部分时间都担任英国在亚洲各殖民地的行政长官和海关官员。1936年他退休后返回英国，开始认真研究他感兴趣的考古学、民俗学、共济会、唯灵论和神秘主义。著名埃及学家玛格丽特·默里（Margaret Murray）提到的巫术史深深吸引了他。默里有选择性地阅读了一些不完全具有代表性的巫师审判记录和供词，她认为自己发现了一个秘密的生殖崇拜邪教，该邪教从基督教出现之前到基督教出现以后几个世纪一直存在，直到现代早期巫师被大规模迫害后才消失。这些"巫师"聚集在一起敬拜一位有角的神，这位神明常由一名男子扮演，有时是一名女子或者一个动物。她说，当局认为这样的庆祝聚会就是恶魔安息日集会。

默里将她的发现写入了《西欧女巫崇拜》（1921年）和《女巫之神》（1931年）中，这两本书加德纳都曾读过。不过，默里的观点本质上并无新颖之处。半个多世纪以前，法国历史学家儒勒·米什莱（Jules Michelet）在他的著作《女巫》（*La Sorcière*，1862年）中就曾提出女巫是善意的、自由异教教派的一支，后被独裁教会迫害。当时很多研究民间史的学者并没有深入分析这些女巫通常在刑讯逼供下的供词，默里也不例外。狂热的天主教徒蒙塔古·萨默斯（Montague Summers）专攻民间神秘学的历史研究，但其过去疑点重重，在其多次再版的《巫术与恶魔学史》（*The History of Witchcraft and Demonology*，1926年）一书中提出，审判记录证实了"与邪恶智慧的化身进行交易的可能性"。但是，大规模迫害之后是否有女巫邪教的追随者幸存？查尔斯·戈弗雷·利兰（Charles Godfrey Leland）是一位很有想法的美国民俗学家，他写的一本书里给出了肯定的答案。在《阿拉迪亚，或女巫的福音》（*Aradia, or the Gospel of the Witches*，1899年）一书中，利兰声称，他偶然发现了一个古老的异教徒生育崇拜邪教仍然活跃在意大利，他还说其中一位追随者借给他一本邪教的仪式书《范杰罗》，其中有很多咒语和魔法，他在"阿拉迪亚"复制并再版了这本书——他声称"阿拉迪亚"是他们崇拜的女神的名字。加德纳找到了缺失的关键环节。

加德纳对神秘学很感兴趣，1947年他与阿莱斯特·克劳利会面并加入了东方神殿教。大约在这次会面后不久，加德纳和其他有抱负的魔法师前辈一样，开始撰写古代魔法手稿。1947年他的著作《高等巫术手册》

（*High Magic's Aid*）出版，首次对女巫宗教的存续进行解读；之后几年里他开始创建一个新的魔法教派。他声称，1939年有人带他第一次参加了古代女巫邪教在英国新森林国家公园的聚会。他说女巫们给了他一本圣书《你们的艺术魔法师之书》（*Ye Bok of ye Art Magical*），后来他写的一本更广为人知的威卡教《影之书》（*Book of Shadows*），就是以该书为雏形的。加德纳所谓的"女巫邪教"或"圣书"的悠久历史并没有具体证据能够证明。他并不是从现有历史、传统和组织的线索中发现异教而创建的巫术宗教，而是创造了一个新的宗教，这和之前其他各类神秘教派及宗教的做法如出一辙。

加德纳开始着手创建威卡教的定规和仪式内容。他的灵感主要来自共济会模式、黄金黎明协会和克劳利的著作，兼有少许利兰的《阿拉迪亚，或女巫的福音》及其他资料。他利用现有人脉吸引人们关注他的新异教魔法会。1951年信徒人数激增，原因有二。首先，1736年的《巫术法案》被废除，取而代之的是《伪灵媒法案》（*Fraudulent Mediums Act*），前一年下议院就此事辩论时不乏一些幽默言辞。此前，各个灵性组织一直在呼吁废除该法案，尽管新的法律仍然允许起诉那些"谎称灵媒并作法，或使用心灵感应、透视或其他类似法术"的人。此类行为如果纯粹以娱乐为目的则不列入起诉范围。然而，关键的一点是，1736年的《巫术法案》在立法四个世纪后废除，新法典中删除了"巫术"一词。

要知道，1736年的法案将巫术定义为一种欺骗性的伪装，而非真实的行为，而且和宗教完全无关，把巫术设计为宗教是加德纳所为。加德纳不可能被起诉，除非他提供收费魔法服务或为观众表演。然而废除《巫术法案》却给了加德纳及其早期的威卡教信徒一个绝好的机会，他们可以把法律的钳制写进威卡教的历史中。经过几个世纪的迫害之后，他们现在终于可以自由、公开地施巫术了！加德纳可以向全世界宣布巫师邪教得以幸存。

同年，威卡教有了自己的博物馆，进一步强化了巫术是古老的宗教这一概念。威卡这一秘密邪教不再保持神秘，而且开始给公众灌输威卡是

"古老宗教"的思想。塞西尔·威廉姆森（Cecil Williamson）创建的"迷信和巫术民俗中心"坐落于马恩岛卡斯尔敦（Castletown，Isle of Man）的女巫磨坊，此前威廉姆森曾做过电影剪辑师。杰拉尔德·加德纳是该中心的"常驻巫师"。作为巫术顾问，威廉姆森还提供咨询服务，用他收藏的魔法书向咨询者提供各式符咒。正是因为有该中心和威廉姆森，新的威卡运动才吸引了其第一位成员多琳·瓦利恩蒂（Doreen Valiente），她后来也成为威卡运动最有影响力的人物之一。几年后，加德纳和威廉姆森交恶。1954年，威廉姆森将博物馆的馆舍和部分藏品卖给了加德纳。

20世纪50年代初，加德纳和威廉姆森多次接受采访，解释什么是巫术宗教。其中《画报》（*Illustrated*）以"英国的巫术"为题用好几个版面刊载了特别报道，主要介绍威廉姆森"正在行动"，但也提到了加德纳创立的生育宗教，不过没有提他的名字。"总之，现代巫师相信他们会通过仪式获得有控制的法力，其中一些仪式很原始，"记者写道，"他们认为集会让他们得到情感上的激励，而且带来传统意义上的好运。当然，他们都是'纯粹的'施魔法者，根据前辈所传的指示举行仪式，并用《所罗门的钥匙》（*Clavicules of Solomon*）做补充。"他还说，布莱顿（Brighton）有一个卡巴拉小圈子在某车库活动，伦敦芬奇利路（Finchley Road）有一个色情魔法团体，还有另一个魔法团体在约克郡乡下的一个教堂的庭院里碰头。

直到1954年加德纳的著作《今日巫术》（*Witchcraft Today*）出版，人们才了解了威卡的历史、性质和一般仪式的原理。从那时起，威卡教信徒数量和大众对威卡的兴趣都与日俱增。20世纪60年代早期已经出现许多加德纳式的聚会，当然，也出现了许多威卡教的分支。1957年，多琳·瓦利恩蒂成立了自己的女巫团。媒体报道中最引人注目的是由亚历山大·桑德斯（Alex Sanders）领导的亚历山大威卡教（Alexandrians）。加德纳去世后，桑德斯给自己欣然冠以"巫师之王"的称号。桑德斯援引的文献远远多于加德纳《影之书》里的文献，而且更侧重于列维和卡巴拉。桑德斯有一枚戒指，他声称其以前的主人是一位法国神秘学家。

与加德纳类似的是亚历山大·桑德斯和埃莉诺·"雷"·波恩（Eleanor 'Ray' Bone）等人，他们声称1941年有人引导他们加入了另一个巫师团。他们喜欢抛头露面，而且媒体的相关报道也会吸引很多新的信徒，但其他巫师则倾向于不在媒体上曝光"古老宗教"。媒体喜欢报道的内容不一定具有代表性和准确性。因此，虽然对黄金黎明协会的自我形象和仪式来说礼仪服装很重要，但威卡后来的标志却是不穿衣服。20世纪中叶，许多关于"新"巫术宗教的新闻报道里都有威卡巫师裸体或"仪式裸体"（skyclad）的照片——加德纳称"仪式裸体"这个词是他从印度仪式中借用的。裸体女巫师是很好的噱头。这显然迎合了小报哗众取宠的风格，而且强化了威卡教的核心是性仪式活动这一推论。20世纪70年代，亚历山大威卡教女祭司珍妮特·法拉尔（Janet Farrar）成为该运动的重要公众人物，被报纸头条新闻称为"性爱邪教女王"。后来她实在无法忍受媒体过分强调威卡教的裸体内容，拒绝在仪式裸体时拍照。

人们对加德纳的威卡教的仪式裸体不以为奇。因为健康原因，加德纳长期信守天然主义，并且加入了赫特福德郡圣奥尔本斯（St Albans, Hertfordshire）附近的天然主义俱乐部。他对于在公共场所裸体很坦然，接下来就需要从魔法里找到一个说法。他在利兰的《阿拉迪亚，或女巫的福音》里找到了，阿拉迪亚告诉她的女巫：

> 你真正自由的标志，
> 在仪式中，你们两人都要裸裎相对，男人和
> 女人一样：一直到
> 你们的最后一个压迫者死去

有一些人想更进一步挖掘历史证据，他们指出16世纪的格里恩（Grien）和丢勒（Dürer）作品中施魔法的女巫也没有穿衣服（见第五

章）。现代巫师也解释了为什么要仪式裸体。有人说仪式裸体是基于魔法的原则，例如服装会抑制精神能量的散发和吸收，或者赤裸的身体会吓退邪灵。其他的一些理由则更多考虑社会方面的原因，而非仪式，例如有人说仪式裸体是自由的表达，会带来巫师团内的平等。但是，从最开始就有现代巫师不赞同这种做法。多琳·瓦利恩蒂认同仪式裸体的重要性，但认为它实在不适合英国的气候。英国女巫和占星家西比尔·李克（Sybil Leek）完全对仪式裸体不屑一顾，她说："即使穿着六件毛皮大衣，我获得的能量也足够进行神秘治疗。"应该说目前大多数现代巫师和魔法师举行仪式时都会穿上特有的仪式服装，不会裸体。

媒体报道中的裸体话题可能会让读者兴致盎然，但报纸上更让人担忧的是有人指责现代魔法师是撒旦教徒、恶魔崇拜者。类似的情况以前也发生过。19世纪90年代中期，一位名叫里奥·塔克西尔（Léo Taxil）的法国记者写了一系列的文章，声称共济会正在进行撒旦式的仪式，并谴责热拉尔·昂科斯为"恶魔帕浦斯"，舆论一片哗然。

尽管克劳利公开谴责黑魔法和黑弥撒，但他并没有努力淡化自己信仰撒旦的公众形象。长期以来，媒体一直在扭曲威卡教信徒和其他异教女巫的形象，每隔一段时间就会让大众感到恐惧。顾名思义，异教徒是不能成为撒旦信徒的，因为他们不信奉基督教。早在1952年，一本插图杂志的万圣节特刊就刊登了一篇名为《伦敦女巫撒旦崇拜》的文章。该报道称，伦敦及周边地区的各个巫师团在仪式中都用动物祭祀，并进行性爱仪式。教堂抢劫和亵渎墓地事件屡屡发生，人们对撒旦主义的兴起不寒而栗。例如，1959年，有人在肯特郡的北克雷墓地（Cray churchyard，Kent）捣毁了十个十字架。据报道，守墓人说："真的太奇怪了，如果说是魔鬼崇拜我一点都不会惊讶。"西比尔·李克和亚历山大·桑德斯等人告诉媒体，他们的巫师团通过仪式积极保护公众免受黑魔法的攻击，但是撒旦式的仪式亵渎行为和动物祭祀越来越多，让民众警觉，大家很自然地把这一切与威卡教"可疑"的兴起联系在一起。丹尼斯·惠特利 （Denis Wheatley）

的一系列"黑魔法"小说备受欢迎，其中最著名的《魔鬼出击》（*The Devil Rides Out*）一书于1968年被拍成电影，进一步强化了魔法实践就是黑魔法这一概念。撒旦邪教隐秘作恶和血祭的秘闻让大家闻之色变，同年罗曼·波兰斯基（Roman Polanski）的电影《魔鬼圣婴》（*Rosemary's Baby*）让人们对此更深信不疑。20世纪70年代，美国几位知名的福音派教徒发起反对撒旦信徒运动，他们认为数万名撒旦分子腐蚀了美国，其中他们发起的反巫术运动被媒体广泛宣传。直到今天，每隔一段时间，新闻和警察在调查虐马案过程中有时仍会归咎于异教巫师。当然，这些报道更进一步激发了人们对巫术宗教的兴趣。1978年多琳·瓦利恩蒂曾谈道："每次报刊上大肆宣传曝光'邪恶巫术'，我们都会收到几袋信件询问如何加入巫师团！"

现代巫术在海外的发展

20世纪60年代和70年代，异教巫术以各种形式传播到海外，但并没有成气候。它真正落地生根是在美国。的确，从20世纪70年代开始，美国巫术逐渐有了自己的本土流派和表现形式。在此之前，大家对美国异教巫术的认识主要来自20世纪60年代媒体上对英国移居美国的巫师的相关报道，其中最出名的是西比尔·李克。她热衷媒体报道，喜欢讲故事，极力吹嘘自己的法力，随便开口就是值得上报纸的金句。她的社会影响力很大，公众看到她所代表的威卡是一个快乐、友好和善意的宗教，魔法也是现代社会很正常的一面。从威卡的意义上来说，李克是独立运作的，但1962年在美国建立第一个加德纳巫师团的却是一对英国夫妇雷蒙德（Raymond）和罗斯玛丽·巴克兰（Rosemary Buckland）。在马恩岛加德纳巫术博物馆的启发下，他们还在长岛（Long Island）的家中创立了美国首家巫术博物馆。

其他美国博物馆也在20世纪70年代初陆续开放。1964年加德纳去世后，马恩岛博物馆由他的继承人莫妮克·威尔逊（Monique Wilson）继续管理。1971年，她关闭了博物馆，并将大部分藏品卖给了罗伯特·里普利（Robert Ripley，1890—1949年）的"信不信由你"（Believe it or Not）公司。该公司是由罗伯特·里普利创立的一家特许经营公司。20世纪30年代以来，里普利出版了一系列书籍和联合报纸专题报道，报道奇闻逸事、惊人壮举、珍奇物品和有趣的人物。后来他的公司业务拓展，同样内容的新闻在广播、电影和电视上同时播放。鉴于媒体对女巫的兴趣，他建了两个里普利巫术博物馆，分别于1972年和1973年在旧金山和田纳西州盖特林堡（Gatlinburg）建成开放。购买了加德纳的藏品之后，这两家博物馆更名为"加德纳博士魔法和迷信博物馆"，旧金山分馆展出加德纳的蜡像和重建的黑弥撒祭坛。盖特林堡博物馆的广告刊登了加德纳的头像，并宣称这是"世界上最大的神秘学藏品展览"。它声称"用最现代、最令人震撼的声效、光效和布展方式展示当世最精美的神秘学展品"。同时，威廉姆森将马恩岛博物馆卖给加德纳之后曾在温莎（Windsor）小住，后将其巫术博物馆移至格洛斯特郡的"水上伯顿村"（Bourton-on-the-Water, Gloucestershire）。当地人对此忧心忡忡，因此威廉姆森最后一次将博物馆迁址，搬到位于康沃尔郡的博斯卡斯尔（Boscastle, Cornwall）。

在美国，巫术宗教成为反文化现象的重要表现形式之一，在女权运动中尤为显著，毕竟巫师审判期间被处决的巫师大多数是女性。

大众文化中广泛流传的死刑数据严重误导了大众，人们认为具有历史意义的女巫迫害行动导致数百万妇女丧生，因此出现了诸如"女性屠杀"这样刺激大众神经的表述。再加上加德纳主义认为教会试图将观念开放的巫师生育宗教斩草除根，只因其有性的表达，巫术中的女权主义显而易见。

他们认识到当时社会的父权制和厌女症在历史上可谓如出一辙。1968年爆发了一场激进的女权运动，但并非受到威卡教教徒启发，参与者自称为"WITCH",即"源自地狱的女性国际恐怖主义阴谋"的缩写(Women's International Terrorist Conspiracy from Hell)。其成员组织公众抗议活动和街头戏剧表演,以强调父系资本主义的强势地位。

不久,异教徒女巫群体中就出现了各种女权主义的声音,她们反对早期威卡团体领导层中体现的父权制及其宗教仪式中的一些性别偏见。1971年,匈牙利裔美国人、异教徒苏珊娜·布达佩斯(Zsuzsanna Budapest)出版了一本专门针对女性的加德纳式宗教仪式手册《女性主义的光与影之书》(*Feminist Book of Lights and Shadows*)。但是19世纪70年代最有影响力的女权主义威卡著作是《螺旋舞:伟大女神古老宗教的重生》(*The Spiral Dance A Rebirth of the Ancient Religion of the Great Goddess*,1979年),作者米里亚姆·西莫斯(Miriam Simos)也被称为"星鹰"(Starhawk)。她带领威卡转向,重点关注生态问题、女权灵性及萨满教。她与他人共同创立了激进的女巫运动"回炉"(Reclaim),以期进一步推动对社会、政治和环境问题的关注,这与她的女神自然宗教观点一脉相承。到2000年,《螺旋舞:伟大女神古老宗教的重生》已售出30万册,影响了威卡圈子内外的许多女权主义者,这是美国威卡最早对英国威卡产生的重要影响之一。

"星鹰"大受欢迎,但也带来一些问题,比如她重复了以前的谎言,即欧洲猎巫期间有900万人被当作巫师处决。现代美国巫术也有同性恋活动家,他们被全球同性恋权利运动激励,也被现代巫术界内部的偏见所影响。尽管威卡的起源是古代异教及其各种性的表达形式,但最初几十年威卡运动的重点一直是强调男女之间"自然"的生育关系。纽约的同性恋女巫利奥·马丁洛(Leo Martello)创立了"女巫解放运动"(Witches' Liberation Movement)和"女巫反诽谤联盟"(Witches Anti-Defamation League),引发了20世纪70年代的讨论。

在《螺旋舞:伟大女神古老宗教的重生》和类似作品的巨大影响下,越来越多的巫师开始独立进行异教徒巫术和其他现代魔法实践。从"黄金黎明"到加德纳式的威卡时代，人们都认为现代魔法是有等级制度的，有集体崇拜仪式，介绍入会，以及至少两个人进行的仪式。但是，随着威卡的成熟，巫师独立施展巫术的想法也随之产生。威卡初期多琳·瓦利恩蒂担任加德纳的大祭司，从那时开始她就倾向于独立从事巫术。1978年，她写了《明日巫术》（Witchcraft for Tomorrow）一书，指导人们如何在不加入任何巫师团体的前提下从事巫术。"我知道很多人会质疑本书中自行入行的理念，"她写道，"对这些人我只想问一个简单的问题：第一位巫师是由谁介绍入行的？"

基于古代秘密社会的理念，现代的魔法师们渴望建立兄弟会、教派和女巫团，一旦这种渴望消退，他们就纷纷开始追求多元化和创新，而无须虔诚地遵循某些固定的文本或由他人制定的礼仪形式。研究宗教的社会学家创造了"相信但不归属"的说法，这是因为去基督教堂的人越来越少，这一说法对于同时代现代异教的发展也同样适用。例如，异教巫术越来越多地借用民间魔法实践的语言，产生了很多区域性和本地化的说法。如今，有些人称自己为女巫，但并不认为自己是异教徒，她们认为自己的灵感来自近代术士的咒语、符咒和治疗方法。除了异教巫术之外，许多独立从事巫术的巫师创造了自己特有的仪式和习俗，通常受到"黄金黎明"成员、东方神殿教或者克劳利及其追随者著作的影响，但同时也借鉴了一系列西方魔法之外的其他传统元素，例如西伯利亚萨满教。综上所述，当今西方国家的仪式魔法师的确远远多于五百年前。

| 第八章 |

人类学时代的巫术与魔法

罗伯特·J. 沃利斯

1535年，在访问伊斯帕尼奥拉岛（Hispaniola）（今属海地和多米尼加共和国）之后，西班牙航海家贡萨洛·费尔南德斯·德·奥维耶多（Gonzalo Fernández de Oviedo）这样描述他在"新世界"发现的巫术和魔法：

> 除了其他恶习之外，这个岛上的印第安人还有一个非常邪恶的习俗，即吸食他们称为"烟草"的烟雾，为的是吸食之后可以暂时忘记一切……他们不知道有全能的上帝，他们崇拜各种形式和形象的撒旦——这也是西印度群岛居民的习俗……各个地方和许多器物上都绘制、雕刻或铭刻着他们称为"cemí"的恶魔……人们会在家里特意设置一个地方用来祭拜这些地狱般的偶像，通常是光线比较暗的地方和角落。他们走进那个角落祈祷，希望得偿所愿……里面有一位印第安老人对他们的愿望或问题做出回答，老人的恶魔雕像就立在他身旁；人们认为

是撒旦附身并授意老人回答……如果事关重大，人们在采取行动前必须先考虑撒旦的意见。

将近500年后的2012年，据《卫报》报道，在伦敦，法庭判决有刚果血统的"一男一女"犯谋杀罪，因为"他们用刑罚折磨一个他们认为是巫师的15岁男孩，并致其死亡"。

这两份来自不同时期和地点的文字记录表明，无论时代如何变迁，巫术和魔法始终是人类社会的特有现象。研究人类社会的人类学家试图理解这些现象，但从欧洲人初次遇见土著到现在，讨论巫术和魔法的方式让我们不仅了解土著，也更了解我们自己的西方思想，明确提出"我们"和"他们"。奥维耶多的观点有他的天主教信仰色彩，其时代背景是在欧洲出现的巫师审判，因此他和同时代人认为这一切是（对他们来说）真切存在的"上帝"与"撒旦"之争。从16世纪的耶稣会士到今天的很多教派，很多基督教传教士都试图让"异教徒"的灵魂改信基督教，但多以失败告终。

18世纪的"启蒙运动"中，理性的人文主义哲学修正了这种宗教思想，巫术和魔法以及其他宗教行为被视为仅仅是需要纠正的迷信行为而已。同样，很少有人试图去理解，在这些地区盛行的巫术和魔法现象本质究竟是什么。19世纪晚期，科学人类学在达尔文进化论的背景下发展起来，巫术和魔法被视为错误的信仰，注定要消亡，但作为原始人的习俗，它们对科学研究是有意义的，值得记录和研究。有了这种收藏文化才有了后来的许多现代博物馆，如今这些博物馆里藏有无数与巫术和魔法有关的"器物"。20世纪人类学成为一门独立的学科，学者们开始从功能主义、结构主义和后现代主义等理论角度出发，更加审慎地研究魔法和巫术。

在全球化时代的21世纪，巫术和魔法在一些欧洲城市登上报纸头条，人类学家应该去研究这些"另类"的做法，并且意识到一切解读都是主观的，而且永远是片面的。今天，人类学家可能不会认为魔法是"超自然"

的，而认为它是嵌入日常生活中的一种能动性（agency），不仅为专业"魔法师"专属，许多人都会这么做，有时甚至是在无意识的情况下。在亚马孙流域的部分地区，土著邪术一直被理论化，用于解释为何会有异族侵略和"同类相食"这一消解他人能量的方法。500多年前，西方人给巫术和魔法下了定义。魔法和巫术被标签化，还被赋予诸如"话语建构"等意义；人们以此为基础去理解土著的本体论（存在方式）和认识论（理解方式）或"生命之道"，而这是站不住脚的。因此，我们也必须认识到，研究巫术和魔法的人类学思想史是片面的、有时代性的。

从首次接触到启蒙思想

1535年，贡萨洛·费尔南德斯·德·奥维耶多在加勒比地区记述"撒旦崇拜"，他用了过去时态，因为当时那里的土著居民几乎已经被斩草除根了。奥维耶多的描写体现了基督教的世界观；1557年，法国方济各会牧师安德烈·泰韦（André Thévet）描写了住在巴西里约热内卢附近的图皮纳巴（Tupinamba）印第安人，他的文字重现了奥维耶多的世界观：

> 这些人——没有资格获得真理，不顾邪灵对他们的迫害和梦中犯的错误——完全没有理智，通过撒旦的使臣帕日（pagé）表达对撒旦的热爱。这些帕日又称加勒比人，信奉邪恶习俗，把自己奉献给魔鬼以欺骗他们的邻居……有时，如果碰巧这些帕日没有说实话，而且事情的结果与他们预测的不同，人们就会毫不犹豫地将他们处死，因为他们亵渎了帕日的称号和尊严……美洲居民并不是最早滥用魔法的，在他们之前好几个国家都曾使用魔法，早在"吾主之年"，主就废止了撒旦的法

力和对人类的主宰。因此，《圣经》禁止提到巫术是有原因的……必须严加惩罚。

几十年后的1585年，英国探险家、艺术家约翰·怀特（John White）第一次用画笔描绘了美国印第安人中的一位医者，他是阿尔冈昆人（Algonquian），来自北卡罗来纳州。这幅水彩画名为《飞人》（The Flyer），描绘了这位医者在举行仪式时跳舞的瞬间。他的头发绑起来（朝向天空），没有锁或羽冠；头戴一只鸟，就像一枚代表身份的徽章。一个小口袋挂在腰间的臀布上，里面或许装着烟草——那是美洲人最常用的迷幻剂。怀特画笔下的这位医者尽管跳得活力四射，但是表情超然而安详，姿态很像神的使者——希腊神赫耳墨斯的经典形象。

近一个世纪后，1664年，神父安托万·比耶（Antoine Biet）记录了现在法属圭亚那的原住民皮亚耶人（piayés）为了学习"治疗疾病，召唤魔鬼"是如何接受严格训练的：他们不停跳舞直到筋疲力尽、禁食、被大黑蚂蚁咬噬、"极度痛苦"。比耶的结论是："这些可怜的异教徒是如此盲目！他们今生遭受苦难只为换取虚名；他们是恶魔真正的忏悔者，恶魔让他们在人间感受到地狱的折磨。"

类似这些美洲早期的民族志记录非常重要，因为它们是作者目睹了巫术习俗之后的第一手资料，其中一些资料对今天一些人类学家来说并不陌生，他们研究的是土著的宗教实践和治疗方法，这些行为被称为"巫术"或"魔法"。当然，这些记录都受记述者的基督教背景影响，他们试图用自己固有的欧洲式参照体系去理解这些土著的习俗。其中一些人认为土著没有灵魂，比动物高级不了多少，或者说他们讲迷信；而另一些人认为土著也是人类，拥有灵魂，可以通过皈依获得救赎。这些早期的民族志学者都认为欧洲有撒旦崇拜，他们将土著魔法与巫术等同于这种崇拜。那时"巫术"和"魔法"还不是人类学家用于区别其他概念的通用术语，但人们认为这不言而喻，是真切存在的。从人类学的后见之明来看，早期的评论家们显然几乎没有试图去理解土著巫术和魔法本身。的确，通过这些记录，我们对当地魔法和巫术实践的了解还不如我们对这些来自西方的记录者本身了解得多。真正研究这些魔法和巫术的人类学方法直到20世纪才出现。

现代观点认为宗教与魔法的分野出现在宗教改革时期，当时人们抨击天主教会的变体论（transubstantiation）属于魔法。人们认为所有事情发生都是因为上帝的旨意，所以魔法一定是无效的，而且亵渎上帝，只有祷告才能带来变化。之后的"启蒙运动"或"理性时代"是18世纪欧洲的一场思想文化运动，促进了科学研究和理性思考，反对"迷信"，反对现有教会和国家存在已久的权力滥用。这种理性思维的发展再次将巫师视为骗子，认为他们并没有真正与撒旦或神灵交流，或者成功施展魔法，而是用诡计和障眼法欺骗民众，以达到自己的目的。

有人试图揭穿萨满的诡计；萨满从患者那里弄来一种蠕虫、一小块羽绒或一块木炭，宣称这就是致病的原因。这种对巫术和魔法本质的重新思考推翻了把"巫师"作为撒旦崇拜者处死的依据，但启蒙运动并没有完全转向理性主义；理性与其对立面——非理性、超自然和浪漫主义——之间的张力仍然存在。歌德的悲剧《浮士德》（第一部分，1808年）是德国启蒙运动高峰时期这一紧张关系的缩影；是选择时代的前瞻性思维，还是选择梅菲斯特（Mephistopheles，即撒旦）用法力所承诺的无限可能性，浮士德陷入了两难局面，但是最终获得救赎并进入天堂。在法国，哲学家们和各个沙龙其他思想家之间热烈的交流最终开花结果，哲学家德尼·狄德罗（Denis Diderot）编辑出版了《百科全书》（*Encyclopédie*，1751—1772年），使得启蒙思想迅速传遍了整个欧洲。然而，受耶稣会教育的狄德罗却自认是无神论者，对神秘学的态度模棱两可。他将西伯利亚的萨满巫师描述为"声称咨询了撒旦的骗子"，并将"杂要者"描述为"在美国野蛮民族中享有盛名的魔法师或施咒者"，但他们也"让人认为他们的法术中偶尔会有超自然力量"，而且他们的说法有时"相当准确"。1785年，德国哲学家约翰·戈特弗里德·赫尔德（Johann Gottfried Herder）认为仅仅将"魔法师"称作"骗子"是不够的,并指出他们需要一群信徒("他们也属于大众"),他们依赖于人类的心智(特别是"大脑和神经")及"想象力的作用"。虽然这些启蒙运动思想家仍然确信魔法是噱头,但是他们认为土著信仰和实践很有趣,应该收集整理,至少他们开始试图理解他们所看到或记录下的一切,这种科学理性主义尽管仍有问题,却为19世纪人类学学科的发展奠定了基础。

扶手椅人类学:唯智主义者与社会进化

直到19世纪下半叶,随着爱德华·伯内特·泰勒爵士(Sir Edward Burnett Tylor,1832—1917年)和詹姆斯·弗雷泽爵士(Sir James Frazer,1854—1941年)作品的面世,人类学才成为一个公认的独立学科。人类学(Anthropology)是"对人类的研究"(anthropos在希腊语里是"人"的意思,-ology指"学""研究")。1871年泰勒《原始文化——关于神话学、哲学、宗教、语言、艺术和风俗发展的研究》(*Primitive Culture: Researches into the Development of Mythology, Philosophy, Religion, Language, Art and Custom*)一书出版。十几年后的1884年,他成为牛津大学第一位人类学副教授,后来通过他的学生和传人罗伯特·雷纳夫·马雷特(Robert Ranulph Marrett,1866—1943年)的宣传,他被称为"人类学之父"。相比之下,弗雷泽的著作《金枝》(*The Golden Bough*)更广为人知,该书于1890年首次出版两卷,对神话和宗教在各文化中的一致性进行了对比研究,书中他对巫术和魔法的观点也同样备受争议。

泰勒和弗雷泽在他们的著作中都借助魔法、科学、宗教的范畴来组织自己的思想。他们都认为"原始"社会中对巫术和魔法的信仰是从史前社会"幸存"下来的,而这些"迷信"的固化证明了各文化从"野蛮"发展到"文明"的进步历程,与此同时,宗教也从万物有灵论发展到图腾主义、多神教，最终发展成为一神论。作为一种迷信方式，"魔法"注定要消亡，但作为原始习俗的遗留，它是有科学价值的，值得收集、记录和研究，而研究这些思想必须考虑它们出现的背景。整个人类有一种潜在的心理连贯性，对地质时间理解的发展影响到这一概念。1859年达尔文在《物种起源》中发表新进化论观点，距泰勒的书出版不过十年左右。泰勒书中的观点对如何理解文化和宗教的演变产生了重要影响。然而，这个观点是有问题的，原因有以下几个方面：

1. 这一观点以种族为中心，轻视土著复杂和成熟的本体论和认识论；2. 民族志和考古发现表明，文化并不是沿着进化论的线性"进步"，而是随着当时的内部和外部压力而变化；3. 关于不同发展阶段相继出现的机制，泰勒并没有解释——例如，万物有灵论者是怎样成为图腾主义者的？显然，这和自然选择论解释了物种演变的原因是不一样的。无论是技术决定论（技术进步，例如从石头到金属工具）还是文化达尔文主义（某些文化无法进步，因此终将灭绝——这一错误的种族主义思想现在仍然屡见不鲜）都没有得到改正。

泰勒认为魔法起源于逻辑思维，其中的科学规律尚不为人所知："原始"社会人们不知道科学规律，魔法乘虚而入——魔法是伪科学。然后他谈到为什么人们相信魔法有效，他认为多数情况下魔法似乎都奏效，如果不奏效肯定是魔法师的问题；魔法也会让本来就会发生的事情发生，因为人们不会求助魔法实现无法实现的愿望。人类学家迈耶·福尔特（Meyer Forte）给一位魔法师许以重金让他作法，魔法师说："别傻了，谁会在旱季作法求雨啊！"泰勒还认为相信魔法需要选择性记忆，信众们往往只会记住成功的案例。

虽然弗雷泽与泰勒对人类心理统一性和宗教演变的看法相同，但在某些方面弗雷泽并不同意泰勒的观点，而且对魔法的否定更强硬，更坚决。弗雷泽认为魔法不是伪科学，而是"浑蛋科学"："魔法是自然法则的虚假体系，也是错误的行为指南；它既是伪科学，也是失败的艺术。"他提出了"交感律"的概念，认为魔法的基础是两件事情之间明显的关联性或一致性。

这一理论分为两部分：一个是"相似律"（带有模仿性质的魔法），即相似的东西是相同的；另一个是"接触律"（带有传染性质的魔法），即曾经有过关联的事物即使断开后仍然连在一起。前面的章节中我们已经看到了这些原则的实例。兼具相似律和接触律（弗雷泽认为二者会有重合）的经典魔法例子是"狩猎魔法"：史前猎人在洞穴墙壁上画了一头被长矛穿透的野牛，通过相似性会影响活着的野牛，然后猎人用他曾经杀死过一头野牛的长矛刺向墙上的野牛，通过这样的接触就会在活的野牛身上产生效果。弗雷泽认为这些"律"是错误的：理性的、基于经验的、科学的观点坚持认为，在受自然法则约束的世界里，不能因为两件事有相似性或之前有某种关联就认为它们是因果关系；无生命的物体是没有能动性的。弗雷泽的观点不像泰勒那样复杂，而这两种观点都存在严重缺陷，但泰勒坚持认为魔法是有逻辑的，这一观点仍然具有影响力，而弗雷泽关于接触律和交感律的观点也的确可以解释"基于关联的魔法思想是如何形成的"。

这一时期哲学、社会学和人类学产生交集，产生了一些更引人入胜的巫术和魔法理论，在《宗教生活的基本形式》（*The Elementary Forms of the Religious Life*，1912年）一书中，法国社会学家爱弥尔·涂尔干（Émile Durkheim，1858—1917年）将魔法和宗教划为一类，认为它们是神圣的，而科学则是非宗教的，二者泾渭分明。

涂尔干的学生马塞尔·莫斯（Marcel Mauss，1872—1950年）在《魔法通论》（*A General Theory of Magic*，1903年）中同样指出，魔法、科学和宗教是有重合但又截然不同的社会现象范畴。魔法的功能性体现在寻求获得实际结果，因此和技术、科学类似。但是，科学基于实验，魔法却需要信仰。莫斯认为，虽然魔法看似与宗教相似，但其实是宗教的对立面，因为它是神秘的、孤立的，而且魔法师为了保持神秘很少当众施法。虽然魔法看似与宗教和科学都有相似性，但它是一种独特的社会现象，有自己的内在逻辑。涂尔干和莫斯都认为社会关系是最重要的，涉及巫术和魔法的那些信仰体系不过是对社会的反映或表达。泰勒和弗雷泽认为魔法是不合逻辑或者错误的，代表一种过时的理解世界的方式，而涂尔干和莫斯则认为魔法是一种有内在合理性的"社会事实"（social fact）。

在《土著如何思考》（*How Natives Think*，1926年）一书中，法国哲学家和人类学家吕西安·列维-布留尔（Lucien Lévy-Bruhl，1857—1939年）同样反对文化进化的概念，但相比社会性，他对土著集体思想的心理层面更感兴趣。他将思辨性和逻辑性的西方思想与"原始思想"中"前逻辑"的魔法概念进行对比，后者借助"神秘参与"（participation mystique）来操纵各种超自然的能动主体（supernatural agencies）。尽管"神秘参与"的概念可能来自社会学，并且列维-布留尔感兴趣的是"西方"和"土著"思想之间的差异，但他提出"前逻辑"思维是全人类共有的，西方人也不例外，因为我们在某些情况下也会这样思考。

这些早期人类学对魔法的思考自然对20世纪上半叶的人类学家产生了重大影响。然而，值得注意的是，这些知识分子思想家中长期进行民族志实地考察的人并不多见。尤其是泰勒和弗雷泽这两位"扶手椅人类学家"，他们研究非西方文化的文献的态度非常轻松，他们是高高在上的白人、欧洲人，著书立说之际恰逢英国殖民主义和大英帝国的鼎盛时期。毫无疑问，这使他们的研究从最开始就脱离土著，其与生俱来的优越感也影响到他们的观点。20世纪初，人类学家开始对土著进行长期的人种学（记录）工作，这是迄今为止人类学最重要的田野研究，因为进入土著的日常生活才能真正理解他们的文化。然而，必须认识到，这些工作中形成的民族志有片面性，也可能被翻译得面目全非。这些民族志既让我们了解巫术和魔法，也让我们了解这些人类学家为研究巫术和魔法而做的工作。

珊瑚花园及其魔法：特罗布里恩群岛上的功能主义人类学

通过在土著人群中的长期田野考察，20世纪的第一代人类学家开始重新思考巫术和魔法。

布罗尼斯拉夫·马林诺夫斯基（Bronnislaw Malinowski，1884—1942年），波兰人，后移居英国，于1915年至1918年在美拉尼西亚的特罗布里恩群岛（Trobriand Islands of Melanesia）进行田野调查。他将这种长期参与被研究者日常生活、保持密切互动的实地工作方法命名为"参与观察"（participant-observation）。泰勒和弗雷泽从未在土著中生活过，他们将巫术与魔法贬斥为迷信和谬误，没有把它们放在特定的环境中去理解；马林诺夫斯基和被研究对象一起生活过，他认为，包括巫术和魔法在内的（土著）社会的各个方面都是有意义的，而且相互关联。他对巫术和魔法社会意义的思考后来成为英国人类学"社会学派"的开端。

从《魔法、科学和宗教》（*Magic, Science and Religion*，1925年）一文开始，马林诺夫斯基的魔法观开始理论化，在《珊瑚花园及其魔法》（*Coral Gardens and their Magic*，1935年）和《西太平洋上的航海者》（*Argonauts of the Western Pacific*，1922年）这两本书中，他阐述了特罗布里恩群岛上的居民如何利用魔法以及他认为为什么会有魔法。特罗布里恩岛民需要各种实用和魔法知识来完成一系列日常工作，比如打理花园、潟湖捕鱼、造独木舟。花园魔法有一整套复杂仪式，锄掉杂草后开始举行仪式。在准备过程中，男人们打扮起来，给身体涂上颜色，并给斧子作法。有专业的仪式主持，他特意在仪式前禁食，仪式中他右手握着斧头，左手拿着祖传的魔杖进入花园，砍下树苗，背诵咒语：

> 这是我们的坏木头，哦，先灵啊！哦，丛林猪；哦，来自窄珊瑚脊大石头的丛林猪；哦，花园桩的丛林猪；哦，闻到邪恶气味的丛林猪；哦，窄脸的丛林猪；哦，丑陋的丛林猪；

哦，凶猛的丛林猪。哦，丛林猪，你的帆在你耳中，你的桨是
你的尾巴。我从后面踢你，我踢飞你。滚开！到乌拉沃拉去！
你从哪里来就回哪里去。它会灼伤你的眼睛，它会让你反胃。

然后他把树苗种在森林中，这种魔法会驱赶走丛林猪和可能破坏作物
的其他力量。

还有另外一个例子，要造独木舟就得在岛上的树林里选出一棵树，
砍下来，并尽可能把木材变轻，方便运回村子。将木材切成合适的长度，
砍掉树枝，去皮，然后念咒让树变轻。将一片干香蕉叶放在原木上，用一
束拉朗草或干拉朗草敲打原木，一边念着"掉下来，掉下来，碰到粪便就
变脏！掉下来，重东西掉下来吧！腐烂的部分掉下来！木耳掉下来！"通
过这种方式，原木中的重东西会掉进拉朗草里，然后按照仪式程序将其扔
掉。然后再次敲打原木，这次用一束烘干的拉朗草，一边大喊"哦，树
啊，我打你：树飞啊；树变得像一阵风；树变得像一棵蝴蝶树；变得像棉
花种子绒毛"，这会让原木变得更轻，飞得更快。

泰勒和弗雷泽认为这样的魔法是错误的、不合理的，是糟糕的科学。
但马林诺夫斯基也用魔法、科学和宗教这些术语来组织他的思想，他认
为魔法具有现实的合理性，因为它填补了人们知识的空白（用西方科学解
释）。马林诺夫斯基认为魔法与科学和宗教有重合的地方，并且"只要人
类遇到不可跨越的鸿沟、知识断层或者失去控制能力，却仍然继续追求"
时，人们就会求助于魔法，事实也的确如此。因此，魔法和魔法思维在社
会中是有实际功能的，就像科学和科学思维一样，因为它们都有助于"人
的本能、需求和追求"。因此，马林诺夫斯基认为魔法在心理层面和功能
层面都是有效的，它在危机时刻给人们提供宣泄的机会，确认、支撑和维
护复杂的社会系统，在这一系统中，各个部分同时作用，促进社会的稳定
和凝聚力。他说："魔法为原始人提供了许多现成的仪式、行为和信仰，
有明确的心理和实用的技巧，可以帮助原始人在每次祈愿或危难时渡过难

关。"马林诺夫斯基认为，魔法具有有效的心理功能，因为魔法师觉得他作法是为了解决具体问题的，所以作法的过程已经减轻了这一问题带来的困扰和焦虑。因此，在维持社会团结方面，魔法的社会功能适用范围更加广泛。

这一观点在当时是一大进步，影响深远，因为与维持心理和社会团结相比，魔法中的"信仰"及其有效性（无论是否"起效"）并没有那么重要。例如，马林诺夫斯基在美拉尼西亚进行田野调查后不久，20世纪20年代早期，美国人类学家克莱德·克鲁克霍恩（Clyde Kluckhohn，1905—1960年）对美国西南部的纳瓦霍人（Navajo，也称Diné人）进行研究，从功能主义角度解释了纳瓦霍人的巫术。虽然大多数纳瓦霍人想生活在"美好"（和谐、有序、健康、向善）中，但是也有相反的"邪恶"力量（丑陋、破坏、混乱、不健康）。巫师通过疗愈性的"歌唱"和颂歌等仪式控制这些邪恶力量，利用易形法变成"皮行者"，用死尸的肢体制造"幽灵病"，用魔弹攻击他人。这些巫师还会乱伦和谋杀。在《纳瓦霍巫术》（*Navajo Witchcraft*，1944年）一书中，克鲁克霍恩将巫术定义为"通过社会反对的超自然技巧影响事件发展"，但他认为巫术对纳瓦霍社会很重要，因为它能缓和紧张局势，维持社会平衡。

例如，如果一个人富有但不慷慨，人们就会指责他用巫术致富。纳瓦霍人大多生活在半干旱的沙漠高原地区，资源贫乏，牲畜过度放牧。克鲁克霍恩认为这会造成个人焦虑、家庭的不安全感以及群体之间的紧张关系，从而导致攻击性行为出现，比如巫术。因此，巫术成为一种应对个人和社会焦虑、攻击行为，以及满足个人权力欲的方式。克鲁克霍恩的功能主义阐释和马林诺夫斯基的观点相呼应，因为在这两种情况下巫术、魔法都让人们能够应对不稳定状态，社会的凝聚力因此得以保持。

阿赞德人的巫术与魔法

20世纪20年代后期，英国人类学家爱德华·埃文·埃文斯-普理查德爵士（Sir Edward Evan Eveans-Evitchard，1902—1973年）在苏丹南部的阿赞德进行了"参与观察"的实地考察。他的《阿赞德人的巫术、神谕与魔法》（*Witchcraft, Oracles and Magic Among the Azande*，1937年）一书被认为是巫术和魔法人类学的经典文献。他从功能主义角度出发的阐释在某些方面与马林诺夫斯基有所不同。对阿赞德人而言，巫术和魔法是日常生活中不可或缺的一部分，许多不幸都用巫术来解释。埃文斯-普理查德举了一个例子，粮仓坍塌，在粮仓里乘凉的人丧生，人们不禁追问：

> 为什么坍塌的这一刻坐在这个粮仓下的恰好是这些人？粮仓会坍塌不难理解，但为什么一定要在这些人坐在它下面的这一个时刻坍塌？这么多年它也有可能坍塌，为什么就在这些人寻求善意庇护时坍塌呢？在我们看来，这两个独立的事实之间的唯一关系就是时间和空间上的巧合……阿赞德哲学可以弥补那个缺失的环节……这一切都是由于巫术。如果没有巫术，人们就不会坐在粮仓下面，粮仓不会在他们头上坍塌，或者它也会坍塌，但这些人当时不会躲在粮仓下。巫术解释了这两件事的巧合。

巫术对阿赞德人非常重要，原因之一是巫术的影响很大程度上是无意识的。人们认为巫术是一种遗传的、没有人类情感的物质，位于人的腹部，并独立于宿主存在。

这意味着巫术可以在当事人并不知情的情况下发生，因此某些巫师可能并没有意识到他们在施展巫术。为了防范和抵御巫术，人们在日常生活中会不断举行各种魔法仪式。

当有人怀疑其他人使用巫术时，他会从和他有过节的人中寻找。最可靠的方法是借助神谕。最常用的是木制摩擦板或埃瓦（iwa）神谕，它由两部分组成：其"女性"底座看起来像一个圆形或椭圆形的三脚凳或小桌子，有一个长长的"尾巴"形成了第三点支撑；"男性"部分是一块扁平的木头，像是这个桌子的盖子。使用埃瓦时，操作的人坐在地上，将右脚放在尾部以稳定板身，然后将植物或水果的汁液和水混合挤在桌子上，使混合物起泡沫和气泡，然后占卜师在询问神谕时将盖子前后摩擦。如果有摩擦，盖子粘住，通常答案就是肯定的；如果盖子滑动，答案就是否定的；如果盖子既不粘住又不滑动就说明它拒绝判定，答案就是不确定的。摩擦板神谕也可用来确定名单中哪个和当事人有过节的人使用了巫术，但如果要确认就必须用更可靠的神谕，最可靠的是毒药或怪物神谕。

毒药神谕就是给家禽下毒，根据它是否死亡来确定神谕。

　　毒药神谕所用的毒药是一种红色粉末，先把狼蛛磨成粉，与水混合调成糊状。将液体从糊状物中挤出，灌进小家禽的喉中，家禽被迫吞下。通常家禽会剧烈抽搐。家禽有时会被毒死，有时则不会，有时甚至毫发无损。通过毒药神谕中家禽的反应，尤其通过生或死的结果，阿赞德人在神谕法器前提出的问题就有了答案。

只有已婚男人能够养活家禽并购买价格不菲的毒药，所以毒药神谕的使用频率低于摩擦板神谕，而穷人必须请亲戚或官员来代他们请求神谕。埃文斯-普理查德写道：

　　求毒药神谕是已婚男子的特权，这也是他们最为热衷的活动。他们不仅能借此解决个人问题，而且在魔法、邪术和通奸等一些重要的社会问题上，他们的名字还将作为神谕的见证。

如果有一些毒药、几只家禽，还有一两个可靠的同龄朋友，中年阿赞德男子就会很开心，他可以坐下来，通过长时间的通灵了解妻子们的不忠行为、他和孩子们的健康状况、他的婚姻计划、狩猎的成果和庄稼的收成，并问询神灵是否应该搬家，如此等等。

毒药神谕用于解决各种问题，包括找到巫术攻击的来源。一旦某位巫师的身份被确定，所采取的行动就会因具体情况而不同。有时候损失是无法弥补的。比如，狩猎季节结束时如果巫师吓跑野兽，受害方将不会有任何行动，因为没有用。"进一步追究是没用的，因为不可能获得赔偿。巫师无法撤回已经实施的巫术。"而且，受损失一方如果讨伐巫师，巫师就会声名扫地，可能要支付赔偿金，他还会被巫师记恨。只有发现巫术可能会带来灾祸，或者巫术造成情况恶化时才必须采取行动，比如某人被蛇咬伤且病情恶化的话。但如果病人的亲属去找巫师，侮辱或伤害巫师，将会被唾弃，因为巫师有权不受侵扰，除非真的杀了人。

如果巫师的身份得到确认，当事人就可以发表一次公开演讲，称为"德库巴"（de kuba）。日落之后或黎明之前不久，演讲者爬上白蚁丘或爬到树上大声呼喊，吸引大家的注意力，然后告诉大家他一直与人为善，遵纪守法，邻居却用巫术欺负他，但是他不想点出邻居的名字让他蒙羞，只是要求他收回法力。除了公开演说之外，常见的巫术是让受害方的亲友拿一只家禽的翅膀，这只翅膀是在毒药神谕仪式时准备好的，他把翅膀拿给亲王或者亲王手下的人，亲王的手下得知神谕的结果后要派一名可靠的使者去探望被告的巫师。使者会将翅膀放在他面前的地上，并声明亲王的手下派他来传达神谕。埃文斯-普理查德十分详尽地描写了一位恪尽职守的巫师应当如何作答：

巫师几乎会无一例外礼貌地回答说他没有意识到会伤害到

别人，如果确实伤害了此人，他非常抱歉；如果他一个人给那个人带来麻烦，那么那人肯定会康复，因为他衷心祝愿他健康快乐。

然后巫师大口喝水，喷在翅膀上，并说他已经请示腹中的巫术并恳求它"冷静"（不要活动），而且"他的请求不是仅仅动动嘴唇，而是发自内心的"。埃文斯-普理查德称："仪式程序的全部意义在于对巫师以礼相待，安抚他的情绪。而那些人礼貌地警告巫师他身处险境，巫师也应该表示感谢。"因此，"双方的礼貌行为已成习俗"。此外，"为了双方的利益，他们不应该因为这件事而疏远。他们日后仍然需要比邻而居，并在集体生活中合作"。

埃文斯-普理查德认为人类学的主要问题是翻译问题，显然，阿赞德的巫术、神谕和魔法与西方的日常生活方式形成鲜明对比。因此，他非常谨慎，尽可能清楚地、充满敬意地表达对阿赞德的理解。

他并不"相信"别人口中的巫术，但他的确尝试理解巫术对社会环境的重要性。因此，他和阿赞德人生活在一起，并且亲自体验神谕：

> 获得信心的最好方法是和阿赞德人遵循一样的步骤，像他们一样认真对待神谕。我经常备着一些毒药，以备自己和邻居使用，我们会根据神谕的决定来做出决定。可以说，对于处理家庭事务和其他事务的这种方式我很满意，就我所知，所有人都很满意。

对于阿赞德人对巫术、神谕和魔法的运用，埃文斯-普理查德的研究方式和马林诺夫斯基的功能主义方法类似。埃文斯-普理查德在伦敦经济学院和马林诺夫斯基相识。他在牛津大学认识了阿尔弗雷德·拉德克利夫-布朗（Alfred Reginald Radcliffe-Brown，1881—1955年），深受其结构功能主义的影响。拉德克利夫-布朗于1906年至1908年对孟加拉湾的安达曼岛民进行研究〔参见《安达曼岛民》（*The Andaman Islanders*，1922年）〕，1910年至1912年对西澳大利亚的原住民进行研究〔参见《澳大利亚部落社会组织》（*The Social Organisation of Australian Tribes*，1931年）〕。通过结构功能主义研究方法，埃文斯-普理查德发现巫术以及用于施展巫术的魔法手段在维持社会凝聚力方面发挥着重要的作用，他认为，这在阿赞德社会的内在逻辑中是讲得通的。尽管如此，考虑到历史和殖民过程，埃文斯-普理查德认为，面对他所谓的"传统崩溃"，"科学技术的进步已经使魔法变得多余"。因此，科学将会取代魔法。

20世纪上半叶的人类学家们进行了长期的田野调查，因此得以修正唯智主义者所描述的社会进化和原始主义观点，将社会视为一个复杂系统，这个系统中的各个组成部分一起作用，促进团结和稳定。根据这种观点，在维持社会关系和更广泛的社会结构方面，巫术和魔法在每个社会中都发挥着作用。

神话，魔法和无意识

结构功能主义认为巫术和魔法是理性的、逻辑的，对社会有用，是一种非常人性化的与世界接触的方式。基于魔法的人类普适性这一观点，结构主义思想家学派对不同人类社会中潜在的思维模式展开了研究。人类学家克劳德·列维-施特劳斯（Claude Lévi-Strauss，1908—2009年）借鉴了费迪南·德·索绪尔（Ferdinand de Saussure，1857—1913年）的结构语言学，也借鉴了卡尔·古斯塔夫·荣格（Carl Gustav Jung，1875—1961年）的神话作为集体无意识表达的概念，将文化视为一种符号传播系统。他将神话视为无意识的编码语言，试图揭示不同文化中神话的潜在结构或普遍规律。

在《神话学》（*Mythologiques*，共四卷，1964—1971年）中，他研究了美国印第安人神话中的一致性，指出了对抗的重要性，特别是生与死之间的张力，以及骗子形象（通常是郊狼或乌鸦）在生死斗争中所起的作用。

他写道"人类智能赋予宇宙的意义无穷无尽"，"心智所拥有的意义永远多于与意义相对应的客体"，所以"魔法思维"介入其中，提供"一种新的参照系统"，从而调和了这种二元对立。因此，魔法师在许多土著社会中都是重要人物：

> 病人就是被动性和自我异化，正如失语是心智的病态。巫师则是主动性和自我流露，正如情感是象征主义的源泉。治疗过程将这彼此对立的两极关联起来，并且在完整的经验中展现了心理世界的连贯性，心理世界本身就是社会世界的投射。

因此，列维-施特劳斯借助符号学（关于人类交流和意义产生的研究）和精神分析，对魔法的成功进行结构主义分析，将个人和群体心理动态以及无意识的潜在象征模式相关联，认为魔法思维的力量是人类思想力量的例证。正如结构功能主义有其局限性一样，列维-施特劳斯的结构主义审视的是人类感知到的更宽泛的、固有的或潜在的结构，这同样无法解释社会变革、能动性和不平等这些不断变化的问题。

魔法，阈限与交融

虽然受到结构功能主义的影响，但维克多·特纳（Victor Turner，1920—1983年）却提出一种更为动态的"解释性"方法，研究社会中的冲突如何通过仪式得到解决，而且对仪式过程参与者的阈限状态

（liminal state）给予特别关注。特纳在20世纪50年代初与他的妻子伊迪丝（Edith）一起对赞比亚西北部的恩丹布人（Ndembu）进行研究。恩丹布人以农业和狩猎为生，狩猎是一项受到严格监管的活动，与之相关的仪式和礼仪十分复杂，体现了猎人与守护猎人的强大祖先或"先灵"（shades）之间的关系。恩丹布人的狩猎仪式涉及深奥的专业知识，猎人获得祖先和魔法法力的帮助，取悦先灵，找到灌木丛里的动物。大家都认为巫师、魔法师、会施加惩罚的祖先神灵和其他会带来潜在危险的生物都住在灌木丛里。艾汉巴（Ihamba）邪教的一些猎人在狩猎时会带着一个小袋，里面放着一位已故祖先猎人的上中切牙（"艾汉巴"，ihamba），还有两个玛瑙贝作为"眼睛"，让猎人的先灵能够"看到"灌木丛中的猎物。会带来惩罚的祖先神灵影响深远，延伸到社会的各个方面，包括疾病的起源，因为人们把所有死亡都归因于邪术，无论是先灵的意图还是不怀好意的巫师。

人们通过占卜查明巫术的源头，包括去咨询占卜师或者召灵，之后采取治疗措施，如开药、仪式表演（包括鼓乐）取悦被冒犯的神灵，驱除先灵或者驱逐巫师。这些仪式由各"教"（cult）执行，每个"教"负责祖先神灵中的某一支，被病痛折磨的患者有资格入教，完成各种仪式后成为教徒。

《一个非洲社会的分支与延续：恩丹布仪式研究》（*Schism and Continuity in an African Society: A Study of Ndembu Ritual*）是特纳的早期著作，在书中他仔细分析了社会冲突，以及如何通过这些"痛苦的邪教"来解决这些冲突。但后来他专注于研究仪式的作用，这也是他最著名的研究，例如《符号的森林：恩丹布仪式面面观》（*The Forest of Symbols: Aspects of Ndembu Ritual*，1967年）、《仪式过程：结构与反结构》（*The Ritual Process: Structure and Anti-Structure*，1969年）。因此，结构主义人类学家曾关注的是一个社会中假定的、稳定的潜在结构，而特纳研究的则是反结构或非结构的部分，尤其是仪式的作用。特纳利用"社会戏剧"的概念来思考冲突，以及这些冲突如何表现出"过程式"或者四段式的过程模式：1.违反（个人或团体间）正常的社会关系；2.如果冲突没有解决，则产生危机或者违规行为继续发生；3.领导者采取策略，纠正违规行为；4.恢复正常的社会性，或承认违规造成的损失是无法弥补的。

对特纳来说，仪式是一种社会戏剧，他将阿诺德·凡·盖内普（Arnold van Gennep，1873—1957年）"通过仪式"的三重结构扩展为"阈限前"〔分离（seperation）〕、"阈限"〔过渡（transition）〕和"阈限后"〔聚合（reincorporation）〕，侧重个体处在"模棱两可"的临界阶段：他们并没有从旧社会中脱离，也没有再融入新社会。他用"交融"（communitas）这个词来形容阈限状态，它"超越了所有类别的表现形式，超越语言，超越了可分割的时间和空间，无法用语言表达，在这时间空间里各种人、各类物体和各种关系无休止地彼此转化"。谈到社会发展和变化，特纳认为，交融与结构相反，处于阈限阶段的人／社区是一种"包含未来社会发展、社会变革萌芽的包裹或口袋"。

列维-施特劳斯和法国结构主义学派认为，审视这些仪式的符号和这些符号之间的关系要通过言语和神话的潜在结构来表达，而这些结构的作用是维护社会现状。但特纳认为，理解符号需要理解仪式的"表演"。特纳强调每个符号的"多元性"（multivocality），即每个符号对不同的人有不同含义，而不是一个符号与另一个符号之间的关系。特纳的这一观点颇具影响力，因为他是最早对仪式——仪式的表演、仪式的过程——进行单独研究的学者之一，并且把它作为一种独立的社会行为来研究，而不是把它看作一个更广泛、稳定的社会结构中的一个组成部分。特纳也承认仪式的心理作用，并指出西方文化中缺乏阈限经验的问题，认为西方文化中有的只是一些不够地道的"类阈限"（liminoid）仪式的形式，比如戏剧表演。

特纳曾在其早期著作中建议，"如果剥离其超自然的伪装，恩丹布疗法很有可能会为西方式的临床实践提供经验"。尽管如此，他的合作者伊迪丝·特纳暗示，特纳认为恩丹布仪式里"兼有动人的诗歌和确凿的咒语"。在理性思考的指导下，泰勒和弗雷泽等唯智主义者认为超自然是错误的；马林诺夫斯基等功能主义者和拉德克利夫-布朗等结构功能主义者认为，信仰超自然是因为这种信仰的社会功能以及它对潜在社会结构中的再生产；维克多·特纳和伊迪丝·特纳等阐释性的人类学家专注于研究巫术和魔法的能动性，以及仪式治疗的宝贵经验。然而，巫术和魔法的"超自然"方面的问题仍继续困扰着下一代人类学家。

魔法和巫术的后现代视角

从泰勒开始的近一个半世纪里，人类学家曾将巫术实践和魔法思维视为骗术、不合逻辑和错误的，后来转而认为巫术和魔法是理性和逻辑的，符合它们自己的文化框架，但巫术的真实性这一根本问题仍然存在。通常，人类学家和历史学家一样，会认真对待他们的报告人（informants，即为研究者提供信息的人），但不会"相信"魔法。但是，20世纪80年代和90年代，巫术和魔法的人类学研究方法发生了根本的转向，这与人文科学和社会科学整体的"后现代"转向相吻合。从强调参与者观察，参与所研究文化的生活但在分析中保持中立和客观，转向经验性和反思性的方法；换句话说，认真对待自己"在田野中"研究巫术和魔法时不同寻常的体验。这种变化的产生受到了女权主义的影响，人们曾经想当然地认为民族志的记述是中立、客观的，然而从20世纪60年代开始，女权主义者却指出许多民族志记录中存在固有的偏见（主要由西方中产阶级白人男性撰写，描写非西方社会的男性）。人们曾经以为人类学家在研究某种文化时可以不受外界影响，保持客观；他可以生活在这个文化中而不被"本土化"。但如果绝对客观不可信，不过是一个不够完美的目标，那么客观-主观和内部-局外人的区别就会受到影响。因此，出现了反思性方法，包括自传式民族志（auto-ethnography）和体验式人类学（experiential anthropology）。

20世纪60年代末70年代初期，法国民族学家让娜·法夫雷-萨达（Jeanne Favret-Saada）在法国西北部诺曼底乡村地区博卡日（Bocage）进行巫术研究，她仔细分析了以前学者的表述和民间流传的记述，他们把农民描述为"容易轻信"和"落后"的，不知道"因与果"，举行"无意义"的秘密仪式，"来自另一个时代"。

法夫雷-萨达发现这些"农民"其实"既不容易轻信也不落后"，于是她将巫术攻击定义为："在某种危机情形下，一个后来被指认为巫师的人说了一些话，听话者认为这些话对他的身体和财物产生了影响，因此声称他被施了巫术。破解巫术的人把对顾客说的这些话揽到自己身上，然后让它们在最初说话的巫师身上起效……在巫术中，所谓'行为'就是言语。"

法夫雷-萨达试图以自己的方式理解这种巫术，她将自己的案例与埃文斯-普理查德的阿赞德案例进行对比。阿赞德人赋予埃文斯-普理查德"没有职位的亲王"的地位，这意味着他只能被另一位亲王施以巫术，而且因为远离宫廷生活，事实上他已经被阿赞德人排除在外，不会被当地人施以巫术；简而言之，他很安全。这和法夫雷-萨达面对的情况迥然不同。她是一位局内人（在法国工作的法国民族志学者），她的报告人否认巫术（"我不相信那些乱七八糟的东西"），或很少谈起巫术（"那些相信巫术的人……必须假装不相信"）。巫术研究涉及问题、文字、答案、手势，按照特纳的说法，这让人类学家成为"社会戏剧"的一部分，或者用法夫雷-萨达的话说，让人类学家"陷入""话语"之中。法夫雷-萨达指出："没有人是为了获取知识而去谈论巫术，他们都是为了获得权力……一个人知道得越多，他带来的威胁就越大，也越容易受到巫术的威胁。"因此，她自己可能会被施以巫术，成为女巫，或者人们会要求她破解巫术。每天最常见的行为和事件、说出和未说出口的话，都可能是这种话语的重要组成部分："在战争时期，能与魔法师的特殊武器（言语、眼神和触摸）相比的只有一句简单的'你好吗？'然后握手"；"没有人和所谓的'巫师'交谈，但这沉默本身就是一个完整的话语，是殊死搏斗的无声宣言，这总是有一些作用的。"

在这类情况下，参与观察、报告人访谈、共情等传统的民族志方法都失效了。如果民族志学者不仅需要参与而且需要卷入，他会沉浸在需要研究的事件中，是否中立就不重要了："如果向言语全面宣战，人们必须做出决定，开展另一种民族志。"类似这样的局内人民族志和体验式人类学将研究者的体验作为有效数据，并承认研究者自己的立场被融入话语中。因此，法夫雷-萨达决定由她的对话者引领，她首先被当作一个破解巫术者，然后人们认为她被施了巫术，她与一位破解巫术者一起工作，最后几个被施了巫术的人要求法夫雷-萨达给他们"解除咒语"。法夫雷-萨达试图理解她所经历的这一切（在某一刻，她的报告人把她的疾病解释为巫术的症状），她认为"解除咒语"是一种治疗机制，而不仅仅是一种隐喻或概念。

在这个过程中，法夫雷-萨达成为巫术话语的能动主体，正是这体验式的研究方法成就了她优秀的民族志。但是为了从理性的角度理解她的经历，她并没有在信仰方面"本土化"，而是借用西方人能够理解的对"治疗"的阐释。研究英格兰当代魔法仪式和巫术的美国人类学学者塔尼亚·鲁尔曼（Tanya Luhrmann）采取的方法和萨达类似，她要求自己"卷入"其中，从而理解这一经历。

20世纪80年代后期，鲁尔曼在其博士学位论文中探讨了伦敦及周边地区的仪式魔法和巫术。一些明显是迷信的信仰看似在欧美文化中很少见，但在西方仍然有很多人信奉，这激发了她的研究兴趣。在其民族志研究过程中，鲁尔曼亲自参与巫师和魔法师的巫术实践，用两年时间研究许多巫师团和仪式魔法师的社团。她向她的报告人明确表示，她只为了做人类学研究，并不想成为一名巫师或魔法师。报告人对于公众对巫术的看法难免持谨慎态度，因此他们对研究者也很难给予信心和信任，鲁尔曼以这种方式作为参与者介入，既能获得民族志的完整数据，又让报告人对她放心和信任，可谓两全其美。正如前一章所述，威卡（巫术崇拜）是一种以自然为基础的宗教，不是黑魔法或撒旦崇拜；但是，自称"女巫"会让一些人很自然地联想到某些固有的负面刻板印象，特别是八卦小报。

和埃文斯-普理查德一样，鲁尔曼沉浸在魔法思维中，她发现自己"可以很轻松地按照魔法的技巧生活"。像法夫雷-萨达一样，她必须卷入其中并且加入巫师团体，以便收集从"外界"根本无法获得的秘密信息，撰写民族志。但与法夫雷-萨达不同的是，鲁尔曼认为她并没有"本土化"："我之所以一直认为自己是人类学家，不是女巫，唯一的原因就是我强烈反对宣传这些仪式对现实世界有影响。"

"人类学家应该卷入其中，但不应该和土著一样。"鲁尔曼认为法夫雷-萨达研究博卡日巫术时卷入太深，她的判断缺乏客观性。相比之下，鲁尔曼信仰魔法而"不求任何回报"，但是她也做好了准备，即使失去别人的信任和自己的前途也要坚持。"在研究魔法的整个过程中，每当感受到内在的神奇力量或者想说一个仪式'奏效'，我就对魔法多一点了解，我会把这个事件记录下来。"

鲁尔曼的论文《女巫技艺的说服力：当代英格兰的仪式魔法》（*Persuasions of the Witch's Craft: Ritual Magic in Contemporary England*）于1989年出版。书中鲁尔曼分析了她自己的经历，她认为，为了相信魔法，她研究的魔法师和巫师表现出一种"阐释性的偏离"（interpretive drift）："以前没有做过魔法师的人开始施魔法，而且发现魔法的观点有说服力，是因为他对事情的关注与反应方式变了。"接下来一段时间内连续发生的灵异事件似乎也都是因为魔法，这无意中加深了他们对魔法力量的信仰。鲁尔曼的研究方法和阐释让一些魔法从业者不满，之后的学者称他们发现想和报告人接触、获取信任难度更大了。20世纪90年代研究威卡时，研究现代巫术的学者卓安·博森（Joanne Pearson）就曾被问道："你不会是要把塔尼亚那一套再来一遍吧？"

珍妮·布莱恩（Jenny Blain）对重建主义派（reconstructionist）异教徒"魔法"（seidr，也称seid或sejd）实践进行研究，这是近年来西方巫术和魔法研究中最有趣的"局内人"自传式民族志之一，她的研究理论和方法与鲁尔曼截然不同。

今天的异教徒借鉴了冰岛传说、挪威神话和"远古北方"的考古学，重建当代重要的灵性。大家重点关注的是异教徒魔法（seidr）、邪术、巫术或魔法，有时也被解释为萨满教的一种形式，通常传说中的描写都是负面的，尤其是被基督徒描述为邪术，但显然某些情况下也有积极的意义。

《红发埃里克萨迦》（Eiríks saga rauða）写于13世纪，但描述的是10世纪前后的事件。传说一位名叫索尔拜格（Thorbiorg）的女预言家到访遭受饥荒的格陵兰地区，备受敬重。举行仪式之前，她要吃各种家养动物心脏煮的粥（一种营养丰富、价格不菲的餐食）。第二天的仪式上，她身穿黑色的羊皮连帽大衣，大衣上绗缝着猫毛，戴着白色猫皮手套，手持权杖，权杖顶上装一个黄铜把手，她坐在一把仪式"高椅"上，椅子上有一个母鸡羽毛垫子。接下来她为农场的未来给出吉言。当今的异教研究者把这种仪式里的各种元素重新构建为萨满式的通灵仪式，仪式上人们向女预言家提出问题，预言家的意识状态出现变化，与祖先和其他超自然存在交流，回答人们提出的问题。

施异教徒巫术（seidr）的男性在文献中一直被称为"ergi"，意思是"无男子气概"或"被动的同性恋"。珍妮·布莱恩与笔者合作，研究当下一些男异教徒巫师对这一术语的重新定义。他们对"ergi"重新定义，认为它是和神灵联系时所需的"开放的"、被动的出神状态，这一观点挑战了西方传统的性别观念和男性身份的刻板印象，包括当代异教徒右翼和反同性恋分子所坚持的那些观点。在被祖先、精灵、幽灵和其他生灵施以魔法的土地上，异教徒和其他异教徒泛灵论者与神圣的考古遗迹之间究竟是什么样的关系，这也是我们研究的内容。这类情况下进行的魔法种类多样，从召唤建造西肯尼特长冢（West Kennet long barrow，位于威尔特郡的新石器时代墓室）的先辈的结构化仪式，到简单、个人、小型的魔法实践，这些魔法中涉及的有偏僻沼泽上的巨石圈、树灵，也有汩汩溪流中的野生动物。与土著和史前时代一样，当代异教徒的巫术和魔法形式也多种多样，有时他们也会借鉴前者的做法。

正统人类学研究巫术和魔法是通过"局外人"的参与观察，而布莱恩的研究则敏锐地分析了巫术和魔法实践作为一种有意义和具身性（embodied）的经历，如何颠覆局内人／局外人、理性／非理性、迷信／科学之间的界限。

魔法意识

沿着这条反思性、体验性的脉络，许多人类学家对现代西方社会中巫术和魔法的本质提出了重要见解。苏珊·格林伍德（Susan Greenwood）对20世纪90年代伦敦及周边各县当代异教徒的魔法实践进行了研究。对魔法师而言，鲁尔曼贬低了魔法的现实价值，而格林伍德的研究则是反思性的、体验性的，而且她本身就是魔法师，所做的是"内部"研究，这与鲁尔曼截然不同：

> 我把田野调查经历中的灵界（otherworld）体验看作理解和分析灵界知识过程中的一个环节。这种方法论认为人类学是社会科学，对它提出了新的问题：它打破了人类学家与"他者"之间的传统障碍，直接挑战西方理性概念框架下的传统人类学知识。

格林伍德认为，要接近并理解魔法，不仅要分析，还要体验。从某种意义上说，这也是过去一百年以来人类学家的传统，例如埃文斯-普理查德与他的阿赞德报告人一起每天使用神谕。但格林伍德的观点更为深入，魔法是一种意识形式，仅仅研究是不够的，必须体验。埃文斯-普理查德认可神谕的内在逻辑和日常用途，原因之一是他想进入魔法的世界；他并不认为神谕适用于英国社会。

格林伍德认真研究现代西方魔法，并从"魔法意识"（magical consciousness）概念的角度证明了这一方法对其实践者的效果。她指出，魔法不仅仅是社会生活的一个功能组成部分（埃文斯-普理查德），起到心理和社会宣泄的作用（马林诺夫斯基），是无意识代码的一种表达（列维-施特劳斯），也无法通过科学检验（魔法的成功无法用科学仪器测量）。她认为世界根本上是互相关联，具有扩展性的，而魔法就是对世界的整体性认识。魔法并非不理性，魔法不局限于所谓的"原始人"，也不专属于非西方社会和异域他国。相反，魔法是人类意识的一个方面，经常在现代西方社会的表面下暗流涌动，因此特别适合研究。

这种观点认为魔法是人类意识的一个方面，在不同的文化中以不同的方式表达。这让人回想起列维-布留尔的"前逻辑思维"和"神秘参与"，但这些提法是有问题的，因为它们似乎暗示了一种低级的思维方式，甚至是向欧洲人"理性思维"迈进的一个阶段。列维-布留尔在比较"西方"和"本土"思想的情况时，将前者的个人主义理性逻辑与后者的集体主义"神秘参与"进行对比，埃文斯-普理查德认为二者是可以比较的，而且西方人和土著人都有神秘体验，阿赞德人的思想和欧洲人的思想一样理性。但苏珊·格林伍德认为，相比社会进化，列维-布留尔对思维"方式"更感兴趣，虽然此后人类学主要研究魔法的"社会"环境，但它同时也忽略了"人类思维的特定过程"，或者"魔法是一种心智过程"。

"魔法意识"把一种简单、单一的意识概念具体化，使魔法成为与"理性"意识相对立的重要因素，这一观点比较大胆。但格林伍德在使用"魔法意识"这一概念时，把它当作一种工作范畴和理解某一主题的方式，并非一个"引起人们对某种人类经历的关注"的谨慎定义。她的目标是"突出一部分——一缕，或一条线，或者'扩展的'觉知——这是整个意识过程中的一个重要组成部分，对自然灵性实践者体验世界来说至关重要"。

魔法意识的范围很广，比如格林伍德和她教的大学生一起进行"萨满式旅行"，在威尔士山上通宵守夜时曾遭遇生命危险，还有某位魔法师在蔬菜园散步时发现植物是"非人类"人。

格林伍德批判性地讨论了一些有趣的西方民族志事例，她没有用"魔法"这个需要慎重处理的词，而是从一个新的角度将"魔法意识"理论化，对巫术和魔法的研究可谓贡献卓著。她试图调和魔法的普适性（魔法意识的单一概念，有可能适用于所有人）与独特性（一种本土化和多层次的魔法意识概念）。

尝试探讨巫术和魔法普适性和本土性的另一个理论思路是万物有灵论，它认为整个世界是相互依存的，这也与格林伍德的观点一致："理解魔法体验的本质不能通过任何因果关系的抽象或概念，而是通过联想和连接。"谈到万物有灵论，我们又回到了前文提及的唯智主义人类学，这一学派认为万物有灵论及其代名词巫术和魔法属于迷信思想，也是宗教的起源。然而，近期人类学对万物有灵的理论探讨提出了更为细致的观点。

生活在一个超人类的世界

原始人的万物有灵论认为无生命的物体也有灵魂，泰勒和弗雷泽认为这是一种错误的信仰，并将这种迷信思想视为宗教的起源。泰勒将宗教和万物有灵论定义为"相信超自然存在的信仰"。弗雷泽说："野蛮人认为，总的来说世界是有生命的，树木和植物也不例外。"他认为它们的灵魂和自己的灵魂一样，他一视同仁。自此之后有关巫术和魔法的人类学思想史对这一观点持批判态度，他们认为巫术和魔法维持社会关系，缓解焦虑，促进文化和谐，在其文化背景下应当被视为理性的。但是"理性"和"非理性"观点一直针锋相对："理性"观点认为巫术和魔法仅仅是社会规约，无法凭经验证明；而"非理性的"、神秘主义或相对主义的观点则解构了理性主义的概念，认为理性并非理解世界的唯一方式。

最近有学者对亚马孙地区土著宗教进行研究，发现土著人根据万物有灵论的观点，认为世界上到处是人，但其中只有一部分属于人类。对人类而言，有美洲虎人和野猪人（丛林猪）等"非人类"人，对于美洲虎人来说，除了美洲虎人之外，还有人类和野猪人等非美洲虎人。在这种情况下，泰勒和弗雷泽的万物有灵论的概念不再适用，而且有误导之嫌。日常生活中万物有灵论者必须与其他人相联系，采取适当的社会行为方式，与他人维持和谐的关系。但无论有意还是无意，万物有灵论者仍可能冒犯他人。例如，只要杀生吃肉就会出现同类相食问题，必须谋杀另一个人（比如一个野猪人）。人与人之间的这种捕食和被捕食的关系很复杂，因为每个人都拥有灵魂，人与人的差异只在于外表，即身体。此外，萨满可以变身，换上其他外表，比如美洲虎，因此人们永远无法确定他人的外表是不是伪装、面具或魔法的结果。

对于更广泛意义上的巫术和魔法人类学研究来说，这种亚马孙土著的视角具有重要意义，二者都是理解"超人类世界"的策略。万物有灵论使人们认识到萨满的重要性和必要性，因为巫师们有"他者视角"，因此往往能够斡旋促成良好的关系。

但强调亚马孙萨满的治疗师角色就忽视了"暗黑萨满"的作用，即暴力巫术和导致伤害的魔法。例如，委内瑞拉印第安瓦劳人部族中的萨满侯阿拉图（hoaratu）会用魔法让他人痛苦、死亡，曼西尼-伊米纳里（manhene-iminali）是巴尼瓦人（Baniwa）中"拥有毒药的人"，圭亚那高地帕塔莫纳人（Patamuna）和马库什人（Makushi）的卡内玛（kanaimà）是一种仪式体系的萨满，其仪式包括邪术袭击暗杀，之后通常还有盗墓、肛门和口腔残割以及同类相食。同类相食吞噬了他人的能量，使邪术师变身为神灵和美洲虎等掠食者，而这些掠食者与人类和其他人的关系本来就不清晰。到底是谁用邪术袭击他人，巴尼瓦人守口如瓶。至于帕拉卡尼亚人（Parakanã），据卡洛斯·福斯托（Carlos Fausto）所述，没有人会承认自己是萨满，只声称自己是在做梦，因为即使萨满可以治愈邪灵（karowara）侵扰带来的病痛，但是承认看到邪灵就等于承认自己有可能是巫师。然而，侯阿拉图和卡内玛通常是知名人物，卡内玛甚至会吹嘘自己的法力。魔法是一个灰色地带。巫术、妖术和疗愈之间有微妙的区别，亚马孙人和许多其他土著民族的宇宙观最显著的特点就是模棱两可。

16世纪中期的贡萨洛·费尔南德斯·德·奥维耶多是"撒旦崇拜"最早的记录者之一，2012年一位伦敦少年克里斯蒂·巴姆被他姐姐和她的男友折磨致死，他们认为他是巫师，在本章开篇笔者就此做了比较。人类学家让·拉方丹（Jean La Fontaine）为《卫报》撰文，以当代非洲教会纷纷趋向"神圣使命"为背景研究了这一案例。在这一大背景下，很多人信仰巫术，教会因此从中牟利。教会的牧师提供有偿服务，识别巫师，驱逐邪灵。这些被谴责、驱逐的邪灵通常是儿童，他们食不果腹，缺乏睡眠，牧师甚至会诉诸暴力，"把邪灵打出来"。但导致克里斯蒂·巴姆死亡的这类虐童案件不只发生在非洲，巫术也并非唯一的原因。

人类学家知道任何观点都是主观的，出于特定立场的，而且永远是片面的，他们在了解巫术和魔法时也不应该过分渲染那些匪夷所思，甚至让人憎恶的情节。例如，讨论亚马孙地区的"暗黑萨满教"时就会触及道德问题：人类学家不应该让人们认为他们把研究对象妖魔化，强调长期存在的负面刻板印象和偏见。诚如拉方丹所言，虐待儿童是全人类的问题，并非某种文化特有，亚马孙地区的人类学家也指出：

> 如果阿萨宁卡人（Ashàninka）甄别出"儿童巫师"并施以
> 暴力，保持族群和谐，那么应该记住我们也同样将自己的孩子

妖魔化，称他们为"帮派暴徒""校园枪手"……否则我们就
会认为阿梅萨人（Amuesha）是霍布斯（Hobbes）所言的野蛮
人。我们也许不会用反邪术的方法虐待孩子，但我们中的异类
和叛逆者一样会受到惩罚。

从欧洲人遇到土著巫师和魔法师开始，巫术和魔法就被定义为和西方
现代性相反的"另类"事物，这反过来又影响了土著人对殖民者破坏的回
应。在转述、理解土著人的生存方式和认知模式时，欧洲人起初用了"巫
术"和"魔法"这两个词，但它们并不十分准确。因此，他们也很难理解
这些土著人。人类学家想揭穿魔法的"骗局"，反而让大家更想了解魔法
的真相。因此，科学未能战胜魔法，而人类学的"科学"往往只是一再彰
显了魔法的力量。

澳大利亚人类学家迈克尔·陶西格（Michael Taussig）认为，人类学
家坚持认为魔法是欺诈行为（尽管具有社会重要性，如埃文斯-普理查德
的阿赞德案例），结果是他们自己参与了"魔法"，不料自己的伎俩同
时也被公之于众。例如，在一个看上去设计精妙的"障眼法"案例中，
医者正在用海绵擦拭患者腹部上方，要从患者体内取出一块木炭。埃文
斯-普理查德在关键时刻打断了这位医者的治疗，并悄悄地从海绵中取出
了木炭，于是当巫医继续操作时，象征病因的木炭不见了，旁观者认为治
疗无效。接下来埃文斯-普理查德把木炭拿给巫医看，并让他承认使诈。
且不论这种干预的道德性和人类学家的殖民优越感，埃文斯-普理查德为
了揭穿"诡计"自己也使用"诡计"，可谓贻笑大方。

陶西格还研究了夸库特人（Kwakiutl）冬季仪式中土著的怀疑主义和
魔法。夸库特是北美洲西北太平洋沿岸的一个民族，他们认为祖先的图腾
"狼""雷鸟""食人者"等神灵从11月开始就执掌了全村的生活。这种
仪式视觉体验丰富，过程复杂，模仿灵魂的运动和"流动"，是"带有身
份的流畅表演……仪式的诀窍是通过身体里、身体上和身体之间的连续运

动和变形传递能量，速度之快让人来不及思考"。我们的英文译文是无法体现这种魔法的，会显得"特别苍白"，也许是"故意如此"。陶西格的解释是："惟妙惟肖的模仿让隐藏的东西继续隐藏，同时又明示于众，在公开展示的同时又秘而不宣。"

巫术和魔法人类学的历史说明，将其他文化的复杂现象"翻译"成我们自己熟悉的文化语言时会产生问题。早期的探险家和传教士从圣经的角度理解萨满和魔法师，因此迫害他们，或者试图让他们改信基督。启蒙运动的理性主义者认为巫术是无知的迷信，魔法师欺骗了自己所在的群体。维多利亚时代的唯智主义者认为万物有灵论和魔法是错误的信仰，也是宗教的起源；从原始主义到文明的进步过程中，科学将在适当的时候取而代之。直到今天，学术界一直有一种倾向，"学术界将土著话语神秘化，认为它是灵性的、虔敬的，没有实用性和社会性"，人类学思想被认为是这一学术倾向的根源所在。

早期的功能主义和结构主义学派人类学家重新定义了巫术和魔法，认为巫术和魔法是各自本土文化逻辑体系中的理性思维方式，对维护社会秩序做出了重要贡献，尽管这种思维方式很快就会被更"启蒙"的殖民进程所根除。另外，阐释人类学家研究了仪式的"象征性"元素及其对个人和群体的影响。

后来，人类学家对"自传式民族志"和"体验式人类学"进行了局内人的研究，试图证明魔法在现代西方的重要性、影响、现实性，以及在现代西方社会如何为巫师和仪式魔法师的生命复魅。最近万物有灵论的研究迫使人类学家不只要"思考事物"（think about things），而且要"透过事物思考"（think through things），只有这样才能认识到土著人社会中巫术和魔法的社会复杂性。社会人类学家阿尔弗雷德·盖尔（Alfred Gell，1945—1997年）提出"魔法会导致事情发生"，而不同文化中巫术和魔法的广泛实践表明，这正是人类理解世界的方式。对于世俗的西方世界和其他文化来说，巫术和魔法的普遍性和重要性并无二致。

| 第九章 |

影视作品中的女巫

威莱姆·德·布莱库尔

孩子们一走进大厅，映入眼帘的便是穹顶上的魔幻天空，各位老师坐在大厅尽头的桌子后面。男老师大多穿着各式各样的长袍，戴着头饰，有几位蓄着胡须；女老师则都戴着尖顶帽子。有一个巨人，还有一个小矮人。他们都是巫师，形象各异，易于分辨，包括观众最熟悉的经典形象：长胡子老巫师和戴尖帽子的老女巫。多年来，教师不断流动，人数逐渐减少，女教师也比以前少了。《哈利·波特》（*Harry Potter*）八部系列电影无疑是当代最著名的巫术主题电影，它讲述了一位在魔法学校学习的少年和朋友们一起打败邪恶巫师伏地魔的故事。《哈利·波特》的观影人数创下历史纪录，带来巨额利润，学术界评介亦颇丰，已经成为现象级产品。

《哈利·波特》电影基于J. K. 罗琳原作，兼有英国和美国元素。罗琳创造《哈利·波特》魔法世界并非闭门造车，而是大量借鉴流传已久的各类魔法故事，将它们融为一体。本章所论及的罗琳作品的主要素材来源是当代魔法主题的影视作品。尽管罗琳作品中学习魔法的男主角是英国少年，但《哈利·波特》的主要情节来源之一是1964年到1972年播出的美国电视连续剧《家有仙妻》（Bewitched，又译《神仙俏女巫》）。该剧女主角萨曼莎是一位年轻漂亮又聪慧的金发女巫，嫁给了一位叫作史蒂芬·达林的广告公司高管，决定把（理论上无限的）生命中的一部分用来享受人间烟火。《哈利·波特》剧中涉及英国的部分罗琳很显然受到了20世纪70年代和80年代流行魔法小说的影响，比如T. H. 怀特（T. H. White）的《永恒之王》（The Once and Future King，又译《曾经和未来之王》），它讲述了年轻的亚瑟王师从女巫梅林学习魔法的故事（1963年迪士尼将它拍成1D电影）。《家有仙妻》中提到了一个叫作"哈加沙"（Hagatha）的魔法学校，罗琳把它加以丰富，变成掩藏在巨大的哥特式城堡里的"霍格沃茨"（Hogwarts）巫术和魔法学校。寄宿学校女巫第一次出现在吉尔·墨菲于1974年创作的《魔法学校》系列丛书（The Worst Witch，又译《魔灵娘学堂》或《最差女巫》）中，1986年被搬上荧屏。黛安娜·韦恩·琼斯（Diana Wynne Jones）于1982年出版的《巫术满天飞》（Witch Week）里也有寄宿学校女巫的身影。此外，早于这些作品出现的非魔幻主题寄宿学校小说也给了J. K. 罗琳创作灵感，比如伊妮德·布莱顿（Enid Blyton）的作品。其中一个主要的情节是一位暗黑巫师的灵魂暗藏在一个魔法物件里，正如J. R. R. 托尔金（J. R. R. Tolkien）的《指环王》（The Lord of the Rings）三部曲中索伦与至尊戒（the One Ring）的关联。

有人曾经这样描述罗琳学习借鉴这些故事的结果："一个新故事，由许多不同故事的情节拼贴组合而成，每个故事的重要性不断变化，与此同时还能保持各自最初的形态。"

在酝酿故事的过程中，罗琳把《圣经》中"父亲，为什么你离弃了我"这句（《马太福音》27：46）融入情节，因为从头到尾，哈利在剧中先后失去父亲和数位如同父亲的长辈，让他痛苦不堪；年幼时他的生父和母亲被害，父母双亡，哈利在姨妈家寄人篱下，姨父凶神恶煞，表哥被父母宠溺有加。他们都没有魔力，也不允许哈利涉足魔法。第三部结束时哈利发现他有一位教父，第五部结束时教父去世，将他视如己出的霍格沃茨校长最终也撒手人寰。这些父亲般的人物接连辞世，哈利痛苦万分。另外，他一直害怕自己变得像邪恶的伏地魔一样，这一恐惧加剧了他的痛苦。最后，哈利甚至不得不牺牲自己。他灵魂的一部分死去了，但他活了下来。尽管《哈利·波特》的书和电影有基督教救赎和复活的主题，却仍然遭到基督教原教旨主义团体的激烈批评。自20世纪70年代起，这些团体对"巫术"，或者说对一切他们认为是神秘的东西都越来越警惕。

在平行的巫术世界里，尤其是在霍格沃茨，怪异成为常态；保护神奇生物、咒语、黑魔法防御、占卜、草药学、魔法史、悬浮、魔药和变形术都有专人教授。学生们有魔杖和咒语书，他们会学习新的咒语和秘方，并学习如何集中精力以使法力达到预期效果。正如校长邓布利多所说："霍格沃茨不仅教你如何使用魔法，还教你如何控制魔法。"学习巫术需要大量课堂教学和课后练习。电影几乎没有强调课堂的重要性，在第五部电影《凤凰社》（*The Order of the Phoenix*）中，哈利不得不秘密接任"黑魔法防御术"的教学工作。日常生活里大家都看不出来哈利是巫师；他穿着普通，额头上的头发遮住了那道闪电疤。在平行的魔法世界里，他穿着巫师长袍，经常骑着扫帚飞来飞去。

写这篇关于当代巫师形象的文章当然少不了这位无处不在的少年巫师，但不能仅仅局限于此，必须将哈利、他的朋友和老师们与《哈利·波特》世界以外的其他魔法师和早期的巫师想象放在一起，分析《哈利·波特》有何特殊之处。《哈利·波特》的一个特点是没有明确提及任何宗教或恶魔学；所有法术都没有来自某种更高级存在的帮助，例如阿撒兹勒〔Aza(za)el〕、赫卡忒（Hecate）、莉莉丝（Lilith）或其他神灵。波特的"摄魂怪"代表了"恶魔"和"痴呆症"之间的交集，最接近恶魔。他们吸走了意志力，让人联想起托尔金的戒灵（魔戒幽灵）。书中也没有冥想、情绪控制和自我心灵训练方面的课程，在这方面哈利只接受过单独辅导。此外，全书重点刻画男巫师，女性角色的分量略显不足。

研究影视作品中的女巫

巫师是西方社会"内部的他者"（internal others）。从本质上讲，传统巫术和现代巫术都是有性别倾向的，涉及不同性别时巫术的内涵也有区别。历史上，尤其在父权制度下，人们普遍认为"女巫"是通过自身的非女性特质伤害他人的女人。而男性巫师则被认为拥有非凡能力，或者因为与女性巫师的关联而被女性化。然而巫术是由他人界定的：巫师是被他们的同行称为"巫师"的。当然，有些人会尝试咒语，但除了这些咒语是否产生预期效果的问题之外，通常只有那些能够破解所谓"魔法"的人才有权决定谁是巫师。对于巫术的指责是一个相当封闭的话语体系，围绕着巫术是否取得了预期效果这一重点，与疑似巫师相关的每件事都可以被重新阐释。后来，巫术被该话语体系之外的人认为是"充满迷信色彩的落后行为"。然而，影视作品中男巫和女巫形象的变迁与民间巫术的历史大不相同。传统的巫师审判有其政治和宗教原因，涉及司法和经济纠纷，这些都和影视作品不同。如果从任意假定或者（极少数情况下）真实的巫术中取消几个步骤，对于巫师的视觉形象分析将会集中在巫师形象本身，而非巫师的象征意义。从这个意义上说，（巫师）形象不是某一段特定历史的例证，它自成一段历史。鉴于巫师主题这一特质，讨论影视作品中的巫师比写纯历史要有更多反思，并且必须考虑到不同的分析和观点。

巫师可能出现在电影或电视剧中，但是大家关注的重点通常不是巫师形象本身。这些影视作品通过巫师形象叙事，这些巫师形象与对话相互作用。尽管对于巫师形象有共识，但每位作家、导演或编剧都有他们自己的阐释。相对于静态的图画，影视作品生动的叙事也在历史中开启了一个新篇章。历史学家马里昂·吉布森（Marion Gibson）提醒大家关注电影中的巫师，以及从"关注有争议的史实转到想象的世界"，但问题是，在传统的日常生活中大家谈到巫术时是不是也会聊一些巫师的逸事。另一个问题是，"想象中的女巫"如何影响人们的行为，或成为他们身份认同的一部分，从而影响到电影院外的"现实"。最后一个问题只能在这里简单回答：巫术已经成为一种现代的宗教形式——比如威卡，他们认为影视作品中的巫师形象和现实严重不符，有时甚至十分危险，因为电影会宣传一些危险的巫术，而且商业动机和光怪陆离的银幕效果进一步夸大了巫术的效果。然而，也有些人承认，影视作品中法力无边的女巫形象也许已经让他们开始了解了一些异教信仰。

如果说影视剧里的女巫有历史原型的话，那就是童话或其他文学作品中的女巫。和日常生活中的女巫一样，这些女巫通常很邪恶，她们还能把人变成动物，而传统历史上的女巫从未有过这种能力，据说她们只是能把自己变成动物而已。童话故事中的女巫演变成社交圈子中的娱乐消遣，传统的巫术话语已经被人们淡忘。娱乐化的女巫形象主要是浪漫主义运动的产物，与虔诚的基督教会众关系不大，而巫术话语对后者的影响仍然一直存在。童话故事里的女巫会吃人，例如德国故事《汉塞尔和格莱特尔》（*Hansel and Gretel*），这一情节最早源自法国贵族改编的意大利童话，后来以印刷品的形式传播。传统话语中的德国女巫确实会用魔法杀死小孩，但并没有把他们放在烤箱里烤熟吃掉，也没有住在远离尘嚣的漂亮森林木屋里。《汉塞尔和格莱特尔》后又被改编为若干不同版本，包括作曲家英格柏·汉普汀克（Engelbert Humperdinck，1893年）的著名歌剧。与之类似，女巫的文学形象在一些电影中同样有迹可循，影片中的人物类似莎士比亚笔下的三个女巫。这三个女人原本不是女巫，而是"怪异三姐妹"，这意味着她们是古典意义上的命运女神，她们会改变人们生命的轨迹，而不是偶尔制造混乱。

现代美国学者经常将女巫的银幕形象与"威卡"（宗教巫术运动）联系起来，并且用"威卡"衡量影视作品中的女巫形象哪些元素是真实的，哪些元素是虚构的。有些学者甚至认为，20世纪的最后几年里大众媒体中的女巫与"威卡"巫术作为一种宗教的兴起之间有直接关系。他们认为影视作品中的女巫是（巫术）"商品化"进程中的一个阶段。

尽管宗教与影视作品叙事之间的相互作用的确存在，但仍需要更多探讨，绝不能一概而论。例如，哪一次宗教运动导致警匪片中血肉模糊的镜头增加，或是僵尸和血腥恐怖片流行？还有，关于异教影响的理论中，对历史上的巫术和"民间女巫"的错误理解随处可见。这些理论的作者似乎无法接受，或者拒绝审视历史学家的研究，相反，他们援引威卡运动和一些女权主义作家的说法，而这些作家对历史研究知之甚少，甚至一无所知。从威卡的角度出发仅仅是理解女巫影视作品的一种方式，而显然现代巫术是受市场力量驱使的。如果对女巫的银幕形象进行研究，聚焦电影和电视剧中某些特定的、反复出现的形象会更客观；更重要的是探讨影视剧中巫术形象的影响和观众的反响。正因如此，观众对巫术主题影视作品的热衷更多源自当代（流行）文化的影响，而非精神分析法解释的那样，源于一种去情境化、带有神秘主义色彩的"人类普适性"。而日常生活中人们对银幕女巫形象接受度则几乎没有什么重要研究，由观影人数反映的电影受欢迎程度对我们的研究来说并没有什么价值。

巫术题材的电影和电视连续剧，或者说得更精确一些——以女巫为主角的电影和电视剧可以分为不同的类型，从青少年木偶剧、青少年冒险片到成人娱乐片，适合不同年龄段的观众。类型的多样性甚至也是影视作品中女巫的重要特征之一。女巫形象在漫画、纪录片、情景喜剧、肥皂剧和奇幻电影里无处不在。20世纪60年代女巫才出现在恐怖电影中，而且主要是在英国。儿童电影和爱情片里女巫出现得更早。女巫角色不但延续了下来，而且在20世纪后期还进入了青少年主题的影视作品。然而，在这些不同类型的影视剧中，反复出现的只有几个辨识度很高的主题，而且女巫和众多相关形象一起已经成为当代文化的一部分。虽然女巫形象的表达方式有限，但是仍然可以有许多不同的阐释。

以下对这些不同类型作品的分析或许挂一漏万，但是已经包括了当代最常见的主要女巫形象。有些电影将时代背景完全设为想象中的某个历史时代，此处并不涉及这类电影，因为它们通常要求时代背景与历史学家们重现的场景完全吻合，因此索然无味，通常引不起编剧、导演和制片人的兴趣。虚构电影里偶尔也有引起争议的历史事件，例如《东镇女巫》（*The Witches of Eastwick*）中的女巫接生婆被处死是因为医生们嫉贤妒能，这一观点无法经受历史的检验。

在美国，塞勒姆已成为历史巫术的代表，但研究17世纪女巫审判的历史学家并不会轻易认可电影（及游客体验）中的"塞勒姆"。这里将稍作探讨的主要历史问题是骑在扫帚上的女巫形象，通常这类电影的两个重要主题是女巫改邪归正和自我控制。影视作品中的性别问题一开始就存在，但影视作品中女巫内部的善恶之争直至20世纪90年代才出现。本章最后讨论了《哈利·波特》之前和之后以女性为主的巫术学校，重新讨论了性别的问题，以及被忽视的男性巫师角色。电影描写中男巫的缺位或许和20世纪最具影响力的女巫主题电影《绿野仙踪》（*The Wizard of Oz*）中男巫的骗子形象有关。

一部经典美国童话

1939年的电影《绿野仙踪》讲述了一个历险故事，故事里的几位主人公心中都有愿望：稻草人想找到大脑，铁皮人想找到心，狮子想找到勇气，女主角多萝西想找到回家的路。历险途中，他们得到了一位好女巫的帮助，却被一位坏女巫百般阻挠。美国历史学家卡罗尔·卡尔森（Carol Karlsen）说："在美国，这部电影在塑造女巫经典形象方面的贡献最大。"一位电影评论家说："《绿野仙踪》从1956年开始每年都会播出，只要你在美国长大，就有可能在电视上看过很多遍。"

卡尔森认为，《绿野仙踪》里的女巫有两个形象："她的凡人形象跟最近影视作品中最负面的'新英格兰'女巫形象很接近——易怒、好斗、自负，睚眦必报，对身边通情达理的人无端挑衅，甚至连无辜的孩子也不

放过；冷酷无情，对最基本的人类价值观漠然无视，而她的超自然形象则
杀气腾腾。电影中，多萝西连房子带人一起被飓风从堪萨斯吹到奥兹，从
人到巫的变形在这一过程中清晰可见；窗子就像电影中的画中画，人和物
从她窗前飞过。她的邻居古尔驰女士（玛格丽特·汉密尔顿饰）先是骑在
自行车上，随后自行车变成了扫帚，她变成了女巫。女巫自然和超自然的
双重性和电影中其他主要人物的双重性互为镜像，只有个别人物例外。多
萝西家乡堪萨斯州的各个人物在奥兹国也分别有他们对应的魔幻形象。"

《绿野仙踪》中东方邪恶女巫与北方好女巫格林达（Glinda）形成鲜
明对比，其实格林达看起来更像仙女。多萝西刚刚降落在奥兹的曼奇津国
时，不小心杀死了东方邪恶女巫，后来受到了北方好女巫格林达的欢迎。

> 格林达：曼奇津人想知道的是，你是好女巫还是坏女巫？
>
> 多萝西：我已经告诉过你了，我根本不是女巫。女巫都是
> 又老又丑的。那是什么？
>
> 格林达：曼奇津人啊。他们笑是因为我是女巫。我叫格林
> 达，是北方女巫。
>
> 多萝西：你是女巫？请你再说一遍。我以前从没听说过有
> 漂亮女巫啊！
>
> 格林达：只有坏女巫才丑呢！

L. 弗兰克·鲍姆（L. Frank Baum，1856—1919年）所著的《绿野仙
踪》一书于1900年面世，后被改编成多部电影，这部1939年的《绿野仙
踪》只是其中一部。此前这部原作已经被多次搬上舞台：1902年被改编为
音乐剧，1908年和1909年被改编为"童话剧"（包括幻灯片、旁白和电影
片段），1910年和1925年被拍成无声电影。20世纪20年代后期被改编为儿
童舞台剧，甚至还有一部木偶剧。1933年，由原作改编的动画电影上映，
当年晚些时候还出现了一部广播剧。这些改编作品中有时会出现邪恶女

巫。虽然书里写到邪恶女巫，但音乐剧中却没有她的戏份，后来在1910年的电影中作为"女巫蒙巴"出现，而1925年的电影中邪恶女巫却再次无迹可循。蒙巴只是西方女巫的一个别称，原型是鲍姆1904年出版的《神奇的奥兹王国》（*The Marvellous Land of Oz*）一书中的女巫蒙比（Mombi）。那时，鲍姆已经不再聘用原来的插画家威廉·华莱士·丹斯诺（William Wallace Denslow），而选用约翰·R. 尼尔（John R. Neill）绘制插画。然而，与音乐剧一样，这部电影主要基于丹斯诺的形象设计。这两位艺术家的风格不同导致了书籍和电影的差异。比如，尼尔笔下的女巫比丹斯诺笔下的女巫更生动。二人画的女巫都与童话故事中的女巫很相像，此前正是这些童话故事激发了鲍姆的灵感。

这在电影中表现得更明显。例如，西方邪恶女巫隐藏在一棵苹果树后面，她的样子像亚瑟·拉克姆（Arthur Rackham）为《英国童话故事》（*English Fairy Tales*）一书中《两姐妹》（*The Two Sisters*）创作的插图。

多萝西想回到堪萨斯州，有人认为这削弱了她的经典女权主义者形象。这部电影的确如此。其中一位编剧确实得到指示，要确保多萝西回到堪萨斯。然而，即使在电影中，这也是一个两难局面，因为与五光十色的奥兹相比，棕褐色调的堪萨斯显得沉闷无趣，而多萝西也非常明确地表达了她渴望去一个"彩虹之上"的地方。正如萨曼·拉什迪（Salman Rushdie）所言：

> 我们是否应该相信，这次旅程后多萝西的唯一结论是她根本不需要这样一次旅行？我们是否必须认同她已经接受了家庭生活的确是有很多局限，而且同意"既然没得到，何谈失去？"的观点？"是这样吗？"呃，抱歉，格林达，这样的生活像在地狱一样。

奥兹系列书籍最终写到了第十四卷，然而，多萝西不断回到奥兹，最后带着她的养父母一起回去。即使电影的影响力超过了原作，多萝西最终回归家庭这一点在电影中还是被弱化。因为"绝大多数慕名来看奥兹的人……很久之后才读到原著"。

显然，这部电影对20世纪影视作品中的女巫形象塑造功不可没。邪恶女巫之后其他作品中的女巫也延续了她的绿色面孔，尤其是在万圣节，而且20世纪60年代的《家有仙妻》系列剧中偶尔也会出现绿色面孔。然而，邪恶女巫脸上既没有疣也没有缺牙，这些难看的面部特征都来自沃特·迪士尼1937年发行的《白雪公主》中的女巫形象，这部早期电影比奥兹国系列作品面世更早，也是《绿野仙踪》的劲敌。相比之下，很少有人在万圣节时装扮成格林达模样的女巫，电影或电视剧里也很少见（或者别人根本认不出来是女巫，以为是仙女或公主）。好女巫的形象是否最终会变成不起眼的女巫形象？鉴于大家耳熟能详的格林达的形象仅限于《绿野仙踪》，这的确是个问题。至少，除了好女巫的形象之外，还有让人认不出来的女巫。

名叫奥兹的巫师本人就是一位二流魔术师，被揭穿之后离开了奥兹国，再没有回来。奥兹国由女性统治，所有巫师都是女性。L. 弗兰克·鲍姆曾经是一名演员，对很多领域都粗通一二，后来才发现自己作为童书作者的天分。他的岳母玛蒂尔达·乔斯林·盖奇（1826—1898年）是一位社会活动家，在废奴运动和妇女解放运动中很有影响力，对鲍姆的影响很大。她于1893年出版的《女人、教会和国家》（*Woman, Church and State*）一书是在政治集会的间隙匆忙写就的，该书把女巫受到的迫害全都归咎于教会，尤其是那些性饥渴的神职人员。现在看来，盖奇关于猎巫的描写读起来完全是陈词滥调；她所引用的部分文献也系伪造，历史学家早已不予采信，而她却并不知情。她笔下受迫害的女巫是基督教出现前的女祭司，尤其擅长治病。由于奥兹国系列书籍的背景是一个虚构的国家，他们潜在的意识形态甚至比盖奇所倡导的更为极端，奥兹国的统治者几乎都是女性，"几乎在一夜之间，女巫成为政治异见和女性自我赋权的自由主义隐喻"。当然，这只适用于好女巫。鲍姆创造了自己的美国式童话人物形象，其中当然有好女巫。

一部经典女巫电视剧

20世纪60年代的电视连续剧《家有仙妻》中，有一个关键要素在拍摄准备之初并没有出现。该剧的创意人索尔·萨克斯（Sol Saks）曾经怀疑他最初的构想是否能继续写下去，因为这个女人会魔法，能解决自己的所有问题，可是戏剧的构成需要的是冲突、问题。然后萨克斯想到，她的丈夫不同意她用巫术作法，而她要抗争。一旦有了这个想法，就可以拍连续剧了。1962年上映的电影《鹰之夜》（*Night of the Eagle*）也给了萨克斯灵感，这也许并非巧合，电影中一位女巫丈夫对妻子的巫术持怀疑态度，并毁掉了所有的魔法用具。屏幕上这些女巫之间的关系也许并非子虚乌有，有的也确有其事，剧作者、导演和演员的参与使得这一切构成了西方文化的一部分。《家有仙妻》正是如此，剧中的女演员伊丽莎白·蒙哥马利（Elizabeth Montgomery）就嫁给了导演威廉·安舍尔（William Asher）。观众们在其中也有发言权，他们的真实反应和编剧预期的反应都会影响女巫的造型和剧情设计。编剧必须保证情节发展既在情理之中，又在意料之外。然而，对于女巫来说，一定程度的不确定性也很重要。吸血鬼、狼人或机器人之类的形象在恐怖片中的分量是必须有的。如果西方邪恶女巫之前没有出现在《绿野仙踪》这部儿童影片中的话，也会成为恐怖片中的角色。虽然大家对童话故事的影响见仁见智，对童话故事本身也意见不一，但是童话故事自有其恐怖之处。至少在美国，无论是电视剧还是电影，女巫主要出现在童话类作品里。

《家有仙妻》的灵感来源有《绿野仙踪》和《汉塞尔和格莱特尔》。电影历史学家会马上指出还有另外两部较早的美国电影对《家有仙妻》产生了影响：一部是《我娶了一个女巫》（*I Married a Witch*，1942年），另一部是《夺情记》（*Bell, Book and Candle*，1958年）。妻子能施巫术而丈夫完全不感兴趣，这一主要矛盾在这两部电影中并没有出现，而是出现在英国电影《鹰之夜》中，这一点大家常常忽略。《鹰之夜》在美国上映时易名为《魔鬼玩偶》（*Burn Witch, Burn*）。反过来说，从《家有仙妻》的情节中也可以看到《哈利·波特》书籍和电影情节的雏形。的确，J. K. 罗琳受到了《家有仙妻》的启发，她的作品中有大量相似的概念，最明显的是《家有仙妻》中有"凡人"，《哈利·波特》中有"麻瓜"（"muggles"），两部作品中一些女巫都对他们表示不屑。《家有仙妻》不仅和之前的女巫电影一脉相承，还为未来的电影作品提供了重要启示。当然，和单部电影相比，甚至和像《哈利·波特》这样的八部系列电影相比，长达250集的《家有仙妻》有更多可能尝试各种概念。

《夺情记》和《我娶了一个女巫》讲的都是女巫和普通人之间的爱情故事。但《鹰之夜》讲的是大学里的复杂的人事关系，主要情节是丈夫一再试图保护女巫妻子。《夺情记》里的女巫形象则低调而时尚：女主角吉莉安（金·诺瓦克饰）是一位独立女性，拥有人类学学位，研究原始艺术。这部电影里的女巫看起来和其他人并无二致，因此大家"认不出来"，但她们却不会脸红，也不会哭泣。

虽然《我娶了一个女巫》标题中所指的婚姻直到电影结尾才出现（正如《夺情记》其实叫作《婚礼当天我被一个女巫抢走了》更合适），女巫珍妮弗也一样年轻漂亮，然而，对于这部电影中的女巫形象来说，电影的海报比电影本身信息量更大。电影海报和杂志照片上，女演员维罗妮卡·雷克（Veronica Lake）双腿裸露，戴着一顶女巫的帽子，这一造型后来出现在《家有仙妻》中达林（Darrin）的画作里。背景中的南瓜代表万圣节。其中一幅画中雷克甚至骑着扫帚出现。电影中维罗妮卡穿得严严实实，没有戴尖帽子，骑扫帚时也化作一阵轻烟。《我娶了一个女巫》改编自《激情女巫》（*The Passionate Witch*），这部未完成的手稿作者是索恩·史密斯（Thorne Smith，1892—1934年）。索恩写过好几本超自然喜剧小说，他很有可能读过弗兰克·鲍姆的《绿野仙踪》。

《夺情记》为后来的《东镇女巫》（*The Witches of Eastwick*，美国，1987年）提供了素材，后者改编自约翰·厄普代克（John Updike，1932—2009年）的一部小说，书中三位女巫通过巫术引诱一位英俊暗黑的陌生男子。不过这次她们引诱到的不是神秘的作家，而是撒旦，或者至少是个魔鬼。《我娶了一个女巫》中女巫被唤醒这一主题被迪士尼电影《女巫也疯狂》（*Hocus Pocus*，美国，1993年）借用，场景甚至就设在塞勒姆。在这部电影中我们熟悉的情节随处可见：故事发生在万圣节，三位生活在林中的女巫夺走孩子身上的生命力后重返青春。她们将咒语保存在一本厚厚的魔法书中，用大锅酿造魔药、骑着扫帚（或吸尘器）飞行。《我娶了一个女巫》中女巫复活的情节也出现在20世纪60年代和70年代的一些英国恐怖电影中，这些电影里的女巫形象属于睚眦必报类型。好女巫的概念在英国观众中没什么市场，也许是因为类似的仁慈巫师形象已经出现。理查德·卡彭特（Richard Carpenter）创作的电视连续剧《幼童杀手》（*Catweazle*）于1970年和1971年上映，片中巫师能够穿越时空，该片的定位仍然是儿童片。

在美国，电视剧《家有仙妻》已经成为其后奇幻电影和电视剧的典范，甚至连具体情节都一次次被搬上荧幕。2005年该剧重拍电影版，由妮可·基德曼（Nicole Kidman）和威尔·费雷尔（Will Ferrell）主演。这一电影版本并不算成功，因为它对电视连续剧的基本情节做了大的改动，包括萨曼莎、她丈夫和她母亲之间的冲突。《家有仙妻》的影响在1989年的美国电影《少女巫师》（*Teen Witch*）中也清晰可见，该片甚至还聘请了演员迪克·萨金特（Dick Sargent）扮演女主角的父亲。在《家有仙妻》第六季中萨金特取代了约克饰演达林一角。1998年上映的电影《女巫一族》（*Halloweentown*）中，一位住在郊区的母亲本想放弃巫术，而她的母亲却对孩子们施以法术，这样的关系和《家有仙妻》中萨曼莎、恩多拉和塔巴莎的关系如出一辙。说得再远一点，如果没有《家有仙妻》，也根本不会有被称为商业巫术片"少年泡泡糖版本"的美国电视剧《少女巫婆萨布丽娜》（*Sabrina, the Teenage Witch*，1996—2003年）。

这两部电影后来成了另一部美国电视剧《圣女魔咒》（*Charmed*，1998—2006年）的素材，影片中的三姐妹分别拥有心灵感应、冻结时间和预知未来的法力。这三部电视剧称得上一脉相承，《少女巫婆萨布丽娜》第二季"告诉凡人真相吧"一集中，1968年版《家有仙妻》中"我坦白"一集的痕迹清晰可见；《圣女魔咒》第三季最后一集"邪恶力量"和"我坦白"一集亦有雷同之处。在此之前，"我坦白"一集也启发了儿童电影《魔鬼山历险记》（*Escape to Witch Mountain*，美国，1975年）的创作。这四部影视作品都有一个共同的主题：普通人认识到巫师确有其人，然而整个世界都不承认他们的存在，故事由此展开。

1972年乔治·罗密洛（George Romero）创作的电影《杰克的妻子》（*Jack's Wife*）〔又称《女巫的季节》（*Season of the Witch*）〕在美国上映，它也很有可能受了《家有仙妻》的影响。两部电影的主角都是家庭主妇，《杰克的妻子》中住在郊区的琼用巫术调剂单调的生活。这部电影中女巫的特点更突出，个性更加鲜明：琼引诱女儿的男友并不小心开枪击中丈夫，这一情节比《家有仙妻》更具讥讽意味。即使在后来不同主题的电影中，《家有仙妻》的影响也约略可见，比如美国1996年上映的青少年电影《魔女游戏》（*The Craft*）。至此，独来独往的女巫形象已基本被群体女巫取代，1987年版《东镇女巫》中首先出现三位麦克白式的女巫，不久之后也开始出现女巫集会。早在1966年的英国电影《女巫》（*The Witches*）中，导演西里尔·弗兰克尔（Cyril Frankel）就在乡村情境下将异教信仰、高深"秘术"和祭祀仪式融为一体，可谓为巫术"正本清源"。然而，这群女巫被梦想返老还童的高级女祭司控制（后来女祭司不但没能如愿以偿，还撒手人寰，这群女巫也作鸟兽散）。英国电影导演认为女巫是邪恶的；当然，他们认为，除了一些所谓的"色情镜头"之外，当时少数会施威卡魔法的女巫并不适合影视作品。美国电影中早期的女巫群体形象无异于一群撒旦崇拜者，如罗曼·波兰斯基（Roman Polanski）导演的《罗斯玛丽的婴儿》（*Rosemary's Baby*，1968年）和青少年电影《撒旦女子学校》（*Satan's School for Girls*，1973年）。1990年上映的英国电影《女巫》改编自罗德·达尔（Roald Dahl，1916—1990年）的同名著作，讲述的是英国传统中听命于高阶女巫的一群邪恶女巫的故事。其后的英国电影《星尘》（*Stardust*，2007年）改编自尼尔·盖曼（Neil Gaiman）的小说，电影中的女巫原型不仅受到莎士比亚作品的影响，也有法国童话故事《蓝鸟》（*L'Oiseau bleu*）的痕迹。

在这次奇幻电影巡礼的最后，让我们来重新审视少年巫师哈利·波特。哈利属于英国巫师中的一支，先师为梅林。《哈利·波特》的作者罗琳也提到了角色塑造和故事背景都受到《家有仙妻》的影响。《家有仙妻》和《哈利·波特》系列电影中都没有一种至高无上的力量；宗教或恶魔学在两部作品中都无迹可循。女巫和凡人（或"麻瓜"）之间的对立前文已经提到。在《家有仙妻》和《哈利·波特》系列电影中，这种对立引发了关于"跨种族"婚姻的讨论（在《哈利·波特》中为"麻瓜"和"非麻瓜"之间的婚姻）。

《家有仙妻》中萨曼莎生活的郊区与哈利的成长环境相似，哈利的姨父德思礼先生以家长的身份阻止哈利学习魔法，同样达林也对魔法极度厌恶，把小哈利带到水蜡树街的邓布利多巫师也和萨曼莎的巫师父亲莫里斯如出一辙。莫里斯在剧中绑架了那个他以为是他孙子的小孩，并把他带到了伦敦的俱乐部。《哈利·波特》中韦斯莱兄弟的恶作剧也是《家有仙妻》中埃德加表弟和阿尔伯特叔叔恶作剧的延续。《哈利·波特》中的"阿瓦达索命咒"（"Avada Kedavra"）是"abracadabra"咒语与《家有仙妻》第一季中提到的中级"Abner Kadabra"咒语的组合。萨曼莎的两位姨妈穿墙而过，她的另一位姨妈克拉拉却撞到墙上，和《哈利·波特与密室》（*The Chamber of Secrets*）里国王十字车站9¾站台的情节也十分相似。当然《哈利·波特》中类似的例子不胜枚举。比如，会谈话和移动的照片、烟囱之旅、魔法师的疾病、可以把头摘下来的鬼魂、巫师大家庭的概念，以及"比巫术更强大的只有爱"——这最后一句台词也出现在《我娶了一个女巫》中，除此之外剧中还有一幕，一辆会飞的车撞倒了一位大叔，这个场景后来也被罗琳借用，让哈利和罗恩撞进了打人柳。当然，从前人的作品中汲取灵感，重新加工后写出新的故事，这是流传已久的一种创作手法。

"我们必须有一个新形象"：丑女巫的形象根深蒂固

1964年10月29日《家有仙妻》首次播出，比较早的一集"女巫起义"（*The Witches Are Out*）中，萨曼莎和三个姨妈一起喝茶。萨曼莎是一位新婚的年轻主妇，姨妈们看上去年纪比较大。四人看上去普普通通，其实都是女巫。谈起万圣节里女巫的形象，她们都很难过。玛丽姨妈说："扫帚我并不介意，我介意的是他们把我们扮成那个样子……疣子又丑又恐怖，鼻子那么长还那么弯。"萨曼莎说："我猜他们是没有意识到我们和其他人其实差不多，是一样的。"萨曼莎的姨妈波莎（第三季里改名为哈加莎）说："这些童话故事必须得重写。嗯，比如，给他们看看真正的汉塞尔和格莱特尔是什么样的……两个顽皮的孩子跑来跑去，把好心阿姨家的房子都吃掉了。"

此时，萨曼莎担任广告公司高管的丈夫达林正在与客户布林克曼先生会面，布林克曼对如何推销自己公司的糖果有明确的想法："一个难看的老太婆，长鼻子，我是说很长很长的那种，下巴长着很多疣，牙齿残缺不全，没几个好的……满嘴烂牙……头戴一顶高高的黑帽子，还有一把扫帚。"

这就给后来的冲突埋下了伏笔，因为萨曼莎建议姨妈请达林帮助塑造巫婆的正面形象。达林回到家时，几位姨妈都已经穿墙而去，除了克拉拉

267

因不能穿墙而留下。他开始研究客户的项目，萨曼莎看到他画了一个丑老太婆的头像，很不开心。

　　萨曼莎：为什么要画成这样？

　　达林：因为大多数人认为女巫就是这样的。

　　萨曼莎：所以就可以歧视少数群体了？

　　达林：什么少数群体？

　　萨曼莎：女巫，当然。

　　达林：莎莎，人们是不相信有女巫的。

　　萨曼莎：这和我们谈的有关系吗？

　　达林：我都不知道女巫是否存在，怎么可能歧视呢？

　　萨曼莎：不要吹毛求疵。

　　最后，萨曼莎告诉达林，每个万圣节她都避之不及，为了不看到万圣节里女巫不堪的形象，她不得不和母亲一起出国。第二天，在办公室里，达林试图劝老板和客户同意采用更正面的，甚至有点性感的女巫形象，就像《我娶了一个女巫》海报上的那样。达林和老板拉里谈到女巫：

　　拉里：女巫？你是说长鼻子、黑牙齿、脸上长满疣的那种？

　　达林：不，当然不是，她们可能看起来更像……（他沉思了片刻，显然不想提及他的妻子）……格林达。

　　老板和布林克曼：谁？

　　达林：格林达。《绿野仙踪》中的北方好女巫。哦，她长得美极了。

　　拉里：北方好女巫？

　　布林克曼：他不想伤害她的感情。

萨曼莎和几位姨妈随后决定采取行动。她们在布林克曼的卧室（也许是他的梦中）把他围住，告诉他她们是巫师，她们的外表和他脑中的刻板印象并不一样。为了让他信服，她们还把他变成他想象中丑女巫的样子，不仅长着长鼻子，脸上长着疣，面孔还是绿色的。这一招果然奏效。第二天他同意了达林的设计，选用衣着暴露的年轻女巫形象，宣传语是"只有最挑剔的女巫才吃'女巫佳酿'"，果然热卖。事实证明大多数顾客都是男性。

起初萨曼莎似乎是典型的全职太太，丈夫外出工作，她忙着打扫和做饭。然而，随着情节推进，观众发现她才是婚姻中真正强势的那一方。达林要求过她不要施展魔法（她每次作法时鼻子和上唇都会抽搐），但她总能找到理由不听他的。达林也经常上他岳父母的当，他被他们变成孩子、老人、老妇人、猿人、狼人，甚至变成了他的老板。《家有仙妻》说明郊区生活需要巫术调剂，操纵无生命的物体或有生命的生物，并让观众看到瞬移其妙无穷。

《家有仙妻》为20世纪60年代美国流行的女巫形象打下了良好的基础。首先，女巫是无法辨认的，因为她看上去和普通人没什么不同。但是她变成女巫时就会身穿长袍，头戴帽子，拿着扫帚。之后几集，达林开始想象他们的孩子会是什么模样；虽然他不再会想到长鼻子和缺牙，但心里仍然认为女巫们应该骑着扫帚，穿着黑色斗篷，头戴尖帽子。不久之后圣诞节到了，一个叫迈克尔的男孩住在他们家，萨曼莎又想让迈克尔相信她真的是女巫。她发现一袭长袍不足以让他相信，还得像该剧每一集开头的女巫卡通形象一样，必须有帽子和扫帚。不过，这部电视剧中也出现了邪恶女巫。邪恶女巫以萨曼莎的母亲恩多拉的形象出现，尤其表现在她与达林的关系中：对达林来说，"女巫"就是"岳母"的代名词。如果女巫看上去和普通人并无二致而且天赋异禀，暴露身份的风险就会降到最低。萨曼莎和她的亲戚只在一个非常特别的巫术话语体系里施展法力，这里指的就是电视剧里的场景。

这让她们在剧中免受攻击，而且至少在20世纪60年代和70年代初期也免受公众的攻击。和当时的其他节目相比，在这部电视剧中提出一系列政治问题要容易得多，因为人们认为这部电视剧"只谈巫术"。在该剧中，女巫身份的秘密有时也会暴露，因此剧情设定只有一个人知道这个秘密：萨曼莎的邻居格拉迪斯，剧中大家通常认为他精神不正常。该剧共八季，剧情过半时达林再也受不了周围的所有巫术，想把这个秘密告诉全世界，不想再试图阻止他们施展巫术了。但是萨曼莎在梦中向他预示了未来：女巫们或将会被示众、被迫害或被用于军事行动或商业活动。

剧中有几集后来重新拍摄了，第一季的"女巫起义"一集在第六季再次拍摄，名字改为"不给糖就捣蛋还是不捣蛋？"（1969年10月30日）。

虽然保留了关键对白，但这一集中女巫形象更加明确定位为在万圣节场景出现。萨曼莎和达林的女儿塔比莎（最初叫"塔巴莎"）已经长大了，可以问邻居要糖果，而这一次所有人都在为联合国儿童基金会的项目筹款。

萨曼莎帮忙设计万圣节造型，其中一些面具狰狞可怕，她母亲恩多拉很不高兴。为了证明自己是对的，恩多拉给达林（萨金特）施了一个咒语，达林变成了万圣节女巫，只不过脸不是绿色的。他借此收钱并成了"万圣节主角"。萨曼莎跟恩多拉说："你有没有意识到，这是我们最讨厌的女巫形象，你却为塞勒姆审判这个造型打造了最高的曝光率？"她建议使用自己的形象作为"北方好女巫"重新做一次广告。不过她并没有像格林达那样打扮，只是扮作女巫，戴着帽子，但没有扫帚。女巫造型传递的信息发生了变化：即使是受欢迎的电视剧也不应该明知不可为而为之，试图改变大家认同的女巫形象；当然也不应该试图用有损女性的造型来替代女巫形象，最好向好女巫的形象靠近，模样就像典型的家庭主妇。

三十年后，《圣女魔咒》第三季的万圣节剧集旧话重提。哈利·威尔姐妹扮成女巫，吹风笛的人全都穿粉红色的衣服，于是普鲁问她："嘿，你是好女巫还是坏女巫？"她当时的男朋友（未婚夫）里奥肯定地说：

"格林达帮助过无辜的人，不是吗？"菲比将自己伪装成"暗黑情人"艾维拉（Elvira），并声称这是一个"抗议声明"，因为流行文化中的女巫形象让她感到不适。另一集里，时空变换，一位17世纪的女巫兼助产士向她解释说，巫术传统中用扫帚的目的是"扫掉路上的邪气"，而圆锥形的帽子则"有助于施展"魔法。最终，菲比没有穿她的艾维拉服装，决定"接受传统"，并骑着扫帚飞过满月。和单独出现的女巫相比，三个女巫同时出现的好处是可以展示多种形象。在20世纪后期的威卡（巫术）影响下，邪恶女巫已经变成了一种精神偶像。很难想象《圣女魔咒》中的女巫会舍弃俏丽容颜，以绿脸长鼻示人；作为一种抗议，浓重的睫毛膏和乳沟已经足够了。但是这一集中没有特定的目标观众，抗议也没有意义。

最初骑扫帚的女巫形象最为典型。近代早期欧洲的巫师审判中，普遍认为扫帚的主要作用是参加安息日集会的交通工具。在那些没有安息日集会一说的地方，基本上是不会拿扫帚说事的。但是在欧洲大陆，女巫可以骑着扫帚飞到遥远的地方去参加集会，有时候也可以骑着烤箱叉子和山羊等动物。如果集会在附近举行，女巫们就步行前往。几乎没有人声称自己真的见过女巫在空中飞，最接近的描述就是看到一个女人在沉睡，醒来后宣称自己刚才在空中飞——除非她是在编故事。飞行女巫这一概念在日常生活中也没有出现。如果在审判中出现这个概念，通常是和安息日集会有关，那也是通过深入研究恶魔学著作才引入的。即使在学界，飞行女巫这一概念也是最受争议的。

女巫审判后来不再继续，原因之一是负责审判的人开始怀疑他们获得证据的方法。虽然巫术话语在日常生活中存在，但知识分子开始对民间信仰和道听途说持保留态度，与此同时，正因为无从验证，艺术家对巫术的刻画才更容易。画飞行女巫的画家知道，那些受过教育的富有民众能认得出来。

尽管学界仍然需要进一步研究，但是对女巫和巫术持保留态度的表现似乎包括扮成女巫的样子并上台表演。在这种情况下，比如在几乎没人认为女巫会飞的英格兰，首先出现了尖顶帽和扫帚的组合。正如伊恩·博斯特里奇（Ian Bostridge）在《巫术及其变形》（*Witchcraft and its Tranformations*）一书中所述，这一形象是"17世纪后期平民乡下妇女的固化形象，以及一直延续到20世纪晚期儿童书籍中的刻板印象"。尽管潮流有起有落，但在假面舞会和需要精心打扮的庆典中，这一传统造型也保留了下来。19世纪的最后二十五年里，这一造型出现在万圣节狂欢中并传到美国。童话故事的插图画家从这一传统造型中也获得了灵感。再后来，艺术创新乏善可陈的电影界需要一个辨识度高的女巫形象，于是他们选择了尖顶帽和骑扫帚这一经过时间考验并深入人心的形象。这一形象影响深远，20世纪70年代的女权主义者甚至据为己用。

女巫回归家庭

2002年1月31日播出的《圣女魔咒》第78集中，菲比在叠洗干净的衣服，她抱怨不能抽动鼻子使用魔法来叠衣服。她跟未婚夫科尔讲话的一幕和菲比最喜欢的电视剧《家有仙妻》中的萨曼莎如出一辙。但是，虽然她崇拜萨曼莎，却从不想变得和她一样。

> 菲比：看，萨曼莎，她嫁给了达林，一个凡人。达林完全压制住了萨曼莎的魔力啊！完全破坏了她的形象。并不是因为他不爱她。而是……只能这样了……这就是，成长吧，这是我认为婚姻的唯一范例。就是这样。他能够去社交，离开家去上班，为自己的事业打拼。她只能待在家里，嗯，做饭、洗衣服。一夜之间她从萨曼莎变成了斯蒂芬·达林夫人。

这一集里，菲比变成了黑白版的萨曼莎，用发胶完成造型；她只对家庭主妇的角色感兴趣，再也不会施展魔法。这一集的结语是："失去自我，服从男人，专注家务。"

一条主线贯穿于《绿野仙踪》、《家有仙妻》和其他电视剧：一边是男性焦虑导致女巫回归家庭，一边是女性解放，冲突由此产生。

多萝西那双神奇的拖鞋主要是为了让她回到沉闷的堪萨斯州。在这方面，她与格林达一样，因此邪恶女巫和多萝西被认为是"极端对立"的形象并非巧合。在《我娶了一个女巫》结尾，珍妮弗被刻画为一个织毛衣的家庭主妇，用蝴蝶结把松散的头发别起来。这之后《夺情记》中的女主角从诱人的蛇蝎美人变成娴静的花店店主，穿着一身白色衣服。在英国，女巫主题作品主要表现为逃避男性权威的复仇女巫，在美国则主要是住在郊区的女巫想过上比较正常的家庭生活。

《家有仙妻》中的萨曼莎尽管拥有几乎万能的、神一般的力量，却使回归家庭变成了一种美德。因此，《圣女魔咒》中她的形象是肤浅的：她总能施展法力（只有一次她发现没奏效，但马上挽回了局面）。她丈夫不喜欢她在家施展巫术，她原则上也同意，但总有机会越界一点。虽然剧情如此设定是为了提供必要的戏剧性张力，但观众也可以在节目的逻辑中看到《家有仙妻》中对巫术的限制。在萨曼莎和达林之间，讳莫如深的话题不是巫术，而是萨曼莎的年龄。

鉴于她的经历，她至少应该有几百岁了；她的姨妈克拉拉故意透露过，克拉拉服侍维多利亚女王时萨曼莎和她的母亲在中国西藏地区，并且剧中还暗示萨曼莎认识莎士比亚。因此，在她理论上无限长的一生中，做家庭主妇只占了很短的一段时间。至于为何淡化萨曼莎可能引人注目的巫术，至少有两个理由。她可能有一个大家庭，但是由于《家有仙妻》中女巫的寿命很长，所以后代很少。萨曼莎没有兄弟姐妹，只有一个表妹。因此，为了延续血脉，与凡人结婚是一个好办法。另外，她平时尽量不施展魔法的另一个理由是为老年生活做好准备；她姨妈克拉拉的魔法经常失灵，因此她决定在生活中不使用巫术。

《家有仙妻》也许有颂扬家庭生活的成分，然而在20世纪60年代的美国，嘲笑并唱衰父权秩序才是恒久的主题。达林的老板拉里对客户曲意逢迎，但对他的主要创意主管却颐指气使。随着剧情推进，他的所作所为让人瞠目结舌，细心的观众都知道拉里十分依赖达林，所以不会解雇他。因此，达林经常在公司被他的老板批评，在家被岳母训斥。萨曼莎本人从不屈从于男权，无论对方是负责安装红绿灯的市议会，进行幕后交易的议员，还是打算把公园变成购物中心的资本家。通过对巫术秘而不宣这一主题，导演和演员同时也暗示同性恋者对其真实身份讳莫如深。另外，《家有仙妻》对当时社会的习俗和规则更多持批判态度，这也符合20世纪60年代的氛围。至于《圣女魔咒》是否也是如此，大家意见不一。《圣女魔咒》被演职人员称为"骑扫帚的查理的天使"，据说该片颂扬的是女性特质；它提供了"女性快乐和赋权的可能性"，受到大量女性观众的追捧，包括比目标群体年龄稍大的观众。然而，如果我们进一步分析，就会发现《圣女魔咒》的女性主义是比较肤浅的：也许剧中女性主义不是因为女性有了政治权力，而是对世纪之交消费主义的屈从。正如一位电影评论家所言，这些电视剧中的魅力"也许既是一件亮片紧身胸衣，也是一座闪闪发光的监狱"。

《圣女魔咒》中有一集菲比失去法力，她妹妹派珀和她丈夫里奥讨论要暂时取消（"限制"）他们（尚未出生）孩子的魔力，让他们以"正常的"方式长大，享受"天赋的纯真"。这比萨曼莎教育孩子的做法要激进得多。在《家有仙妻》中，首先必须确定孩子是否具有魔力，如果有的话则需要进行训练。没有人提出要克制使用魔法，萨曼莎和她母亲从未想过，尽管达林希望如此。

菲比最终变成了黑白片里织毛衣的家庭主妇，与其说这是对《家有仙妻》的效仿，不如说是呼应了20世纪40年代电影《我娶了一个女巫》的结尾，尽管《我娶了一个女巫》中玩扫帚柄的孩子削弱了这一主题。《圣女魔咒》可能会让一小部分观众追寻更为现代的巫术，但对复杂剧情来说，通常情况下魔法是一个简单的解决方案。

《圣女魔咒》中的三姐妹丝毫未受妇女解放运动的影响，这和1987年的电影《东镇女巫》形成鲜明对比，在这方面《东镇女巫》和原作有明显不同。三位单身女性，亚历克斯、简和素姬住在一幢大房子里，一起和恶魔斗法。一位丧偶，一位离婚，一位被抛弃，三人从事的都是有"创造性"的职业。她们并没有邀请男朋友一起过所谓的"家庭生活"，相反，她们把恶魔情人达里尔·范·霍恩扫地出门，这比《圣女魔咒》中所有驱逐恶魔的行动还要彻底。这三个女人从小镇的偏僻地段搬到东镇创始人的"地标"豪宅，成为自己领地的主人。

她们的魔法最初是无意识的，却影响着自然的状态。《东镇女巫》中恶魔的对头是费利西亚，她象征着宗教气氛浓厚的美国小城镇。电影一开始她在唱美国国歌。她最先认识到社区面临的威胁。在一次教会活动期间，她大声控诉人们荒淫无度。与此同时，有两个男性角色代表典型的男性形象：虚伪好色的校长和没有骨气的报纸编辑。和这一幕呼应的是后来范·霍恩在教堂里发表演讲，说上帝创造女性是个错误。他表现出的痛苦与之前费利西亚在他面前表现的一样，这让他付出了沉重的代价，因为他现在被三位女巫故意施展的魔力所控制。对于美国主流电影来说，尤其在参与制作电影的所有工作人员都是男性的情况下，这样描述性别之间的冲突是很激进的。

然而，就像《绿野仙踪》一样，只有好女巫才会被描绘成家庭型的。邪恶的女巫就不属于家庭吗？抑或对所有抵制男性统治的女性来说，邪恶女巫的存在就是一个反面例子，用来警告所有想摆脱男性统治的女性？邪恶女巫的形象单一，而且创作者不愿塑造更为性感的女巫形象，扭转形势的办法就是对这一现象提出抗议。

失控

对巫术行为的视觉表现过多体现在巫术仪式上。当然，不通过任何巫术象征来表现巫师的形象是很难的。例如，仅仅通过眼神是无法辨别谁是巫师的。事实证明，表现人物形象时，至少使用一个重要肢体语言会让观众更容易辨认。例如，《家有仙妻》中萨曼莎的"鼻子"轻微抽搐通常伴随着相应的声效，这样一个很小的动作就达到了预期效果。即使观众知道屏幕上这个看似普通的女人实际上是女巫，而且能够施展最离奇的魔力，类似这样的肢体语言也是必不可少的。《家有仙妻》中比较复杂的法术也需要背诵咒语，但是很少出现具体的仪式。《夺情记》里有一个例子，当时姬莲、她哥哥和她姨妈通过招魂仪式，让《墨西哥魔法》一书的作者来助力出版商舍普·亨德森，姬莲对此很感兴趣（顺便提一下，这个场景在1999年初的电视剧《吸血鬼猎人巴菲》的"姜饼"一集中引用过）。作为《夺情记》剧情的关键内容，爱情魔咒是通过猫魔宠来作法的。

这部电影中最"巫"的场景是舍普身上的咒语被巫医以一己之力破解，但效果也只是暂时的。然而，巫术仪式通常需要更多的参与者，出现邪教和巫师集会的影视作品往往属于恐怖片。虽然仪式本身是中性的，但它暗示着魔力难以控制，与生俱来的魔力尤其如此。

《魔女游戏》讲述了三个女高中生的故事，她们在同一所天主教高中就读。新来的女孩莎拉施展魔力，她们也开始作法。起初她们要求莎拉提升她们在学校的地位，只有南希想要最强大的魔力，并在第二次巫术仪式后得偿所愿。莎拉提出抗议并试图限制南希的力量，这时三人一起对付她，用蛇和其他害虫吓唬她——这正是《东镇女巫》里亚历克斯最害怕的东西。莎拉最终求助于"母亲和地球"的力量，唤醒圣灵。

> 莎拉：他让我给你带个信，你完蛋了。他说你滥用他给你的法力，你必须付出代价。

　　南希：他这么说了？

　　莎拉：是的。

　　之后，萨拉终于成功地用束缚咒语阻止了南希，南希不能再"伤人伤己"，最终被送进精神病院。

　　《吸血鬼猎人巴菲》（1997—2003年）中对巫术的描写虽与《魔女游戏》类似，但更为复杂。分析这部电影可能会让有些人觉得沮丧，因为创意人乔斯·韦登（Joss Whedon）对真正施行巫术的"女巫"嘲讽有加；在他的笔下，女巫对烘焙销售和舞蹈表演比巫术更感兴趣，而且认为咒语没那么神奇。剧中偶尔出现的巫术让人想起《汉塞尔和格莱特尔》以及电影中的女巫。然而，主要的巫术戏份集中在巴菲的朋友威萝的内心挣扎，她的法力随着剧情发展不断增长。威萝这个角色标志着女性力量从被男性限制转变为"自我"限制。尽管有很多对手，但威萝并没有和他们较量，她需要与自己搏斗。

　　第六季中，威萝挺身而出帮助巴菲复活（巴菲在上一季结束时牺牲了自己），法力大增，这让巴菲的导师鲁珀特·贾尔斯忧心忡忡。

　　贾尔斯：（头也不回）你真是个蠢姑娘！

　　威萝：你说什么，贾尔斯？

　　贾尔斯：（转过身面对她）你知道你都干了些什么吗？你的法力让你做了很多过分的事，你知道吗？

　　威萝：我以为你会……觉得我了不起，或者……

　　贾尔斯：哦，算了吧，你已经……大家都留下了很深刻的印象……所有人中我最信任你，你会尊重自然的力量。

　　他说，她的所作所为会带来巨大风险，于己于人都很危险。

　　贾尔斯：哦，这个世界上还有其他人也有你这样的法力。你碰到他们就惨了。（再次转过头去）

威萝：嗯，不见，不过……嗯，他们是坏人，我不是。（沮丧）我让巴菲死而复生，也……也许你应该跟我说"祝贺"。

贾尔斯：巴菲复活让我觉得……完全是喜出望外，但是如果你跳下悬崖还没死，我是不会祝贺你的。

威萝：我没那么做，贾尔斯。

贾尔斯：（愤怒）你就是运气好。

威萝：跟运气没关系。是我的法力惊人。再说，你是怎么知道的？你压根儿就不在场。

贾尔斯：如果我当时在场，我肯定死也要拦住你。你根本不知道你用的魔法有多凶险、多强大，（更愤怒了）你能活下来真是命大，你根本就不懂魔法，还自以为是！

这一幕由韦登的御用编剧道格拉斯·佩特瑞（Douglas Petrie）和简·埃斯本森（Jane Espenson）撰写，于2001年10月播出，也可以视作对电影《超异能快感》（*Practical Magic*，1998年）的呼应，剧中姬莲的情人吉米情绪激动，咄咄逼人，莎莉和姬莲·欧文斯给他服用了过量的颠茄。吉米继续攻击姬莲，突然重新获得了某种神秘的力量，这时莎莉和姬莲立即用一口煎锅将他送回来世。这部电影的导演格里芬·邓恩（Griffin Dunne）将恐怖与幽默结合起来，同时他还在约翰·兰迪斯（John Landis）导演的《美国狼人在伦敦》（*An American Werewolf in London*）中扮演重要角色。相比复活主题，《超异能快感》中更多刻画的是杀戮之后的故事。姬莲被吉米的鬼魂上身，他们不得不召集女巫集会来驱走他。

相比之下，《吸血鬼猎人巴菲》第六季详细描述了威萝对魔法上瘾的过程，还有她如何克制自己，最终她的情人塔拉被流弹击中丧生，她又重操旧业。她气昏了头，吸取尽各种魔法把自己变成"黑威萝"，黑色的头发，黑色的眼睛，黑色的嘴唇，白色的脸上静脉清晰可见。

贾尔斯也许和威萝正面冲突过，但是威萝的情人、巫师同行塔拉经常小心地提醒威萝她使用的魔法"太多"了，尤其是日常生活里，其实不用魔法同样有效。用魔法对抗超自然力量没问题，但如果魔法的目的只是让生活更便利，那么女巫就失去了人性。威萝是凡人版的萨曼莎，更应该谨慎使用魔法。借用《魔女游戏》中的说法，威萝从时髦的萨拉变成了暗黑的南希，而且从第七季开始就试图戒掉魔法。《吸血鬼猎人巴菲》里威萝和一种超级女性力量交流，而且明确传递了赋权女性的思想。然而，女巫的形象却更加含糊不清；即使是好女巫也有变成坏女巫的危险。

《吸血鬼猎人巴菲》的主角不是女巫，所以女巫们和集会的处理都弱化了。只有在第四季（1999年末）中简单提到，威萝加入一群异教徒之后发现他们令人失望。

另外，还有一位重要的女巫艾米，她也是独来独往，其主要任务是鼓励威萝对魔法上瘾。剧中暗指有一个盛大的英国女巫集会，也是威萝戒掉魔法上瘾后的主要活动。尽管女巫没有吸血鬼杀手那么重的戏份，但韦登仍然想办法解决了如何控制魔法法力这一重要问题。与此同时，女巫电影朝着另一个方向发展，女巫们通常三人或者多人一起出现。因此，个人如何掌控法力的问题逐渐不再被重视。

女巫和男巫的教育

《哈利·波特》上映很多年前就有多部讲述巫师寄宿学校故事的电影。《撒旦女子学校》（1973年，美国电视电影）不属此列，因为它的重点不是巫师集会，而是撒旦的邪教，尽管两者之间的界限并不清晰。然而，英国儿童电视电影《魔法学校》（1986年）肯定算一部。剧中魔药老师哈德布鲁姆是《哈利·波特与密室》中艾伦·瑞克曼（Alan Rickman）扮演的西弗勒斯·斯内普的原型，大巫师是吉德罗·洛哈特的原型。女主角米尔德里德·哈勃（Mildred Hubble）由费尔鲁扎·鲍克（Fairuza Balk）扮演，十年后她出演了《魔女游戏》。《魔法学校》有骑扫帚飞行和扫帚失控的课程，还可能包含了《哈利·波特》中胡奇夫人的原型，以及状况不断的纳威·隆巴顿的原型。故事情节相对比较简单：女校长的坏姐姐阿加莎想接管魔法学校，"把这些优秀的小女巫变成恶毒、可怕、残忍的小女巫"。米尔德里德在学校里被欺负，逃跑的时候绊倒了她们，把坏女巫变成了蜗牛，她的计划才没能得逞——这都是因为她念了咒语。青少年电影《淘气小女巫》（Little Witches，1996年）的故事发生在一所天主教女子寄宿学校。复活节假期期间，留在学校的六个学生在教堂下面的洞穴里找到一处旧教派的遗迹，其中有一本咒语书。和同时期的《魔女游戏》一样，诱惑与控制的二元对立不再局限于一个角色的内心斗争，而是体现在两个女性角色之间。《淘气小女巫》中小女巫唤起的力量是恶魔的法力，而在《魔女游戏》中则是某种虚构的精灵；除了没有任何魔法教学内容之外，和美国大部分电视剧一样，美国电影中的巫术是世俗化的，这是与英国寄宿学校少年电影最主要的区别。

　　试想，如果没有《哈利·波特》，寄宿学校这一巫术电影的子类型是否会继续发展？但与之相比，审视《哈利·波特》对后来电影的影响更为重要。此外，英国寄宿学校教学生成为巫师，而美国寄宿学校则是给一群女巫教正常课程，这一区别也很重要。寄宿学校主题的第三种形式是学校成为一群暗黑女巫的主要阵地。影视剧中大多数女巫都没有正规学习过魔法：萨曼莎的女儿塔比莎在《家有仙妻》的最后一季才刚到入学的年龄，她上的是一所普通学校。

　　后来的《少女巫师》（Teen Witch）中路易斯和妹妹萨布丽娜也是如此，只需要练习就可以获得"女巫执照"。《少女巫师》里的巫权大厅（Witchright Hall）是"叛逆年轻女巫"的专门学校，仅在2001年的一集中出现过，而《圣女魔咒》中的魔法学校仅在第六季中（2004年初）出现过，两者都出现在《哈利·波特》之后。《圣女魔咒》中的哈里威姐妹们也都没有接受过专业魔法培训。同样,《魔界契约》(*The Covenant*,2006年)中主人公们的学校教授的是美国历史,而不是魔法史。《神秘森林》(*The Woods*,2006年国际联合制作)以女性角色为主,女主角希瑟很早就展现出了她的巫术天赋,像之前电影中的萨拉和威萝一样她也会用意念操纵铅笔。然而,寄宿学校的工作人员对她并不友好;和其他影视作品一样,影片中也没有任何魔法训练。至少《魔法姊妹花》(*The Initiation of Sarah*)中如何使用与生俱来的魔力再次成为主要情节,出现了欧洲神秘学课程,尽管实际的魔法仍隐藏在两个相互竞争的姐妹会的秘密仪式中。综上所述,结论很清晰:魔法寄宿学校主要是给顽皮少女的故事提供"场景",对情节推进并没有什么重要作用。

罗琳对寄宿学校类影视剧的贡献是让霍格沃茨成为一所男女混合的学校。然而,这却让性别问题被边缘化。赫敏的"家养小精灵福利促进协会"显然受到萨曼莎的政治活动的启发,但是因为没有居家女人的主题作为背景,这一情节设计显得乏善可陈。《哈利·波特》重点刻画男性巫师,回归家庭的主题只体现在女贞路上哈利姨妈家的场景中,因此巫术不再是一种女性赋权的特殊力量。批评家们对《哈利·波特》中的性别问题意见不一:一些人认为它仅仅是对当代社会的反思,而另一些人则认为"女性仍被边缘化,形象僵化,甚至被嘲笑"。在整个批判性的讨论中,人们忽视了巫术的潜在颠覆性。从这个意义上说,评论家对《哈利·波特》的意见与对《圣女魔咒》一样,反映的都是现代消费主义。作为现代巫术另一个重要主题,自我控制在电影中也鲜有反映,哈利偶然会自我怀疑,但很少会自我控制。善与恶之间泾渭分明。

激发个人成长

多年以来，千千万万有经验的读者，都会定期查看熊猫君家的最新书目，挑选满足自己成长需求的新书。

读客图书以"激发个人成长"为使命，在以下三个方面为您精选优质图书：

1. 精神成长
熊猫君家精彩绝伦的小说文库和人文类图书，帮助你成为永远充满梦想、勇气和爱的人！

2. 知识结构成长
熊猫君家的历史类、社科类图书，帮助你了解从宇宙诞生、文明演变直至今日世界之形成的方方面面。

3. 工作技能成长
熊猫君家的经管类、家教类图书，指引你更好地工作、更有效率地生活，减少人生中的烦恼。

每一本读客图书都轻松好读，精彩绝伦，充满无穷阅读乐趣！

认准读客熊猫

读客所有图书，在书脊、腰封、封底和前后勒口都有"**读客熊猫**"标志。

两步帮你快速找到读客图书

1. 找读客熊猫

2. 找黑白格子

马上扫二维码，关注 **"熊猫君"**

和千万读者一起成长吧！